"十二五"职业教育国家规划教材
经全国职业教育教材审定委员会审定
"十三五"高等职业教育云教学系列教材

大学素养
语文

（第三版）

主　编：金振邦　杨双双

副主编：于宁志　田淑霞　李时菊　李亚萍　李　蕾
　　　　徐　林　张　昕　陈道雷

编　者：王　晶　冯晓玲　申长崴　柳路行　王新虎
　　　　冯文丽　刘　慧　郭雪峰　石　旭　高宏梅

教育科学出版社
·北京·

出版人　李　东
责任编辑　张　羽
责任校对　贾静芳
责任印制　叶小峰

图书在版编目（CIP）数据

大学素养语文/金振邦，杨双双主编.—3版.—北京：教育科学出版社，2020.7（2023.6重印）
"十三五"高等职业教育云教学系列教材
ISBN 978-7-5191-2226-3

Ⅰ.①大… Ⅱ.①金… ②杨… Ⅲ.①大学语文课—高等职业教育—教材 Ⅳ.①H193.9

中国版本图书馆 CIP 数据核字（2020）第 119240 号

"十三五"高等职业教育云教学系列教材
大学素养语文（第三版）
DAXUE SUYANG YUWEN

出版发行	教育科学出版社		
社　　址	北京·朝阳区安慧北里安园甲9号	邮　　编	100101
总编室电话	010-64981290	编辑部电话	010-64989564
出版部电话	010-64989487	市场部电话	010-64989009
传　　真	010-64891796	网　　址	http://www.esph.com.cn
经　　销	各地新华书店	版　　次	2010年10月第1版
印　　刷	大厂回族自治县益利印刷有限公司		2016年12月第2版
开　　本	720毫米×1020毫米 1/16		2020年7月第3版
印　　张	18.5	印　　次	2023年6月第9次印刷
字　　数	470千	定　　价	49.00元

图书出现印装质量问题，本社负责调换。

前言

大学语文是高等教育的基础学科之一，是面向文、理、工、商、农、医、法等各专业学生开设的一门人文素质教育课程，承载着高层次母语教育的功能，对人的心灵和人格的潜在影响是终身的，具有不可替代性。重视语文教育，将大大提升民族文化的格调和品位，使整个社会获得持续发展的人文张力。全日制高校设置大学语文课程，旨在充分发挥语文学科的人文性和基础性特点，适应当代人文科学与自然科学日益交叉渗透的发展趋势，为我国的社会主义现代化建设培养具有全面素质的高质量人才，全面落实党的二十大报告提出的建设教育强国的伟大历史使命。

大学语文的功能是提高大学生的语文水平、审美素质和文化品位，塑造大学生的人文精神，使他们真正成为德、智、体、美等全面发展的人才，落实立德树人根本任务。具体来说，第一，具有梳理与激活已学语文知识的功能。大学语文不是简单意义上中学语文的继续，而是在较高平台上的升华与总结，具有系统、宏观、高远的视野。第二，凸显人文精神的传播。大学语文具有无可替代的人文精神传播、道德熏陶与思想教育功能，使大学生在人文精神的感染下，提升思想境界，塑造健全人格，培养爱国情感与高尚情操，增强文化自觉，坚定文化自信。第三，拓宽知识视野和改善思维品格。大学语文能使大学生继承宋代以来的"疑古"传统，即使对文学精品，也从多角度去认识，培养大学生独立思考和创新的能力。第四，点拨读书的方法和要领。未来社会信息量极大，大学生应当学会从大量信息中捕捉重点、难点和关键。叶圣陶先生认为语文教学的目的是使学生自能读书不待教师讲，学生自能作文不待教师改，所以大学语文教育要培养大学生的学习兴趣，教会大学生自学的方法。

大学语文教育可以使大学生在许多方面得到净化、滋润、熏陶和提升，并受益终生。一是具有较强的阅读理解能力和语言感受能力，能正确把握文本的主题内容、结构方式、表达技巧，解读作者的思想和感情；能根据不同的阅读目的，灵活运用精读、略读、浏览等阅读方法。二是具有较强的写作能力，懂得观察生活，对自然、社会和人生有自己的独特感受和思考；能根据写作目的和对象，围绕中心选材，合理安排结构，并根据表达需要展开联想和想象，恰当运用各种表达方式和技巧。三是具有较强的口语交际能力，能说一口标准的普通话，语言简洁、生动、明了；能根据不同的交际场合，借助语调、语气、表情和手势，更好地表达自己的立场、观点、思想和感情，同时学会认真倾听并充分尊重、理解他人的表达。四是具有较强的审美能力，尤其是在鉴赏文学作品时，能够进行正确的审美判断和趣味表达。

虽然近年来大学语文教学取得了一定的成绩，但也存在一些问题，尤其是传统教学模式存在严重缺陷，亟待改革。普遍的问题是，教师讲授理论知识多，学生主动学习少，不少大学生对大学语文课缺乏兴趣。因此，虽然高校安排的教学课时不少，但大学生的口语交际能力、写作能力和鉴赏能力提高不明显。改革大学语文教材可能是解决这个问题的关键之一。我们经过深入调研，发现以往大学语文教材往往是文体知识、文学史、文化知识等板块的叠加，相对传统的写作和文学教材，可谓换汤不换药。教育科学出版社力图打破传统大学语文教材的体例和架构方式，着力加强教材的应用性和操作性，不仅强调语文基础性教育，还加大对大学生语文学习兴趣和文化素养的培养力度，力争打造出真正能够培养大学生全面素养的优秀教材。

本教材的编排和撰写特色如下。

（1）创新性：本教材的体例进行了全面的创新，每篇有篇章导入、课前热身、课文与注释、迷津指路、思考练习、旧瓶新酒等栏目，与以往的教材体例完全不同。

（2）国际性：本教材注意引入世界文化元素，尤其是第八篇"文化，多元文明的奇葩"，以世界性的视野引导大学生热爱中国文化。

（3）时代性：在篇目选择上，本教材选取了全新的题材，加入了许多新兴元素，如文化礼仪和表演欣赏等。

（4）趣味性：本教材采用立体化的影音教育模式，寓教于乐。选文编排注重大学生的兴趣，如设置文字游戏、礼仪故事等，让大学生从中领略文化的丰富、文字的优美、礼仪的重要等。

（5）基础性：本教材知识点丰富，还采用延伸线索"踏雪寻梅"的方式加以阐释。同时，注重大学生写作能力的培养，如礼仪一篇，让大学生观察现实生活中的礼仪现象，然后成文，这样可以有效地锻炼大学生的写作能力。

(6) 逻辑性：本教材共分八篇，涵盖了中文世界的基本文化内涵，重点强调对大学生素质的培养。每一篇都有一个主题，每个主题的内容都经过精心编排，具有严密的逻辑顺序，从特定主题的概念性理解，到国内外的相关阐释以及历史发展，步步深入。同时，篇与篇之间也有一定的逻辑性，神话—语言—文字—典籍—文学—礼仪—表演—文化，是按照人类文明发展的线索进行编排的。

本教材由东北师范大学文学院金振邦教授及七台河职业学院杨双双副教授担任主编，由于宁志、田淑霞、李时菊、李亚萍、李蕾、徐林、张昕、陈道雷担任副主编。各篇编写人员如下：神话篇——田淑霞（七台河职业学院）、王新虎（河西学院）；语言篇——刘慧（北大方正软件技术学院）；文字篇——冯晓玲（甘肃交通职业技术学院）；典籍篇——王晶（七台河职业学院）；文学篇——柳路行（甘肃林业职业技术学院）；礼仪篇——冯文丽（浙江工商大学）；表演篇——申长崴（黑龙江工业学院）；文化篇——杨双双、田淑霞（七台河职业学院）。本教材由金振邦设计、审定并统稿，由杨双双修改、定稿。郭雪峰、石旭、高宏梅协助主编做了很多资料收集、整理和校对工作。

我们期待本教材能够得到各高校师生的认同和欢迎。

编　者

目 录

神话，人类童年的产物

中国神话 /005
　　盘古神话　　/005
　　女娲神话　　/007
　　精卫填海　　/009
　　牛郎织女　　/011
　　嫦娥奔月　　/013

国外神话 /014
　　混沌初开和人的创造　/014
　　普罗米修斯　　　　　/021
　　大鹏金翅鸟救母　　　/026

神话变形 /033
　　封神演义·陈塘关哪吒出世（节选）　许仲琳/033
　　聊斋志异·黄英　　　　　　　　　　蒲松龄/040

语言，人类交流的平台

语言艺术 /047
　　【宋话本】大唐三藏取经诗话（节选）　　　/047
　　【弹词】再生缘·华堂客佩紫衣朱（节选）　陈端生/050
　　【相声】普通话与方言　　　　　　　　　　/056

古代汉语 /063
　　晏子使楚二则　　　　刘向/063
　　世说新语·期行　　　刘义庆/065
　　诸葛亮舌战群儒　　　罗贯中/066

现代汉语 /073
　　我怎样学习语言　　　老舍/073
　　笑话里的语言学　　　吕叔湘/079
　　在母语中生存　　　　彭程/087

文字，人类文化的基石

文字游戏 **/093**
　【回文诗】记梦回文二首并序　　　　　　　苏轼 / 093
　【唱和诗】望驿台　　　　　　　　　　　　　　 / 095
　【谜语】古诗二首　　　　　　　　　　　　　　 / 097
　【打油诗】诗二首　　　　　　　　　　　　　　 / 099

记载意义 **/101**
　宫之奇谏假道　　　　　　　　　　　　　　　　 / 101
　苏秦始将连横说秦王　　　　　　　　　　　　　 / 103

书法鉴赏 **/106**
　祭侄季明文稿　　　　　　　　　　　　 颜真卿 / 106
　卜算子·咏梅　　　　　　　　　　　　 毛泽东 / 109

典籍，人类精神的宝藏

名家论典 **/115**
　头头是道（节选）　　　　　　　　　　 南怀瑾 / 115
国内典籍 **/118**
　易传·系辞上传（节选）　　　　　　　　　　　 / 118
　老子（节选）　　　　　　　　　　　　　　　　 / 121
　论语（节选）　　　　　　　　　　　　　　　　 / 124
国外典籍 **/127**
　理想国（节选）　　　　　　　　［古希腊］柏拉图 / 127

文学，人类情感的载体

诗词曲赋 /136
- 诗经·郑风·子衿 /136
- 山鬼 屈原 /138
- 行行重行行 /140
- 长相思 李白 /141
- 醉花阴 李清照 /143
- 摸鱼儿 元好问 /145
- [中吕] 十二月过尧民歌·别情 王实甫 /147
- 长相思 纳兰性德 /148
- 致克恩 [俄] 普希金 /150

散文小说 /152
- 游幻境指迷十二钗 饮仙醪曲演红楼梦（节选） 曹雪芹 /152
- 采薇（节选） 鲁迅 /160
- 围城（节选） 钱锺书 /167
- 天才梦 张爱玲 /175
- 培根散文选 [英] 培根 /178

诗乐欣赏 /181
- 扬州慢 姜夔 /181
- 送别 李叔同 /183
- 当你老了 [爱] 叶芝 /184

礼仪，人类交际的准则

礼仪故事 /190
- 燕昭王求贤（节选） /190
- 西行漫记（节选） [美] 埃德加·斯诺 /192
- 安娜·卡列尼娜（节选） [俄] 列夫·托尔斯泰 /199

礼仪探源 /206
- 礼记·哀公问第二十七 /206
- 礼治秩序 费孝通 /209

表演，人类娱乐的舞台

影视欣赏 /217
  理智与情感 /217
戏剧大观 /219
  日出（节选） 曹禺 /219
  李尔王（节选） [英] 威廉·莎士比亚 /225
戏曲精粹 /229
  【京剧】贵妃醉酒（节选） /229
  【越剧】梁山伯与祝英台（节选） /234
  【黄梅戏】女驸马（节选） /238
  【川剧】情探（节选） /242

文化，多元文明的奇葩

文化传播 /249
  茶在英国 萧乾 /249
  西方人为什么要学古代中国 [美] 艾兰 /254
文化比较 /258
  灰阑记（节选） 李行道 /258
  高加索灰阑记（节选） [德] 贝托尔特·布莱希特 /264
文化共融 /276
  地铁车站 [美] 埃兹拉·庞德 /276
  欧洲人的一张菜单（节选） [美] 罗伯特·路威 /278

神话，人类童年的产物

神话产生于人类远古，是人类最早的幻想性口头散文作品。作为民间文学的一种形式，神话是远古时代人们所创造的反映自然界、人与自然的关系以及社会形态的具有高度幻想性的故事，是人类童年时期的产物，是文学的先河。

原始社会生产力水平十分低下，人们对客观世界的认识也处于极为幼稚的阶段。面对难以捉摸和控制的自然界，人们不由自主地产生了神秘和敬畏的感情，而一些灾害性的自然现象，如地震、洪水以及人类自身的生老病死等，会引起人们的迷惑、惊奇和恐慌。在迫切希望认识自然的要求下，人们便以自身为依据，想象天地万物都和人一样，有着生命和意志，继而加以人间形式的假设和幻想，幻想世界上存在着种种超自然的神灵和魔力，认为自然界的一切都受有灵感的神的主宰。在这种思想支配下，所有的自然物和自然力都被神化了。人们把这一意志和愿望通过不自觉的想象化为具体的形象和生动的情节，便有了神话的产生。可见，神话是原始人在极为困难的条件下，企图认识自然、控制自然的一种精神活动。

神话是人类创造的第一份宝贵的精神财富，是原始社会包含宗教、哲学、政治、艺术、科学、史学、风俗等在内的社会意识形态。神话作为一种文化，具有普遍的共性，但不同地域的民族产生的神话往往具有各自的个性。

本篇以神话为主题，从中国神话、国外神话、神话变形三个角度，以比较的形式，让大学生领略不同地域、不同时期神话的特点及其优秀的代表篇章。书中选取的古今中外著名的神话篇目，内容广泛，代表性强；且选文时代跨度大，展现了神话发展变化的轨迹。

中国神话部分选录了五篇广泛流传的神话。有关于人类起源的《盘古神话》和《女娲神话》，有反映人类与自然斗争的《精卫填海》，也有著名的神话传说《牛郎织女》和《嫦娥奔月》。从中我们会深切感受到，中国神话无一不表达热爱劳动、崇尚道德的主题。

《盘古神话》是中国最早的叙述事件的神话，也是中国流传最普遍的创世神话。中国的创世神话是以牺牲创世神的肉体来完成天地开辟和万物创造的。《盘古神话》对于中华民族文化精神的巨大影响，在于"天地间人为贵"的人文主义倾向和"鞠躬尽瘁，死而后已"的献身精神。

同为中国创世神话的一部分，《女娲神话》就显得更富有色彩。盘古开天辟地以后，女神女娲在天地间孤单游历，因而产生了造人的想法，让华夏大地从此有了人的足迹。在洪水发生之际，女娲又穷己之力补天治水，救助了生灵。神话之美在于其大胆而奇特的想象。女娲造人的神话反映了早期人类社会的生活状态，即母系社会中女性占据生产主导地位，同时也反映了古代人民征服自然、改造自然的愿望。

中国古代神话以《精卫填海》和《女娲神话》最为有名，其中《精卫填海》更具感染力。小小的精卫欲以一己之力填平大海。它锲而不舍的精神、善良的愿望、宏伟的志向，一直以来都受到人们的尊敬。后世许多文学作品都热烈赞扬精卫敢于抗争的大无畏的气魄和顽强不屈的战斗精神。这类神话属于自然神话，是对自然界各种现象，诸如日月星辰、山川草木、风雨雷电等所做的美丽解释。

中国神话包括神话、传说和仙话。与传说相比，神话往往是虚幻或虚构的，以神为主，产生时间较早，主要表现人与自然之间的争斗；传说有历史的影子，以人为主，产生的时间晚，有人间的行为原则。当人的愿望和生活情景渗透到神话中后，就既是神话又是传说。《牛郎织女》与《嫦娥奔月》是中国神话从天上走向人间的代表作品。《牛郎织女》赞美了耕种者，表达了人们追求婚恋自由的愿望。《嫦娥奔月》达到了中国神话的最高水平，寄托了古人飞月的美好愿望和对宇宙的好奇。仙话是中国神话的末流，它的产生和道教的建立是密切相关的。中国道教经历长时间的酝酿，在东汉末年逐渐形成。由于道教的推波助澜，自此以后，以神仙之说为中心的仙话就更加昌盛了。实际上，仙话起源于道教成立前的遥远的上古时代，从《山海经》里可以找出许多神话被仙话浸染的痕迹。

国外神话部分选录了三篇有代表性的神话，即创世神话《混沌初开和人的创造》和《普罗米修斯》，英雄神话《大鹏金翅鸟救母》。

创世神话反映的是原始人的宇宙观，它是用来解释天地是如何形成的。几乎每个民族都会有这一类神话，甚至还具有相似性。譬如关于造人，中国、希伯来民族和古希腊的造人神话都认为人类是神用泥土造出来的，不同的仅是造人的神。造人的神在中国是女娲，在希伯来是耶和华上帝，在古希腊神话中则是普罗米修斯，他们都是对人类充满慈爱和关怀的神。

北欧人和希腊人一样，以为未有天地之前世界是混沌一团。可是，在希腊人看来是大混乱的一团，地、水、气都混在一处，是无形、无明、无色的漆黑混乱的卡俄斯。在北欧人看来却是很分明的，一边是无穷泉赫凡尔格尔密尔流来的无尽的冰山，另一边是火焰巨人苏尔体尔之家的墨司潘耳司赫姆，而中间是深黑无底又无涯际的大谷，因此北欧人设想世界是由冰与火组成的。上述内容会在选篇中得以展示。

北欧神话选取了揭示天地开创和人类起源的《混沌初开和人的创造》。北欧神话主要记载日耳曼和斯堪的纳维亚民族的传奇故事。其神话有许多部分十分特别，大部分神话都描写创世的荣光，也着力描述世界的毁灭。

希腊神话选取的是关于人类起源的《普罗米修斯》。普罗米修斯是希腊神话中的造世主。希腊神话具有神的人性化、热爱生活的乐观态度以及丰富的想象与文学美的特点，浪漫而唯美。

印度神话认为世界在未形成之前是一片不可名状、不可感觉的黑暗。最先出现的是浩渺无际的水，水之后生成了火。在火的热力的作用下，水中冒出一枚金黄色的蛋。这枚金蛋在水中漂流了不可知的时间后，终于，蛋壳裂开，宇宙之主梵天诞生。我们在印度神话中选录了英雄神话《大鹏金翅鸟救母》。金翅鸟是印度古神话中一种类似鹫鸟、性情猛烈的神格化巨鸟。文中金翅鸟为卵生，与印度开创神话相一致。故事充满了哲理智慧、冒险精神和浪漫色彩。

任何文学样式的产生都是以社会现实为基础的。远古神话是原始人类社会生活和心理生活的复杂结晶，是原始文化的综合表现。随着时代的发展、生产力的提高以及社会的进步，神话的内容与形式都发生了巨大的变化，但仍旧体现出神话极具想象力及超自然能力的特点。在神话变形部分，我们选录了《封神演义》中的《陈塘关哪吒出世》、《聊斋志异》中的《黄英》，这些作品大致反映了神话变形后的概貌。

《封神演义》以篇幅巨大、幻想奇特而闻名于世。其内容依托商灭周兴的历史背景，以武王伐纣为时空线索，从女娲降香开书，到周文王姬昌封列国诸侯结束。其中的哪吒闹海、姜子牙下山、文王访贤等情节家喻户晓，展现了古人丰富的想象力。第十二回《陈塘关哪吒出世》塑造了一个顶天立地的神话英雄——哪吒。他出世奇特，武艺高强，顽皮可爱，敢作敢为，富有正义感，是天上人间公认的少年小英雄。

《聊斋志异》是一部极具浪漫主义色彩的文言短篇小说集，题材广泛，内容丰富。书中多数故事是通过幻想的形式谈狐说鬼，但内容却深深地扎根于现实生活的土壤之中，曲折地反映了当时的社会矛盾，表达了人们的愿望。《黄英》是其"花仙系列"中的不朽之作，为我们展示了一个善良、貌美、纯洁、新型的女性经营者的形象。

神话以其自身的完美，以其思想和知识征服着人类，其魅力趋于极致。本篇设置的意义在于展示神话的无垠空间，使大学生领略各民族不同文化渊源对神话的培植作用，感受神话永久的极富想象的审美价值。一个民族若缺乏想象力，就失去了前进的动力。优秀的作品总能拥有恒久的影响力。也许神话的时代已一去不复返了，但它给后世文学和文学爱好者带来的影响是非常深远的。

中国神话

课前热身

远古人类思维比较简单，既无系统的观念，也无科学的知识，只得凭想象来认识无法解释的自然与社会，这样才能使可敬可畏的自然变得似乎亲切一些。这种想象力既具有艺术的创造性，又具有一定的科学的萌芽。因此，神话不仅被视为一切文学艺术的源头，也被看作最原始的科学思想的结晶。它反映了早期人类思想的成长经历。

中国古代有神话，但是向来没有"神话"这个名词。神话是什么？到了近代，茅盾先生这样定义：神话是一种流行于上古时代的民间故事，所叙述的是超乎人类能力以上的神的行事，虽然荒唐无稽，可是古代人民互相传述，却确信以为是真的。这从根本上道出了神话的本质。

一谈到中国神话，常常从"盘古开天地"说起，这是因为它象征着人类征服自然的伟大气魄和丰富的创造力。《盘古神话》包括宇宙开辟神话、人类起源神话，具体内容有混沌世界、盘古出世、开天辟地、日月升平、营造万物、除妖斗兽、滚磨成亲、兄妹成婚、体化万物等，构成了盘古文化体系。这里摘选了其中的三则，大致勾勒出《盘古神话》的面貌。

盘古神话

【一】

天地浑沌[①]如鸡子，盘古生其中。万八千岁，天地开辟，阳清为天，阴浊为地[②]。盘古在其中，一日九变，神于天，圣于地[③]。天日高一丈，地日厚一丈，盘古日长一丈。如此万八千岁，天数极高，地数极深[④]，盘古极长。后乃有三皇[⑤]。

数起于一，立于三，成于五，盛于七，处于九，故天去地九万里。

（《艺文类聚》卷一引《三五历纪》）

【二】

首生盘古，垂死化身。气成风云，声为雷霆[⑥]，左眼为日，右眼为月，四肢五体为四极五岳，血液为江河，筋脉为地里[⑦]，肌肤为田土，发髭为星辰，皮毛为草木，齿骨为金石，精髓[⑧]为珠玉，汗流为雨泽，身之诸虫，因风所感，化为黎甿[⑨]。

（《绎史》卷一引《五运历年纪》）

---

①浑沌：清浊不分的情景。
②阳清为天，阴浊为地：古人认为，阴阳是构成宇宙最基本的两类元素。天地初分时，属于"阳"的这类元素是清而轻的，上升成为天空；属于"阴"的这类元素是浊而重的，下降成为大地。③神于天，圣于地：比天更神圣，比地更伟大。于，超过。④天数，地数；数，数目，数字；指天的高度，地的厚度。⑤三皇：一般指天皇、地皇、人皇；一说指燧人、伏羲、神农。⑥霆：疾雷，即霹雳。⑦地里："里"通"理"，大地的纹理，指山川道路等。⑧精髓：精液和骨髓。⑨黎甿（méng）：黎民。甿，民。

【三】

盘古将身一伸，天即渐高，地便坠下。而天地更有相连者，左手执凿，右手持斧，或用斧劈，或以凿开。自是神力，久而天地乃分。二气升降，清者上为天，浊者下为地，自是混沌开矣。

（明代周游《开辟衍绎》）

> 元者，本也；始者，初也，先天之气也。此气化为开辟世界之人，即为盘古；化为主持天界之祖，即为元始。
> ——《历世真仙体道通鉴》

迷津指路

中国的远古神话极其丰富，可惜相对完整地被保存下来的有限，大多零星地分散在古人的著作中。现保存中国神话资料最多的著作有《山海经》和《淮南子》。

《盘古神话》属于开辟神话中的巨人化生神话，讲述天下万物是由巨人的身体各部所化。《盘古神话》最早在我国南方少数民族民间广泛流传。苗族、瑶族向来崇奉盘古，视盘古为自己的祖先。壮、侗、仫佬等民族也盛传盘古，但只是讲述盘古用斧开天辟地。到了北魏，这一传说经郦道元传入北方。从此，盘古由南方少数民族信奉的祖先发展为中华各民族认同的传说中的创世始祖神。

《盘古神话》虽未见于先秦古籍，但它和《山海经》所记《烛龙神话》极为相似。后者又吸收了南方民族盘瓠传说的某些因素，创造出一个英雄式的开天辟地的神话人物。到明末周游写《开辟衍绎》，盘古手里又给加上了斧头和凿子两件劳动工具，故事发展为包含劳动开辟天地的观念，在神话自身成长过程中完成了又一次超越。

思考练习

1. 如何认识《盘古神话》的丰富内蕴？
2. 盘古的形象对你有什么启发？

旧瓶新酒

请以"我学盘古开天地"为题，谈谈如何在人生的道路上为国、为民、为自己开创一方美丽的天地。

课前热身

神话和传说中记载的一些故事往往带有史前事件的影子，存有事实依据。中国地震局第一监测中心研究员王若柏提出，女娲补天的神话实际上很可能是远古时代的一次陨石雨灾害。而研究发现，白洋淀流域的特殊地貌是全新世晚期的一次规模巨大的陨石雨撞击留下的。科学家推测当时的情景：一颗小型彗星进入地球轨道，在山西北部的上空冲入大气层并形成爆炸，在极短的时间内落入晋北、冀中的广大地区，形成了规模宏大的陨石雨，在平原区域形成了大量的撞击坑。后经流水的侵蚀和先民的改造，若干较大的撞击坑群最终形成了白洋淀；较小坑体则成为积水洼地，逐渐发展为该地主要的居民区。洼地的一部分被地表水冲蚀而破坏，位于河床间的高地则保留了大量的撞击坑遗迹"碟形洼地群"。

女娲补天遗迹的地理位置，恰恰位于王若柏研究员提出的撞击区的南部和西部附近。

陨石撞击灾害造成了居民的大量伤亡和外迁，使当地繁盛的古文化从此中断。若干年后，又逐渐发展形成了新的古代文化。这一陨石灾害历经一代又一代的传说，形成了一个美丽的神话。

女娲神话

【一】

俗说天地开辟，未有人民，女娲抟①黄土作人。剧务②，力不暇供，乃引绳于泥中，举以为人。

女娲祷神祠祈而为女媒，因置婚姻。

（《太平御览》卷七八引《风俗通》）

【二】

往古之时，四极废③，九州裂；天不兼覆④，地不周载⑤。火爁焱⑥而不灭，水浩洋⑦而不息；猛兽食颛民⑧，鸷鸟⑨攫老弱。

于是女娲炼五色石以补苍天，断鳌足以立四极，杀黑龙以济⑩冀州，积芦灰以止淫水⑪。

苍天补，四极正，淫水涸，冀州平；狡虫死，颛民生；背方州⑫，抱圆天……当此之时，禽兽蝮蛇，无不匿其爪牙，藏其螫毒，无有攫噬之心。

（《淮南子·览冥训》）

①抟（tuán）：把散碎的东西捏合成团。②剧务：工作繁重。

> 娲，古之神圣女，化育万物者也。
> ——许慎
>
> 宋以前正月二十三日为天穿日，言女娲氏以是日补天，俗以煎饼置屋上，名曰"补天穿"。
> ——杨慎

③四极废：极，屋梁。废，坏。古人把天想象成屋顶，四围有梁柱，梁柱毁坏，屋顶也随之坍塌。④天不兼覆：兼，尽。天有所损毁，不能尽覆万物。⑤地不周载：周，遍。地有所陷塌，不能遍载万物。⑥爁（lǎn）焱（yàn）：大火燃烧的情形。⑦浩洋：水流浩瀚无边的情形。⑧颛（zhuān）民：善良的人民。⑨鸷鸟：凶悍的鸟。⑩济：拯救。⑪淫水：洪水。⑫方州：大地。古人以为天圆地方，故称方州。

迷津指路

《女娲神话》是我国古代神话中最奇伟瑰丽、动人心魄的神话之一，反映出早期人类社会的生活状况。女神女娲与自然灾害做斗争并取得最后胜利，是远古时代生产力水平低下，时常遭受自然灾害，渴望控制自然、征服自然、发展生产的古代劳动人民的生存现实的反映。

人类历史上母系氏族社会时期，妇女在生产和生活中居于重要地位，子女只认得母亲，而不识生父。女娲造人的神话正是早期血缘时代之母系社会中女性占据人口生产主导地位的反映。

女娲的名字最早见于屈原的《天问》："女娲有体，孰制匠之？"记载女娲造人的是《太平御览》之《风俗通》。《女娲补天》首见于西汉初年淮南王刘安编著的《淮南子·览冥训》。唐代司马贞在《三皇本纪》中再次对此做了描述。在《三皇本纪》补入《史记》之后，《女娲补天》神话被列入正史而传世。

思考练习

1. 对比世界各民族关于人类起源的神话，找出其共同点并做简要分析。
2. 女娲为什么要补天？这里面有哪些故事？试讲述。
3. 试讲述中国神话与古希腊神话、希伯来神话中关于人类起源的神话故事，并分析其异同。

旧瓶新酒

历来女娲都是作为最美的女神被赞颂的，而今地处晋冀豫三省交界处的河北省涉县已成为"中国女娲文化之乡"。查阅相关资料，试以"中国古神话的魅力与价值"为话题，写一篇1500字的论文。

课前热身

在今距离山西省长子县城西25千米处,有一座海拔1646.8米的发鸠山。此山山势陡峭,绵延起伏,雄伟壮观。从山顶望去,云腾雾罩,翠涌绿滴,颇有仙境气势。古代神话《精卫填海》中说,炎帝的小女儿女娃游东海溺死,为了报仇,化为精卫鸟,"常衔西山之木石,以堙于东海"。据说"西山"即指发鸠山。

远古神话在中国民间流传甚广,给人以鼓舞和启迪,激发人们把神奇的幻想变为现实。远古神话对中国文学的发展影响很大,后世的许多著名作家都从古代神话中汲取营养,创作出了优美、感人的作品。

陶渊明的《读山海经》曰:"精卫衔微木,将以填沧海。刑天舞干戚,猛志固常在。"他把区区精卫小鸟与顶天立地的巨人刑天相提并论。这种悲壮之美千百年来震撼着人们的心灵。沧海固然大,而精卫鸟英勇顽强、坚韧不拔的精神更为伟大,这正是中华民族精神的象征!

精卫填海

发鸠①之山,其上多柘木②。有鸟焉,其状如乌,文首③,白喙,赤足,名曰精卫,其鸣自詨④,是炎帝之少女⑤,名曰女娃。女娃游于东海,溺而不返⑥,故为精卫,常衔西山之木石,以堙⑦于东海。

(《山海经·北次三经》)

①发鸠(jiū):古代传说中的山名。
②柘(zhè)木:柘树,叶可以养蚕。
③文首:头上有花纹。④其鸣自詨:它的叫声像是在呼唤自己的名字。"詨"通"叫"。⑤炎帝之少女:炎帝的小女儿。⑥溺而不返:溺死在海水里没有回来。⑦堙(yīn):填塞。

> 精卫填海,愚公移山,为之在人,成之在天。 ——黄埴

迷津指路

中国远古神话大多是劳动人民集体创作的,这些神话经历了口头流传的漫长岁月,直到文字发明以后才被记载下来。

远古神话以丰富神奇的想象反映了远古社会丰富多彩的历史内容,其中有反映人类与自然做斗争的《后羿射日》《夸父追日》《精卫填海》等。这些美丽动人的神话不仅反映了远古先民对自然现象的认识和征服自然的强烈愿望,也体现了中华民族不怕困难、英勇顽强地与自然灾害做斗争的伟大精神。

在这些神话中,以《精卫填海》最为感人。这个故事表达了古代劳动人民探索自然、征服自然、改造自然的强烈愿望以及他们持之以恒、艰苦奋斗的精神。后来,人们常以"精卫填海"比喻志士仁人所从事的艰巨卓越的事业。人们同情精卫、钦佩精卫,把它叫作"冤禽""誓鸟""志鸟""帝女雀",并在东海边上立了个古迹,叫作"精卫誓水处"。

思考练习

1. 在填海的精卫身上体现出了哪些精神?
2. 在精卫以弱小之躯誓填东海的行为中寄托了人们怎样的理想?

旧瓶新酒

学习了《精卫填海》后,请结合生活实际,谈谈我们应如何面对自身所遇到的困难。

课前热身

夏夜，我们可以看到头顶上方有一颗明亮的星星，旁边围绕着四颗小星，形似织布梭子，这就是大家熟知的织女星。隔着银河，在东南方有一颗亮星，两旁各有一颗小星，那是牛郎与织女星隔银河相望。牛郎星和织女星都是比太阳还要巨大的恒星，因距离我们非常遥远，所以看上去很小。它们之间的距离也很遥远，有16.4光年。

然而，在神话故事中却是另外一番味道。牛郎与织女不仅可以在一夜之间相会，而且演绎了无比浪漫辛酸的爱情故事。农历七月初七，俗称"七夕节"，又称"乞巧节""七夕情人节"。这个节日正源于牛郎织女的传说。

牛郎织女

天河之东有织女，天帝之女也。年年机杼①劳役②，织成云锦天衣，容貌不暇整③。天帝怜其独处，许嫁河西牵牛郎。嫁后，遂废织衽④。天帝怒，责令归河东，许一年一度相会。

（《月令广义·七月令》引殷芸《小说》）

①机杼：机，织布机；杼，梭子。指织布。②劳役：劳苦操作。③整：修饰。④织衽：衽，织布机上的经线。用纬线来贯经线，指织布。

> 金风玉露一相逢，便胜却人间无数。
> ——秦观

迷津指路

中国历史悠久，在民间蕴藏着极为丰富的民族文化遗产。其中，最具中国特色、流传最广、影响最大的有"牛郎织女""孟姜女""白蛇传"和"梁山伯与祝英台"四大民间传说。"牛郎织女"把天上和人间放在一个层面上演绎，是四大传说中最为特殊的一个。

"牛郎织女"是我国最早关于星的故事。南北朝时期任昉的《述异记》里有这么一段："大河之东，有美女丽人，乃天帝之子，机杼女工，年年劳役，织成云雾绢缣之衣，辛苦殊无欢悦，容貌不暇整理。天帝怜其独处，嫁与河西牵牛为妻，自此即废织衽之功，贪欢不归。帝怒，责归河东，一年一度相会。"

这一爱情故事流传了几千年，可谓家喻户晓。它如此巨大的生命力缘于在牛郎织女身上寄托了中国人的爱情理想，缘于中国人始终颂扬着的为爱情坚贞、婚姻自由而奋斗牺牲的精神。这种非物质、纯精神的爱情观震撼人心、凄美迷人，代表了传统文化中最纯正的思想。这个故事也为青年人争取爱情与婚姻自由潜移默化地发挥了唤醒与激励的作用。

思考练习

1. 牛郎织女的传说是如何体现中国农耕社会特点的？
2. 这段天上人间"长恨歌"的演绎，反映了当时人们的什么观念？

旧瓶新酒

以牛郎织女的爱情故事为素材的诗词、歌赋、戏曲、文字、说唱艺术及影视作品不胜枚举，请观看电视剧《牛郎织女》，体会这一神话传说的魅力。

课前热身

月球是人类肉眼所能看到的最亮的天体，是地球唯一的天然卫星。月球的神秘令人类着迷。几千年来，人类一直在孜孜不倦地观察和研究着月球。

2007年10月24日，西昌卫星发射中心烈焰四起，大地轰鸣，长征三号甲运载火箭搭载"嫦娥一号"月球探测卫星直冲云霄，奔向遥远的月球，实现了中华民族千年奔月的梦想。

"嫦娥一号"的发射成功不仅向世人展示了我国航天科技发展的成就，也向世人敞开了了解我国月亮文化的窗口。"明月几时有？把酒问青天。"中国将探月工程命名为"嫦娥工程"，昭示着中国人可以凭借科技的力量，将远古的神话传说、先民的幻想变成今天的现实。

嫦娥奔月

羿请不死之药于西王母，羿妻姮娥[①]窃之奔月。托身于月，是为蟾蜍，而为月精。怅然有丧，无以续之[②]。何则？不知不死之药所由生也。

（《淮南子》）

[①] 姮（héng）娥：也就是嫦娥，原作恒娥。汉文帝名恒，避其讳改恒作姮，或作常、嫦。[②] 怅然有丧，无以续之：怅然如有所失，无法再去求得不死之药。

> 人攀明月不可得，月行却与人相随。　　——李白

迷津指路

嫦娥奔月最早见于《淮南子》。该书在继承了先秦道家思想的基础上，综合了诸子百家学说中的精华，具有一定的文学和史学价值，对后世研究秦汉时期文化起到了不可替代的作用。

月宫嫦娥是千百年来百姓最为熟悉的一位神话人物。传说嫦娥是帝喾（姓姬，号高辛，黄帝之曾孙，尧帝之父）之女、后羿之妻，拥有非凡的容貌。民间传说关于嫦娥的故事较为统一地源自本文。此外，有关嫦娥的神话还有"吴刚伐桂""玉兔捣药"以及"后羿射日"等。嫦娥奔月神话体现了人们对天上美好圆月的好奇，表达了古人对探索地球以外的浩瀚宇宙的无限憧憬。

思考练习

1. 抄录、品味古诗词中描写"月"的句子，由此探讨中国的月文化。
2. 对嫦娥奔月的原因，古今传说中说法不一。查阅资料并说明你比较钟情于哪一种，为什么？

旧瓶新酒

探月活动不但能满足人们千百年来对月球的好奇心，而且是人们走出地球、探索宇宙奥秘的第一步。请收集有关探月的各种资料，组织一次研讨活动，探讨探月活动对人类的影响。

国外神话

> **课前热身**
>
> 人类起源这一问题可以称得上是最令学术界头痛的问题。人类学家、考古学家、历史学家、生物学家,甚至是哲学家,都对人类起源做了各种角度的研究。然而,迄今仍没有最令人信服的说法。关于人类起源的神话传说,各民族都相当丰富。归纳各种神话,人类的起源可以分为呼唤而出、原本存在、泥土造的、植物变的和动物变的五种。
>
> 动物变人的神话很接近进化论的说法,尤其美洲神话中说人是猿猴变的,与进化论相吻合。这种吻合耐人寻味。
>
> 更为有趣的是,不论何种神话,在开宗明义时,都有一个共通的大主题,即宇宙是从"混沌初开"演进到"秩序规则"的。

混沌初开和人的创造[①]

伊米尔活着的远古时代,
没有沙或者海,没有汹涌的波浪;
世界没有大地,也没有天空,
只有那开裂的、寸草无生的鸿沟。

《西比尔预言书》

很久很久以前的洪荒时代,天地一片混沌,没有沙石,没有大海,没有天空和大地。在这一片混沌的中间,只有一道深深开裂着的、无比巨大的鸿沟,叫作金恩加鸿沟。整个鸿沟里面一片空荡和虚无,没有树木,也没有野草。

在金恩加鸿沟的北方,是一片广大的冰雪世界尼夫尔海姆。在那里,浓雾终年笼罩在万年的冰封和积雪上,非常寒冷和黑暗。一股巨大的泉水从尼夫尔海姆最深邃和最黑暗的地方奔涌而出,形成了许多川流不息的溪流。这些溪流夹带着冰雪世界里的万年寒气,其中有的含着剧毒,由北而南地向金恩加鸿沟奔腾而来。当溪水汇入鸿沟的时候,奔腾的急流骤然跌入无比深邃的沟底,发出雷霆一般巨大的轰响。同时,尼夫尔海姆的无数冰块由溪流夹带而来,历经千万年的时间,慢慢地在金恩加鸿沟的旁边堆积起了许多冰丘。

在金恩加鸿沟的南方,有一个称为摩斯比海姆的火焰之

[①] 选自程义的《北欧神话故事》,星光出版社 2000 年版。选文为北欧神话开篇,讲述了关于人类起源的神话传说。

国，那里终年喷射着冲天火焰，整个地方都是一片无比强烈的光亮和酷热。一个叫作苏特的庞大生灵，手持光芒之剑，守卫在火焰国摩斯比海姆的旁边。

火焰国中喷射出的冲天火焰，飞溅出许多剧热的火星，落在金恩加鸿沟的两岸上，也落在鸿沟旁边堆积着的冰丘上。冰块遇到高热的火星后融化成水汽，又被从尼夫尔海姆吹来的强劲寒风再次冻结起来。就这样循环重复，千年万年之中，在火焰国的热浪和冰雪国的寒气不断作用下，这些冰丘慢慢地孕育出了生命。巨大的生灵伊米尔就这样诞生了。

在无尽的黑暗和弥漫的大雾中，有着巨大身躯的伊米尔在混沌世界中徘徊，寻找食物。在很久以后，他遇到了同样也在热浪和寒气作用下诞生于冰丘的一条母牛奥都姆布拉。巨大的母牛在身下流淌出了四股乳汁，汇成了四条源源不绝的白色河流。于是，庞大的伊米尔就以奥都姆布拉的乳汁为食，而母牛则以舔食冰雪为生，特别是冰地上偶然会有的一些盐霜。在混沌黑暗、冰天雪地的洪荒时代里，只有这样两种巨大的生灵存在着。

无数岁月以后，终日饱饮牛乳的伊米尔变得非常强壮。有一次，在他饮完牛乳沉沉睡去的时候，在他的双臂下面忽然生长出了一男一女两个巨人。接着，他的双足下面也生长出来了他的一个儿子。从他的双臂下面生出来的那对巨人后来成了一对夫妻，生下了许多巨人子裔。在他们的许多孩子中，其中一个叫作密密尔，是个极其富有智慧的巨人。从伊米尔的足下诞生的是一个有六个头的邪恶巨人，后来也有了许多后代。但是他的子裔大都是一些体形庞大、生性愚笨的巨人。有的有许多个头，有的则是一些野兽。巨人之祖伊米尔自己也在此后又生下了其他的一些巨人。所有出自伊米尔的巨人们，都被称为霜的巨人，他们是巨人世界的主人，世界秩序的破坏者和神祇们的敌人。

母牛奥都姆布拉日日夜夜地舔食着冰雪，不断地寻找盐霜。有一天，在它用力舔食石头上一些盐粒的时候，它的舌头底下忽然舔出了一些头发。它继续舔着，第二天，一个完整的脑袋出现了。到第三天，它舔出了一个活生生的人形。众神的始祖布里就这样诞生了。布里是一个高大英俊的男人，强壮有力而性情温良。他不久生下了一个同样高大而雄壮的儿子博尔。

博尔在长大以后，娶了女巨人培丝特拉为妻。培丝特拉是

015

从伊米尔双臂下面生长出来的那对巨人的女儿，也是智慧巨人密密尔的姐姐。博尔和培丝特拉不久生下了奥丁、威利和维三个儿子。天地之下没有语言可以形容他们的高大和雄健，他们是三位伟大的神明，也将是所有世界的主人。

博尔的儿子们逐渐成长起来，变得越来越强壮，同时也开始不再满足于生活在这样一片黑暗、寒冷和混沌的世界之中了。经过一番计划后，奥丁、威利和维三位神祇向洪荒世界的统治者——巨人的始祖伊米尔发动了攻击，并且最后成功地杀掉了这个庞然大物。但是，当伊米尔轰然倒下的时候，从他的伤口中流出了无穷无尽的大量鲜血，汇成了一条巨大的血的河流。这条鲜血的河流最后造成了洪荒世界里的第一场洪水，淹没了在伊米尔身边生活着的那些霜的巨人。在他们之中，只有一个叫作贝格尔密的巨人和他的妻子一起坐在一只类似石臼的小船上，千辛万苦地逃出了泛滥的大洪水。因此，在众神之主奥丁回想过去的岁月时，他说道：

在大地创造之前，
那无休无尽的长冬里，
诞生了巨人贝格尔密；
我首先所能记起的，
是那机警的巨人，
怎样安然躲进他的方舟。

在躲过大灾难以后，他们又生下了许多后代。霜的巨人一族，又从贝格尔密开始繁衍开来了。

然后，在美轮美奂的天地中间，
博尔的儿子们修筑了河山；
太阳从南方照耀到他们的宫墙，
大地上，绿色的韭葱开始萌芽。

《西比尔预言书》

奥丁、威利和维三位神的祖先在杀掉了庞大的巨人伊米尔以后，开始计划创造一个舒适而美丽的世界。

三位最早的神祇在一片阴暗冰冷的世界上苦苦地思考着怎样创造世界，不断寻找着可供创造的材料。但是，他们的面前除了冰雪就是溪水，力大无穷的众神为此煞费脑筋。终于有一天，奥丁对着眼前正在腐烂的伊米尔的庞大尸体失声喊叫起来：

"用伊米尔的尸体做新世界的材料！"

> 从哲学角度，神话是人类最古老的认识论——泛灵论以及最古老的思维方法——比拟类推的产物。
> ——维柯

其他两位神祇也有茅塞顿开之感，纷纷称赞奥丁的好主意。于是，众神一起动手，把伊米尔的巨大身躯肢解开来。他们把伊米尔的肉体放在了金恩加鸿沟的正中间，把填满了鸿沟的肉体作为大地。众神又用他的血造成海洋和湖泊，用他的骨骼造成丘陵和山脉，牙齿和零碎的腭骨造成岩崖和卵石，头发和胡子造成树木和青草。

在大地造成以后，众神又把伊米尔的脑壳抛在上面，形成了天空，又把他的脑浆抛散到天空上面，形成云彩。为了不让天空从上方掉下来，众神派了四个侏儒分别到东南西北四个角落，用他们的肩膀支撑住天空的四角。这四个扛着天空的侏儒，他们的名字就分别为东、南、西和北。

在创造了大地和天空以后，奥丁、威利和维又从南方的火焰国中采来了许多火星，把它们随意抛散到天空上。这些火星就停留在天空上，成为满天的繁星，照亮了整个世界。

早在众神还没有想到要用伊米尔的尸体创造世界的时候，从伊米尔腐烂的肉体中生出了许多蛆虫。这些蛆虫攫取巨人之祖身上的精华，竟都是一些富有灵性的生物。在奥丁等神的裁决下，他们都有了类似人类的形体和智慧。从尸体受光一面生长出来的蛆虫变成了精灵或者叫光明精灵，从尸体背光一面生出来的则变成了黑暗精灵，人们一般把他们叫作侏儒。支撑天空的东、南、西、北四个侏儒就是从伊米尔的尸体中生发出来的。

精灵们通体发亮，光明耀眼，长得非常美丽。他们通常性情温良，开朗热情，能和树木花草、游鱼飞鸟彼此沟通，因此众神就把他们作为神的朋友。他们也经常帮助众神管理世界，特别是日月星辰等一类事务。

侏儒们虽然和精灵同出一物，容貌、性情却与之截然相反。他们长得矮小又难看，漆黑如沥青，而且贪财好色，狡猾而爱撒谎。

在世界规模初具的时候，神的祖先开始考虑创造一种完美的生物，得以居住在富饶肥沃的大地上。三位神祇经常带着这个问题在天地之间行走，查看他们创造天地的业绩。有一天，当奥丁、威利和维在海滩上散步的时候，海浪冲来了两截木头，一截是梣树，一截是榆树。众神把它们捡起来后，觉得恰好可以作为创造人的材料，便开始用刀把它们分别雕刻成两个人形。由于众神精心雕刻，那段梣木成了一个栩栩如生的男人形状，而榆木则是一个女人的样子。

树木成形后，三位神祇就为他们注入了生命。

奥丁首先把人形握在手中，赐给了他们生命与呼吸；

威利接着赐给了他们灵魂与智慧；

最后，维赐给了他们体温和五官的感觉。人类诞生了。

根据他们的由来，神的祖先把男人命名为阿斯克（意为梣树）、女人命名为爱波拉（意为榆树）。众神让这对人类的始祖居住在四周由大海环绕的大地上，让他们结为夫妻，生儿育女。从阿斯克和爱波拉开始，人类就在大地上一代一代地繁衍开来，一直传续到了今天。

在创造人类，并且把他们安置到大地上的同时，神的祖先也在大地的上面，整个宇宙最中心的地方划定了一处神的居所，作为神国。发光的精灵们因为美丽温良，得以和众神比邻而居，在神国的四周建造了精致的精灵国。

在人类居住的大地的东边，众神划出一块地方允许巨人们居住。从洪水中逃出的巨人贝格尔密就居住在这个称为约顿海姆的巨人国里，并且繁衍出了许多霜的巨人。

黑色的侏儒们因为品性欠佳，众神罚他们只得居住在大地的下面，而且不得被白天的光线照射到，否则他们就会变成石头或者溶化掉。为此，矮小的侏儒们就在泥土下面或者岩石中凿洞为巢，形成了一个黑精灵国，或者叫侏儒国。

智慧巨人密密尔有一个美丽、肤色黝黑的女儿，她的名字叫作夜晚。夜晚经常骑着她的骏马，奔驰在群星闪烁的天穹上。后来，美丽的夜晚和精灵国里掌管光线的黎明精灵德灵相爱了，他们生下了一个像他父亲一样英俊而光彩夺目的儿子，起名叫白天。

从此以后，当晨曦的红色光芒照耀在大地和海面上的时候，称为唤醒者的精灵们就会在黎明精灵德灵的宫墙外吟唱起清晨之歌，夜晚的儿子白天随即在歌声中骑上他的骏马，向无边的苍穹奔驰而去。同时，他的母亲夜晚经过一夜的奔驰，疲倦地回到宫殿里休息。

在巨人国里，有一个巨人生有一儿一女，长得英俊美丽、光彩夺目，分别叫作月亮和太阳。骄傲的巨人经常向其他生灵称赞他的儿女如何如何出众，这就引起了众神的注意。后来，众神就把这两个美丽的孩子从巨人国带走，分别交给他们两匹骏马和一辆大马车，让他们昼夜更替地在天空上巡行。

从此，称为太阳的女孩发着金光，跟着白天；称为月亮的男孩发着银光，跟随着夜晚，分别在天空上不断奔驰。

神话，人类童年的产物……

两条狰狞的恶狼，分别追逐着太阳和月亮，垂涎欲滴地企图把他们吞噬掉。他们不断地朝着太阳和月亮咆哮，紧紧跟在他们后面。但是，太阳用来驾车的亚维克和爱尔维斯是两匹无与伦比的神骏，它们的鬃毛闪烁着金色的光芒，以极快的速度拖曳着镶满宝石的太阳车向前奔驰。所以，太阳总是能够摆脱掉恶狼的追逐。

当金色的太阳驶过西边的地平线后，她就来到了黄昏精灵比灵的宫殿。在经过一天的奔驰以后，疲惫的太阳就在比灵为她安排的华床上休息了。比灵的仆从们则举着点燃的蜡烛和火炬围在她的床前，守护着她。当晨曦再次出现在地平线上的时候，太阳将再一次踏上她的马车，驾驭骏马奔驰在天空上。

当太阳登车启程的时候，月亮驾车回到了比灵的黄昏宫殿。当月亮休息在他的华床上的时候，一群睡眠精灵打着瞌睡围绕在他的身边。

就这样，大地上的人类有了昼夜之分，也有了阳光的和煦和月光的温情。

> 从人类文化学的角度，神话起源于巫术和宗教的祭祀、礼仪。
> ——弗雷泽

迷津指路

本文属于北欧神话。北欧神话是斯堪的纳维亚地区特有的一个神话体系，其形成时间晚于世界上其他几大神话体系。

关于"混沌初开，乾坤始奠"时期的志怪的传说，公元前已在北欧的日耳曼部族里流传。中世纪，冰岛学者用文字将其记载下来。可以查考的主要有两部《埃达》：一是冰岛学者布林约尔夫·斯韦恩松于1643年发现的"前埃达"，或称"诗体埃达"，写作时间在9—13世纪，包括14首神话诗；二是"后埃达"，或称"散文埃达"，由冰岛诗人斯诺里·斯图鲁松在13世纪初期写成，是"前埃达"的诠释性著作。

北欧神话是一个多神系统，大致可以分成巨人、神、精灵以及侏儒四个体系。其中，巨人创造了世界，生出了众神，但同时也是众神最大的敌人，可以将之理解为人格化的自然力量；神分为两个部族，以主神奥丁为首领的阿西尔部落以及以大海之神尼奥尔德为首领的瓦尼尔部落，其中主要的神有12个；精灵和侏儒属于半神，他们为神服务，其由来很模糊，属于日耳曼地区特殊的创造。

北欧神话更贴近现实。北欧神话相信，当万物消亡时，新的生命将再次形成，世界上的一切都是循环的。

思考练习

1. 北欧神话中主要有哪些神？请列表注明众神的身世和职掌情况。
2. 请根据课文，描述世界在北欧神话中是如何被创造的。

旧瓶新酒

去图书馆或在网上查找有关北欧神话的相关资料，了解诸神，体会北欧神话更贴近现实的特点。

课前热身

世界文明史上，古希腊文明以其特异的风采享誉后世。它的文化创造达到了人类文明的第一个高峰。古希腊文明的勃兴和它的"后来居上"及它的光灿夺目的业绩，被学界称为"希腊的奇迹"。要破译与解释这一文化之谜，在很大程度上要从古希腊文明的特征，即"希腊精神"里解读。

这种精神里的崇奉中庸，寻求生物与环境之间的均衡，思想自由的适度，节制生活，人的个性与特长的和谐发展，等等，无一不渗透着希腊人的中道思想以及一种平衡与和谐的发展追求。

古希腊文化对西方文化产生了深远的影响。正如19世纪初期英国浪漫主义诗人雪莱所说："我们全是希腊人的，我们的法律、我们的文化、我们的宗教、我们的艺术根源都在希腊。"虽然雪莱的话有些夸大，但从文化史的角度来看，希腊文化对后世产生的深远影响是学术界比较认同的。

普罗米修斯[①]

先觉者普罗米修斯来到了位于蓝天之下、大海中央的大地上。

当时，大地上长满了鲜花和野草，散布着各种各样的动物，鸟儿在树上筑巢，在空中歌唱。只是还没有统治地球的人类。普罗米修斯便想唤醒埋藏于泥土之中的人类生命的种子，让他们使大地更加充满生机。

于是，他面带微笑，若有所思地踏着轻轻的脚步，来到一条河边，从河岸抓起一大团泥土，用手在河里捧了些水浇在上面，把它和成软硬适宜的泥巴，然后用这些泥巴根据神的形象捏出了一个人。这个小泥人儿很招他喜爱，于是他又满心欢喜地捏出了许多相同的泥人。捏完之后，他打量着这些没有生命的形体，陷入久久的沉思。怎样才能使他们具有生命呢？

普罗米修斯是一个善于创造发明的神。他从各种动物身上摄取了善的或恶的特性，比如狮子的勇猛、狗的忠诚和聪明、马的勤劳、鹰的远见、熊的强壮、鸽子的温顺、狐狸的狡猾、兔子的胆怯和狼的贪婪，然后把这些特性糅合在一起，往每一个人的胸膛里注入属于他的那一部分。这样一来，他们便能像动物一样可以活动了。但是，他们还只是具有一半生命的人，因为他们还缺少创造他们的神的灵气。

在诸神当中，智慧女神雅典娜是普罗米修斯的朋友。她

[①] 选自李正栓等主编的《希腊神话故事》，航空工业出版社2007年版。本文记叙了普罗米修斯创造人类，并热情帮助人类的动人传说。为了解除人类没有火种的困苦，他不惜触犯天规，勇敢地盗取天火，给人类带来了光明和智慧，并与宙斯进行了不屈不挠的斗争。

在奥林波斯山上惊奇地注视着普罗米修斯所做的一切。当她发现普罗米修斯望着他的创造物束手无策的时候，她急忙从奥林波斯山上下来，把神的具有活力的呼吸吹进他们的口中。于是，他们获得了聪明和理智，这才成为真正的人。

人就这样被造出来了。他们从地上爬起来，像孩子似的到处乱跑，惊奇地望着树木、野草、鲜花和动物。他们也像孩子一样，不懂得思考。他们看见这些物体，却不知道识别它们。他们听见流水、刮风的声音，听见野兽的嚎叫和鸟儿的啁啾，然而却无法理解这一切，他们不懂得使用自己的双手和力气。他们住在黑暗的洞穴里，因为他们不懂得制造工具，不懂得用伐倒的树木、石头建造房屋。他们不知道如何解释星辰的运行，不懂得根据自然的规律划分四季而加以利用。他们不懂得耕种和收获。他们完全像孩子一样，一切都需要帮助。

普罗米修斯非常乐意帮助他们，便担当起了老师。他们从他那里学会了计数和写字。他们在他的指导下，观察日月星辰的运行，建造房屋，使用牛马耕种田地。通过勤劳的双手，他们造出帆船在海上航行。他向他们指明地下的宝藏。他们找到了金银和铜铁。他们根据他的指导，尝试着制造各种各样的药物，利用油和酒来治疗疾病和伤口。最后，普罗米修斯还教人类预言未来和释梦，并根据鸟儿的飞行和动物的内脏来占卜。总之，凡是对人类有用的，能够使人类满意和幸福的，他都教给他们。人们也用爱和忠诚来感谢他、报答他。

住在奥林波斯山上的宙斯和其他天神是宇宙间的主宰。他们很快就注意到了普罗米修斯所创造的人类。他们要求人类敬奉他们、服从他们。作为交换，他们可以保护人类以及他们的财产，赐福他们的劳作以收获。在一次人和神的聚会中，他们共同商讨了双方的义务和权利。普罗米修斯作为人类的辩护师，也参加了这次聚会。他要保护人类，不让神祇们提出过分的要求，增加人类的负担。最后，双方就各自的义务达成了协议。不过，人类得把最好的东西献祭给神祇们。这一回，普罗米修斯代表人类宰杀了一头强壮的公牛敬奉诸神。为了考验天神无所不知的能力，他想出了一条计谋，把牛剁成块，分成两堆：把肉、内脏和脂肪堆成一堆，用牛皮盖在上面；把骨头堆成另一堆，巧妙地用板油包裹起来，而且这一堆看起来也大一些。然后，他请宙斯从两堆中挑选出他所喜欢的一堆。

> 在全部的历史里，最使人感到惊异或难于解说的莫过于希腊文明的突然兴起了。
> ——罗素

无所不知的宙斯一眼就看穿了他的骗局，却装作毫无察觉的样子。他早就对普罗米修斯的作为看不顺眼，老想找他的岔子，好惩罚他一下了。于是他伸出双手去拿那大的一堆。当他扒开雪白的板油，看见剔光的骨头时，就好像刚刚才发现被骗似的，大发雷霆："好哇，你这个恶神，居然使出这样的欺骗伎俩！你会为此受到惩罚的！"

说完，宙斯带着他的随从，驾着雷霆和闪电，怒气冲冲地返回奥林波斯山去了。作为对普罗米修斯恶作剧的第一个惩罚，宙斯拒绝给予人类为了完成他们的文明所需要的最后一物——火。但是机智的普罗米修斯马上就想到了补救的办法。他折下一根长长的茴香枝，带着它来到天上。当太阳神驾驶烈焰熊熊的太阳车从空中经过时，普罗米修斯把茴香枝伸到火焰里引着，然后举着这燃烧的火种迅速降落到大地上。在那里，他用火种点燃了第一堆木柴，大火燃烧起来，火光直冲云霄。

宙斯在天上看见火焰从人间升起，火光照亮了大地，人们围着火堆跳舞。他知道天上的火种已经被盗去，心中感到一种剧烈的刺痛。为了抵消火给人类带来的好处，他又想出了一个更为恶毒的危害全人类的办法。他命令他的儿子、以巧妙著称的火神赫淮斯托斯创造一个美丽的少女。这位少女美艳绝伦，令所有的天神惊叹不已。雅典娜由于嫉妒普罗米修斯，渐渐对他失去好感。她亲自给这位少女穿上雪白漂亮的长裙，挂上遮面的披纱，戴上用鲜花扎成的花冠，系上金色的发带；神的使者赫耳墨斯把能够迷惑人心的语言技能馈赠给这妩媚的姑娘。爱情女神阿佛洛狄忒则赋予她无限的魅力。这个美丽的少女被称为潘多拉，意思是"被赐予一切的女人"。

宙斯递给潘多拉一个匣子，匣子里有每一位天神送给她的一件对人类有害的礼物。然后，宙斯让赫耳墨斯把她带到人和神和睦共处的大地上。他们看见这位美丽绝伦的少女，感到十分惊奇，因为人类从来还没有见过这样的女人。潘多拉捧着那个盒子去找普罗米修斯的弟弟——愚笨的埃庇墨透斯，向他转交宙斯的礼物。普罗米修斯曾经警告过他的弟弟，不让他接受奥林波斯圣山统治者的礼物，以防他伺机报复。可是埃庇墨透斯一见到潘多拉，便被她那美丽的容貌和动听的语言迷惑住了，把哥哥的警告忘得一干二净。他毫无戒备地伸出双手，准备去接那个匣子。这时，潘多拉突然打开匣盖，藏在里面的一大群灾害立刻飞了出来。它们无声无息、无踪无形，一眨眼工夫便布满了整个大地。

从此以后，各种各样的疾病和灾害，如热病、瘟疫和猝死等，不分昼夜地在大地上徘徊。它们悄然而至，因为宙斯没有赋予它们声音。普罗米修斯，这位人类的救助者和医生，看见他的造物遭受灾害的袭击，忍受疾病的折磨，突然无缘无故地死去，伤心得几乎晕厥过去。

可是，奥林波斯山的统治者宙斯并不肯就此罢休。他还要向人类的创造者本人复仇，置他于死地。他将普罗米修斯交给赫淮斯托斯和他的两个仆人克刺托斯（强力）和比亚（暴力），他们把他带到高加索山，用一条永远也挣不断的铁链牢牢地把他缚在高加索山的悬崖上。其实，赫淮斯托斯并不愿意执行他父亲的命令，因为他很喜欢和尊敬普罗米修斯。他一边执行着他那残忍的刽子手的使命，一边嘟哝着同情的话语，请求普罗米修斯原谅他。然而，他那两个从地狱跳出来的仆人却嘲笑他心肠太软，因为他们憎恨光明之子普罗米修斯。

不幸的普罗米修斯被缚在陡峭的悬崖上，笔直地吊在那里，永远不能入睡，疲惫的双膝也不能弯曲，因为他的双手、胳膊、肩膀和两条腿都被铁链牢牢地缚住，起伏的胸脯上还钉着一颗金刚石的钉子。他忍受着饥渴、炎热、寒冷、风吹和雨淋。除此之外，宙斯还派他的神鹰每天去啄食被缚者的肝脏。但被吃掉的肝脏随即又会长出来。就这样，日复一日，年复一年，普罗米修斯为了人类的幸福，长期地忍受着难以描述的痛苦和折磨。

三十年以后，一位叫赫拉克勒斯的英雄为了寻找金苹果来到此地。这位百发百中的神箭手看见神的后代被缚在悬崖上，一只巨鹰正在啄食他的肝脏，便立即放下行囊，弯弓搭箭，射死了恶鹰。然后他打开铁链，把普罗米修斯解救下来。宙斯知道这件事后大发雷霆。为了平息宙斯的怒气，赫拉克勒斯把马人喀戎带来作了普罗米修斯的替身。喀戎被赫拉克勒斯的毒箭误伤，伤口始终不愈，疼痛难忍，但他情愿牺牲自己，也要把永生的权利让给普罗米修斯。

不过，宙斯还是要普罗米修斯的手腕上永远戴着一只铁环，上面连着一块高加索的石片。这样，宙斯就可以夸耀他的仇人仍然被缚在山上。

> 希腊神话是文艺、美术与音乐的世界，是无上幸福的乐园。
> ——丹尼斯

迷津指路

　　希腊神话大多来源于古希腊文学，如《伊利亚特》《奥德赛》《神谱》以及埃斯库罗斯的戏剧等。神话的内容主要讲述诸神及世界的起源，诸神争夺最高地位，神的爱情、冒险以及神的力量对凡世的影响，还包括一些自然现象和崇拜地点与仪式的关系。公元前12世纪到公元前8世纪希腊的主要文学成就是神话和史诗。这些神话故事最初是口耳相传，直至公元前7世纪才由大诗人荷马统整记录于《史诗》中。

　　希腊神话包括神的故事和英雄传说两个部分。神的故事包括宇宙及人类的起源、神的产生及其谱系等；英雄传说源于对祖先的崇拜，是古希腊人对远古历史和对自然界斗争的艺术回顾。

　　希腊神话中的神与人同形同性，既有人的体态美，也有人的七情六欲，懂得喜怒哀乐，参与人的活动。神与人的区别仅仅在于神永生，人生命有限，有生老病死。希腊神话中的神个性鲜明，没有禁欲主义因素，也少有神秘主义色彩。希腊神话质朴、自然，极富艺术感染力，反映了西方人的性格。希腊神话不仅是希腊文学的土壤，对后来的欧洲文学也有着深远的影响。

思考练习

1. 比较希腊神话与中国神话的不同特征。
2. 普罗米修斯对人类友好，却被主神宙斯迫害。思考：希腊神话中"德""力"和"战争"，哪一个是第一位的？
3. 分析希腊神话是如何将神人化的。

旧瓶新酒

　　希腊神话是欧洲最早的文学形式，对后世的文学、艺术、语言等都有着深远的影响。查阅相关论著，认识希腊神话的人文价值和思想价值。

课前热身

从古代起,印度就是东西方文化的交会点。古老的印度文化融合东西方文化的精髓,形成了自己的特点。由于印度佛教很早就传入我国,印度的一些魔神在我国也有很高的知名度,并在文学作品及影视作品中频繁亮相。例如,《西游记》里的四海龙王很可能就是印度神话中海里的富豪、专司兴云降雨的龙王;《罗摩衍那》中风神伐由的儿子——飞将军神猴哈奴曼,随着罗摩奋勇作战而闻名,而它可能是《西游记》中孙悟空的原型。

迦楼罗金翅鸟在古印度神话中是大神毗湿奴的坐骑,是众鸟之王,在佛教传入中国后,最终演变成了大鹏金翅鸟这一形象。

和希腊神话相比,印度神话的普及并没有那样广泛。但不论是世界文明发生最早的原始社会民族,还是当今世界还处于原始社会的民族,流传的许多神话故事都大同小异。

大鹏金翅鸟救母[①]

在天神时代,创造主梵天[②]膝下有两个女儿,一个叫迦德卢,一个叫毗娜达。姊妹二人容貌一样美丽,都嫁给了高仙迦叶波为妻。迦叶波喜得两个佳丽,高兴地许给她们每人一个恩典,由她们自己提出各自的心愿。

迦德卢说:"我愿意生蛇子一千,个个长寿,都有一样的神辉。"

毗娜达说:"我只要儿子两个,他们膂力超人,精神饱满,勇敢非凡,超过迦德卢的一千儿郎。"

迦叶波说:"就如你们所希望的那样吧,但你们务必要保护好自己的胎。"说完,他就到森林中修行去了。

过了很长一段时间,迦德卢生下了一千个蛋,毗娜达也产下了两个卵。

女仆们欢天喜地把她俩生下的蛋放入带湿气的钵子里去孵。孵了整整五百年,迦德卢的儿子破壳而生,她高兴地得到了一千个蛇儿子。可是毗娜达的两个卵还是纹丝不动,一点没有要破壳出生的样子。

毗娜达自觉羞惭。她求子心切,就动手敲开了一个蛋。只见一个儿子卧在蛋里边,儿子的上半身已长好,下半身还未成形。蛋中的儿子十分气愤,流着悲伤的眼泪诅咒他的母亲:"母亲啊,贪心迷住了你。我被你弄成这个样子,只有上半身没有下半身。我将永远陷于水深火热的痛苦之中。母亲啊,你因此要沦为奴隶。你和迦德卢将有一番争斗,你注定要失败,成为她的奴隶达五百年之久。你的另一个儿子将会解救你。但你要将他的胎小心守护好,再不

[①]选自韦罗尼卡·艾恩斯著、孙士海和王镛译的《印度神话》,经济日报出版社2001年版。[②]印度神话中三大最高神之一,是世界的创造者。佛教吸收其为护法神,称"大梵天王"。

要心急地去敲破蛋壳,把他弄得也像我一样。你如果盼望他有非凡的力量,还得耐心地再等五百年。"

这个形体不全的儿子诅咒了他的母亲之后,便倏地飞向天空。每当黎明时分,那东方的曙光就是他残缺的身影。毗娜达悔恨不已,她接受教训,再也不敢去碰另一个蛋,耐心地等待着儿子自然出生。

这一天,迦德卢和毗娜达正在一起闲话,突然瞥见一匹疾奔的白马从她们面前一晃而过。这白马就是众仙搅乱乳海时从海中出生的神马高耳。迦德卢看着远去的神马问毗娜达说:"贤妹,你看清那马是什么颜色了吗?"毗娜达已把神马仔细看过,就回答说:"那马是纯白色的。姐姐,你认为那马是什么颜色?我们来打一次赌好吗?"

迦德卢说:"好呀,我们就赌一场,谁输了就罚谁做赢方的奴隶。我看那马身首是白色的,尾巴却是乌黑的。"说完,姊妹两人约定,明天一早同去大海那边马的住地,把马的颜色认清辨明。

迦德卢回去后,立即耍了一个花招,叫她的一些蛇儿子变成乌黑的毛,附到马的尾巴上去。黑夜过去,旭日东升,两位女神动身去看神马。她们飞过了数千条大江巨川,又越过了波涛汹涌的宽广海洋,双双落在神马的身旁。神马全身的毛闪着耀眼的白光,唯独那根尾巴却乌黑发亮。

毗娜达一见傻了眼,心里又急又慌。昨天她看得清清楚楚马是纯白色的,一夜之间怎么会变了样?她再仔细观察,发现那马尾巴上的黑毛像是一条条细小的蛇变的,这才明白是迦德卢和她的蛇儿子们捣的鬼。她心里虽然痛苦委屈万分,却没法不承认这眼前的事实。

迦德卢毫不顾姊妹之情,立即把毗娜达置于奴隶地位。

恰在这个时候,毗娜达的另一个儿子出生了。只听得震天动地一声响,蛋壳炸开,一只金光灿灿的大鹏金翅鸟破壳而出,直冲云天。金翅鸟一出生就不见了母亲,他独自在空中迎风翱翔,身躯随飞随长,顷刻间变得无比硕大,浑身犹如一团烈火,发出了灼人夺目的光华。

神仙们一见都害怕起来,纷纷跑到火神面前哀求,请他不要无限地蔓延、膨胀。火神答道:"这不是我,他是大鹏金翅鸟,英勇超人,力量非凡,他的神光和我一样明亮璀璨。"

众天神便飞向大鹏金翅鸟,把神鸟大大地赞美和歌颂了一番,恳请他做神仙的保护者,不要伤害他们。大鹏金

翅鸟受到了众神仙的赞美和歌颂，便答应了他们的请求，把身上焕发出的灿烂光辉收敛起来。

金翅鸟要去寻找自己的母亲，他展开巨大的双翼，飞临大海的彼岸，来到母亲身旁。毗娜达一见到自己英勇非凡的儿子，沦为奴隶的痛苦立即减消了一半。

有一天，迦德卢把毗娜达唤去，让她当着自己儿子的面躬身侍立，然后吩咐她道："毗娜达，听说龙蛇居住的快乐岛是风景宜人的好地方，我要到那里游玩观赏一番，你背着我去吧！"毗娜达不敢违抗，说一声"是"，弯腰背起迦德卢，又叫她的儿子大鹏金翅鸟背起了迦德卢的蛇儿子们。大鹏金翅鸟背着蛇子开始朝太阳飞行，炽烈的阳光烤得蛇子们迷迷糊糊，昏昏沉沉，有的变得僵硬起来。迦德卢心疼不已，赶忙向三界之主天帝释[3]求告，请他庇护蛇子，救救他们的性命。

天帝释应允了迦德卢的求告，便用暗蓝色的云团笼罩住整个天空。乌云放出一道道电光，又响起了隆隆的雷声，接着飘下凉凉的细雨，洒在众蛇身上。众蛇受细雨一淋，这才慢慢苏醒过来。

毗娜达和金翅鸟背着迦德卢和众蛇子很快到达快乐岛。这里四周环绕着海水，遍地是高大成荫的绿树林，树枝上挂着各色绚丽娇艳的花朵，树林间飞着各种婉转啼鸣的鸟雀。一座座华美的宫殿隐藏在绿树丛中，一片片大小不一的湖泊、荷花塘镶嵌在绿茵地上，像是不经意撒下了一把晶莹透亮的珍珠。

一阵微风吹过，飘来檀香阵阵，洒下花雨纷纷。观赏着快乐岛醉人的美景，迦德卢和蛇子们兴高采烈、欢喜不已。他们在尽头游玩了一阵之后，众蛇子又对着大鹏金翅鸟吆喝起来："喂，这里我们已经玩够了，你再背我们到别的小岛去。你飞得高，看得远，要拣那风光旖旎、景致优美的地方去。"

大鹏金翅鸟一听很不高兴，便问毗娜达："母亲，这是什么缘故，为什么我们要听从蛇的吩咐？"毗娜达便把和迦德卢打赌的事向儿子叙说了一遍，然后她说道："由于那些蛇子从中作弊，我赌输了，才沦为这贱女人的奴婢。"听母亲讲完了她的不幸，大鹏金翅鸟心里很是难受，他对那些蛇子们说道："你们需要什么样的条件，才能让我母亲摆脱奴隶的处境？"众蛇子说："拿来那众仙人从乳海中搅出的仙露，你母亲就能从奴隶的地位中解放出来。"

[3] 又称帝释、帝释天，亦作帝释尊天，梵文音译为"释迦提桓因陀罗"，即印度教和婆罗门教中的雷帝因陀罗。

金翅鸟决心解救自己的母亲，便向毗娜达告别，要去那三十三重天盗取仙露。毗娜达心疼儿子，虽然知道他英勇无敌，却还是放心不下。她虔诚地为儿子祝福祈祷："儿呀，你要小心谨慎。请风神保护你的双翼，请月神保护你的背脊，请火神保护你的头颅，请太阳神保护你的身躯。儿呀，有诸神的护卫，你一定会马到成功。"

聆听了母亲的祝愿，大鹏金翅鸟展开了双翅向三十三重天飞去。巨大的双翼扇起了狂风，掀起了云水漫漫、烟尘滚滚。正在森林中修炼的迦叶波一眼认出了正在空中疾飞的儿子，便把他召唤下来，询问他这么急急忙忙飞向何方，去干什么。大鹏金翅鸟回答道："父亲啊，为了让母亲摆脱奴隶的地位，我要去三十三重天取得仙露，这是众蛇子提出的条件。父亲啊，请你指示我，怎样才能取得那宝物？"迦叶波说："有位仙人名叫辉煌，他的胞弟名叫妙相，弟兄二人为分家产相互争吵咒骂。哥哥诅咒弟弟要变成大象，弟弟便诅咒哥哥要变成乌龟。兄弟二人成了动物之后还是互相仇恨，在那个大湖泊里争斗不已。"

迦叶波接着用手向前方一指，说道："你看到了吧？那乌龟正站在水中张牙舞爪，恶狠狠向大象扑去，那大象则卷起长鼻，用它的牙、鼻、尾和蹄子，气势汹汹地对着乌龟猛击。那两个东西打得难解难分，湖中掀起了冲天的波澜。你赶快去把它俩捉住，然后把它们连皮带骨吃下。这样你就会强大无比，谁也打不过你。你就可以去完成自己的心愿了。"大鹏金翅鸟遵照父亲的指示，一眨眼就飞临湖泊上空。它一爪抓起大象，另一爪抓住乌龟，带着它们向冰雪覆盖的高山飞去，在雪山之巅把大象和乌龟吃得干干净净。

吃完了大象和乌龟，金翅鸟只觉得热血沸腾，力量大增，全身又焕发出金灿灿、灼人夺目的光华。他自高山之巅扶摇直上，向那三十三重天飞去。三界之主天帝释预知大鹏金翅鸟要来劫取仙露，早派了众天神把仙露藏处团团围住，拿着武器，严阵以待。大鹏金翅鸟夹着狂风飞来了。一见到他那光华灿烂、威严无比、力量非凡的硕大身躯，众天神吓得哆哆嗦嗦、战战兢兢，手中的武器相互撞个不停，发出了叮叮当当的响声。有一个天神非常勇敢，他是保护仙露的警卫，不顾力量的悬殊，硬要和大鹏金翅鸟较量一番。结果还未交手，就被金翅鸟击倒在地，顿时丧生。

大鹏金翅鸟用巨翼扇起飓风，只刮得飞沙走石、尘土

> 实际上神话是人类对自然的斗争及社会生活在广大的艺术概括中的反映。
> ——高尔基

迷漫，弄得整个世界漆黑一团，众天神也被埋在沙土之中。众天神拼命从尘土中挣扎出来，将手中的各种锐利武器向大鹏金翅鸟刺去、砍去、投去。大鹏鸟伸出巨爪猛力一击，就将众天神的武器纷纷击落在地。他乘机抓起天神们，把他们一个个撕成碎片。

  大鹏鸟转身向仙露飞去，只见周围猛然升起了腾腾烈焰，顷刻间充满了整个天空，使大鹏鸟无法前进。神勇的大鹏金翅鸟迅速变化，长出了九九八千一百张嘴，用这些嘴去吸干了江河湖泊的水，然后张开大口，泻出九九八千一百条江河，把那大火扑灭了。但大鹏金翅鸟仍不能向前，一个飞快旋转的巨大轮盘挡住了他。轮盘样子非常可怕，边缘全是锋利无比的利刃，它永远旋转不停，只要被它碰上，立即就会粉身碎骨。这是众天神共同创造的保护仙露的法宝。

  大鹏金翅鸟将自己的身子缩小，围绕着轮盘转来转去，仔细观察，冷静思考。忽然他一纵身钻进轮辐的间隔，一使劲将那轮盘击得粉碎。就见那轮盘下面盘曲着两条火龙，面目狰狞，目光如电，从口中不断喷出熊熊燃烧的烈火，紧紧地守护着仙露。大鹏金翅鸟抓起一把尘土向二龙的眼睛撒去，趁二龙看不见的时候，跃上二龙的身躯，伸出利爪和尖喙，将两条火龙撕得粉碎。他终于如愿以偿，取得了仙露。

  大鹏金翅鸟驮上仙露，直上蓝天，精神抖擞地向大海方向飞去，自己却不曾将仙露啜饮一口。半路上，他碰到了保护大神毗湿奴④。大神对他不贪仙露非常赞赏，便高兴地对金翅鸟说："你这样做得好，我要向你施以恩典，请说吧，你想要什么？"金翅鸟说："我要高踞在你的上面，还要永不衰老，也不会死亡。"毗湿奴说："好吧，你都能如愿。"大鹏金翅鸟说："我也要向阁下施一个恩典，请你挑一个心愿吧。"毗湿奴说："你力大无比，我要选你做我的坐骑。我还要以你做我的旗徽，所以你仍然高踞在我的上面。"大鹏金翅鸟说："好吧，就这样说定了。"说完，他俩分手，各赶各的路程。

  再说三界之主天帝释见仙露被金翅鸟劫走，气冲冲挥舞着金刚杵紧紧追了上来。天帝释举起金刚杵在金翅鸟身上猛打猛击。金翅鸟毫不在乎，他对天帝释微微一笑，从身上拔下一根羽毛迎风一抖，只见那根羽毛璀璨夺目，绚丽无比。霎时间羽毛长大起来，大得一眼望不到尽头。金

④三大主神之一，与梵天、湿婆并称为三联神，是保护神。称谓极多，有一千种以上，常见的为那罗衍、世界之主等。

翅鸟对着天帝释说道："不要枉费力气和我争斗。非是我夸海口，我翅上的一根羽毛，能驮起大地上所有的高山、森林和海洋，就是将全世界堆放在一起，我也能将它们驮起来。"

目睹大鹏金翅鸟的神道，天帝释知道他英勇不凡、不可抗拒，不由对他产生了羡慕敬仰之情，便真诚地把金翅鸟大大赞扬了一番，请他接受他永恒高尚的友谊，并问金翅鸟愿意不愿意和他结交为朋友。大鹏金翅鸟虽然强悍无比，却非常正直，通情达理。见天帝释一片真心，便爽快地答应和他交为朋友。天帝释这时对大鹏金翅鸟说："你我既已做了朋友，请允许我向你提一个请求。仙露对你毫无用处，你把它还给我们吧！若是让它落到别人手里，他们就会来反对我们的。"大鹏金翅鸟说："只是出于某一种重要的缘由，我才不顾一切取到它。但我不会让任何人饮上一口仙露。我把它放在某一地方，你等候机会立即把它带走。"

天帝释听了很受感动，便对金翅鸟说道："大鹏啊，你的品德实在高尚，不愧为鸟中之王。为此我要许给你一个恩典，你只管提出来吧。"金翅鸟想起由于迦德卢诸蛇子的作弊，他的母亲才沦为奴隶、受尽屈辱。便对天帝释说道："尽管我是一切的主人，但我请你允许我，让那强暴的大蛇做我的食品。""好吧，就如你所愿。"天帝释说完就先走了。大鹏金翅鸟将仙露带了回去，对众蛇子说："仙露我已取来，放在拘舍草丛里。你们沐浴祈祷之后，就可以享用它了。你们的要求我已做到，那么，从现在开始，我的母亲便不再是奴隶了。"

众蛇子看到了那金钵中醇美芳香的仙露，个个馋涎欲滴，便一齐说："好的好的，你母亲不再是奴隶了。"然后，他们赶忙去沐浴洗身。暗暗躲在一旁的天帝释，迅速跳出来取走了仙露，捧着仙钵飞回三十三重天去了。众蛇沐浴之后，又念念有词地祈祷。等回到原处，发现仙露已经不见了。他们四处寻找也不见仙露踪迹，便一齐用舌头去舔刚才放置仙露的拘舍草。他们不停地舔呀、舔呀，舌头都舔得发叉开裂，变成了两条。那拘舍草因为接触过仙露，便变得圣洁起来，被后人称为吉祥草。

大鹏金翅鸟把母亲从奴隶处境中解救出来之后，陪着母亲在森林中遨游散心。他常以蟒蛇为食，见到大蛇就毫不留情地将它攫住吞下肚去。大鹏金翅鸟救母的勇敢行为

和不贪仙露的品德，受到天神、仙人的一致称赞，他被尊为鸟中精英，奉为百鸟之王。后来，大鹏金翅鸟和毗湿奴实现了彼此的恩典，他成为毗湿奴的坐骑，毗湿奴以他为旗徽。

> 神话是"通过人民的幻想用一种不自觉的艺术方式加工过的自然和社会形式本身"。
> ——马克思

迷津指路

公元前1500年至公元前600年左右，《吠陀经》问世，这是印欧语系诸民族中最为古老的一部文学著作，内容全部是祭祀用的圣歌和祷词。在其中，印度神话初次较为系统地组合起来。与它相关的注解文献有《梵书》《森林书》《奥义书》。吠陀文化后期，印度产生了婆罗门教，种姓制度的出现是其权力更为集中的一个体现。

公元前6世纪左右，在各方面快速发展的印度进入列国时代。经济发展、战争频繁、思辨深邃是这个时代的三大特征。这一时期，旧的神话不断被编辑，新的神话不断产生。宗教方面出现了佛教与耆那教。

公元前4世纪之前，印度最大的两部史诗——《罗摩衍那》和《摩诃婆罗多》出现，这是古印度文学中最珍贵的遗产。这两部史诗与希腊的《荷马史诗》相映生辉。《摩诃婆罗多》被认为是印度上古文学的艺术最高峰，其对印度人民的影响很深。马克思就说过，《摩诃婆罗多》可称为印度文学史上的《伊利亚特》，其艺术价值和哲学价值也是最高的。在这里，因陀罗等神的地位被削弱，印度神话基本上恢复了其最初的体系。

思考练习

1. 大鹏金翅鸟有什么象征意义？
2. 分析大鹏金翅鸟具有怎样的个性。

旧瓶新酒

写一篇论文，阐释印度神话的内涵与影响。自拟题目，1500字左右。

神话变形

课前热身

有关哪吒的出生地，一直以来人们都争论不休。有观点称其出生地在天津陈塘关，哪吒闹海的故事就发生在天津的三岔河口，因天津是海口，且古代有海浸陆地现象，所以才有了哪吒闹海这个故事；也有观点称其出生地和故里在河南西峡的奎文关一带，那里有杏花村哪吒的出生地、哪吒父亲李靖镇守的陈堰关遗址；还有观点称其出生地是"万里长江第一城"宜宾，巴蜀是道教发源之圣地，与道学结有深缘。

不管谁是谁非，有一点可以肯定，即哪吒精神早已在以上各地形成并广泛传颂。哪吒精神是哪吒的言行、事迹所展现并流传下来的一种信仰、理念、品格气度、道德风范，如同道教精神一样，是一种风格、态度和气象，是中华优秀传统文化的组成部分。古有言："神莫大于化道。"哪吒被道、佛两教尊为神，是华夏儿女特别尊崇的"肉身成圣"。神话和宗教尽管有区别，但都是人类心灵的反映，代表了人们的理想、信念、追求和情趣。

封神演义·陈塘关哪吒出世[①]（节选） 许仲琳

话说陈塘关有一总兵官，姓李，名靖，自幼访道修真，拜西昆仑度厄真人为师，学成五行遁术；因仙道难成，故遣下山辅佐纣王，官居总兵，享受人间之富贵。元配殷氏，生有二子，长曰金吒，次曰木吒。殷夫人后又怀孕在身，已及三年零六个月，尚不生产。李靖时常心下忧疑。一日，指夫人之腹言曰："怀孕三载有余，尚不降生，非妖即怪。"夫人亦烦恼曰："此孕定非吉兆，教我日夜忧心。"李靖听说，心下甚是不乐。当晚夜至三更，夫人睡得正浓，梦见一道人，头挽双髻，身着道服，径进香房。夫人叱曰："这道人甚不知礼，此乃内室，如何径进，着实可恶！"道人曰："夫人快接麟儿！"夫人未及答，只见道人将一物往夫人怀中一送，夫人猛然惊醒，骇出一身冷汗。忙唤醒李总兵曰："适才梦中……如此如此……"说了一遍。言未毕时，殷夫人已觉腹中疼痛。靖急起来，至前厅坐下。暗想："怀身三年零六个月，今夜如此，莫非降生，凶吉尚未可知。"正思虑间，只见两个侍儿慌忙前来："启老爷，夫人生下一个妖精来了！"李靖听说，急忙来至香房，手执宝剑，只见房里一团红气，满屋异香。有一肉球，滴溜溜圆转如轮。李靖大惊，望肉球上一剑砍去，划然有声。分开

[①] 节选自许仲琳的《封神演义》。《封神演义》俗称《封神榜》，又名《商周列国全传》《武王伐纣外史》《封神传》，全书共一百回。以姜子牙辅佐周室讨伐商纣王的历史事件为依托，以宋元讲史话本《武王伐纣平话》为基础，描写了周王的支持者阐教和纣王的支持者截教各路仙魔斗智斗勇、破阵斩将封神的故事。《封神演义》包含了大量民间传说和神话。小说一方面假借历史事件，托古讽今，曲折地反映当时朝政腐败的社会现实，另一方面通过神魔斗法，宣扬了宿命论和"三教合一"思想。

肉球，跳出一个小孩儿来，遍体红光，面如傅粉，右手套一金镯，腹上围着一块红绫，金光射目——这位神圣下世，出在陈塘关，乃姜子牙先行官是也；灵珠子化身。金镯是"乾坤圈"，红绫名曰"混天绫"。此物乃是乾元山镇金光洞之宝，表过不题。只见李靖砍开肉球，见一孩儿满地上跑。李靖骇异，上前一把抱将起来，分明是个好孩子，又不忍作为妖怪坏他性命，乃递与夫人看。彼此恩爱不舍，各各欢喜。

却说次日，有许多属官，俱来贺喜。李靖刚发放完毕，中军官来禀："启老爷，外面有一道人求见。"李靖原是道门，怎敢忘本，忙道："请来。"军政官急请道人。道人迳上大厅，朝上对李靖曰："将军，贫道稽首了。"李靖忙答礼毕，尊道人上坐。道人不谦，便就坐下。李靖曰："老师何处名山？甚么洞府？今到此关，有何见谕？"道人曰："贫道乃乾元山金光洞太乙真人是也。闻得将军生了公子，特来贺喜。借令公子一看，不知尊意如何？"李靖闻道人之言，随唤侍儿抱将出来。侍儿将公子抱将出来。道人接在手，看了一看，问曰："此子落在哪个时辰？"李靖答曰："生在丑时。"道人曰："不好。"李靖答曰："此子莫非养不得么？"道人曰："非也。此子生于丑时，正犯了一千七百杀戒。"又问："此子可曾起名否？"李靖答曰："不曾。"道人曰："待贫道与他起个名，就与贫道做个徒弟，何如？"李靖答曰："愿拜道长为师。"道人曰："将军有几位公子？"李靖答曰："不才有三子。长曰金吒，拜五龙山云霄洞文殊广法天尊为师；次曰木吒，拜九宫山白鹤洞普贤真人为师。老师既要此子为门下，但凭起一名字，便拜道长为师。"道人曰："此子第三，取名叫作'哪吒'。"李靖谢曰："多承厚德命名，感谢不尽。"唤左右："看斋。"道人乃辞曰："这个不必。贫道有事，即便回山。"着实固辞。李靖只得送道人出府。那道人别过，径自去了。

话说李靖在关上无事，忽闻报天下反了四百诸侯，忙传令出，把守关隘，操演三军，训练士卒，谨提防野马岭要地。鸟飞兔走，瞬息光阴，暑往寒来，不觉七载。哪吒年方七岁，身长六尺。时逢五月，天气炎热。李靖因东伯侯姜文焕反了，在游魂关大战窦融，因此每日操演三军，教练士卒。不表。

且说三公子哪吒见天气暑热，心下烦躁，来见母亲，参见毕，站立一旁，对母亲曰："孩儿要出关外闲玩一会。

禀过母亲，方敢前去。"殷夫人爱子之心重，便叫："我儿，你既要去关外闲玩，可带一名家将领你去，不可贪玩，快去快来，恐怕你爷爷操练回来。"哪吒应道："孩儿晓得。"哪吒同家将出得关来，正是五月天气，也就着实炎热。但见：

　　太阳真火炼尘埃，绿柳娇禾欲化灰。
　　行旅畏威慵举步，佳人怕热懒登台。
　　凉亭有暑如烟燎，水阁无风似火埋。
　　漫道荷香来曲院，轻雷细雨始开怀。

话说哪吒同家将出关，约行一里之余，天热难行。哪吒走得汗流满面，乃叫家将："看前面树荫之下，可好纳凉？"家将来到绿柳荫中，只见薰风荡荡，烦襟尽解，急忙走回来对哪吒禀曰："禀公子，前面柳荫之内，甚是清凉，可以避暑。"哪吒听说，不觉大喜，便走进林内，解开衣带，舒放襟怀，甚是快乐。猛忽的见那壁厢清波滚滚，绿水滔滔，真是两岸垂杨风习习，崖旁乱石水潺潺。哪吒立起身来，走到河边叫家将："我方走出关来热极了，一身是汗。如今且在石上洗一个澡。"家将曰："公子仔细，只怕老爷回来，可早些回去。"哪吒曰："不妨。"脱了衣裳，坐在石上，把七尺混天绫放在水里，蘸水洗澡。不知这河是九湾河，乃东海口上。哪吒将此宝放在水中，把水俱映红了。摆一摆，江河晃动；摇一摇，乾坤动撼。那哪吒洗澡，不觉那水晶宫已晃的乱响。

不说那哪吒洗澡，且说东海敖光在水晶宫闲坐，只听得宫阙震响，敖光忙唤左右，问曰："地不该震，为何宫殿晃摇？"传与巡海夜叉李艮，看海口是何物作怪。夜叉来到九湾河一望，见水俱是红的，光华灿烂，只见一小儿将红罗帕蘸水洗澡。夜叉分水大叫曰："那孩子将甚么作怪东西，把河水映红，宫殿摇动？"哪吒回头一看，见水底一物，面如蓝靛，发似朱砂，巨口獠牙，手持大斧。哪吒曰："你那畜生，是个甚么东西，也说话？"夜叉大怒："吾奉主公点差巡海夜叉，怎骂我是畜生？"分水一跃，跳上岸来，望哪吒顶上一斧劈来。哪吒正赤身站立，见夜叉来得勇猛，将身躲过，把右手套的乾坤圈望空中一举。此宝原系昆仑山玉虚宫所赐太乙真人镇金光洞之物。夜叉哪里经得起，那宝打将下来，正落在夜叉头上，只打得脑浆迸流，即死于岸上。哪吒笑曰："把我的乾坤圈都污了。"复到石上坐下，洗那圈子。水晶宫如何经得起此二宝震撼，险些儿把宫殿俱晃倒了。敖光曰："夜叉去探事未回，怎的这等凶恶！"正说话间，只见龙兵来报："夜叉李艮被一孩儿打死在陆地，特启龙君知道。"敖光大惊："李艮乃灵宝殿御笔点差的，谁敢打死？"敖光传令："点龙兵待吾亲去，看是何人！"话未了，只见龙王三太子敖丙出来，口称："父王，为何大怒？"敖光将李艮被打死的事说了一遍。三太子曰："父王请安。孩儿出去拿来便是。"忙调龙兵，上了逼水兽，提画戟，径出水晶宫来。分开水势，浪如山倒，波涛横生，平地水长数尺。哪吒起身看着水，言曰："好大水！好大水！"只见波浪中现一水兽，兽上坐着一人，全装服色，挺戟骁雄，大叫道："是甚人打死我巡海夜叉李艮？"哪吒曰："是我。"敖丙一见，问曰："你是谁人？"哪吒答曰："我乃陈塘关李靖第三子哪吒是也。俺父亲镇守此间，乃一镇之主。我在此避暑洗澡，与他无干；他来骂我，我打死了他，也无妨。"三太子敖丙大惊曰："好泼贼！夜叉李艮乃天王殿差，你敢大胆将他打死，尚敢撒泼乱言！"太子将画戟便刺，来取哪吒。哪吒手无寸铁，把头一低，钻将过去，"少待动手，你是何人？通个姓名，我有道理"。敖丙曰："孤乃东海龙君三太子敖丙是也。"哪吒笑曰："你原来是敖光之子。你妄自尊大。若恼了我，连你那老泥鳅都拿出来，把皮也剥了他的。"三太子大叫一声："气杀我！好泼贼！这等无礼！"又一戟刺来。哪吒急了，把七尺混天绫望空一展，似火块千团，往下一裹，将三太子裹下逼水兽来。哪吒抢一步赶上去一脚踏住敖丙的颈项，提起乾坤圈，照顶门一下，把三太子的元身打出，是一条龙，在地上挺直。哪吒曰："打出这小龙的本像来了。也罢，把他的筋抽去，做一条龙筋绦与俺父亲束甲。"哪吒把三太子的筋抽了，径带进关来。把家将吓得浑身骨软筋酥，腿慢难行，挨到帅府门前。哪吒来见母夫人。夫人曰："我儿，你往那里耍子，便去这半日？"哪吒曰："关外闲行，不觉来迟。"哪吒说罢，往后园去了。

且说李靖操演回来，发放左右，自卸衣甲，坐于后堂。忧思纣王失政，逼反天下四百诸侯，日见生民涂炭，正在那里烦恼。

且说敖光在水晶宫，只听得龙兵来报说："陈塘关李靖之子哪吒把三太子打死，连筋都抽去了。"敖光听报，大惊曰："吾儿乃兴云步雨滋生万物正神，怎说打死了！李靖，你在西昆仑学道，吾与你也有一拜之交；你敢纵子为非，将吾儿子打死，这也是百世之冤，怎敢又将我儿子筋都抽了，言之痛心切骨！"敖光大怒，恨不能即与其子报仇，随化一秀士，迳往陈塘关来。至于帅府，对门官曰："你与我传报，有故人敖光拜访。"军政官进内厅禀曰："启老爷，外有故人敖光拜访。"李靖曰："吾兄一别多年，今日相逢，真是天幸。"忙整衣来迎。敖光至大厅，施礼坐下。李靖见敖光一脸怒色，方欲动问，只见敖光曰："李贤弟，你生的好儿子！"李靖笑答曰："长兄，多年未会，今日奇逢，真是天幸，何故突发此言？若论小弟，止有三子，长曰金吒，次曰木吒，三曰哪吒，俱拜名山道德之士为师，虽未见好，亦不是无赖之辈。长兄莫要错见。"敖光曰："贤弟，你错见了，我岂错见！你的儿子在九湾河洗澡，不知用何法术，将我水晶宫几乎震倒。我差夜叉来看，便将我夜叉打死。我第三子来看，又将我第三太子打死，还把他筋都抽来……"敖光说至此，不觉心酸，勃然大怒曰："你还说不晓事护短的话！"李靖忙赔笑答曰："不是我家，兄错怪了我。我长子在五龙山学艺，二子在九宫山学艺，三子七岁，大门不出，从何处做出这等大事来？"敖光曰："便是你第三子哪吒打的！"李靖曰："真是异事非常。长兄不必性急，待我教他出来你看。"李靖往后堂来。殷夫人问曰："何人在厅上？"李靖曰："故友敖光。不知何人打死他三太子，说是哪吒打的。如今叫他出去与他认。哪吒今在哪里？"殷夫人自思："只今日出门，如何做出这等事来？"不敢回言，只说："在后园里面。"李靖径进后园来叫："哪吒在哪里？"叫了半个时辰不应。李靖走到海棠轩来，见门又关住。李靖在门口大叫，哪吒在里面听见，忙开门来见父亲。李靖便问："我儿，你在此作何事？"哪吒对曰："孩儿今日无事出关，至九湾河玩耍，偶因炎热，下水洗个澡。叵耐有个夜叉李艮，孩儿又不惹他，他百般骂我，还拿斧来劈我。是孩儿一圈打死了。不知又有个甚么三太子叫作敖丙，持画戟刺我，被我把混天绫裹他上岸，一脚踏住颈项，也是一圈，不意打出一条龙来。孩儿想龙筋最贵气，因此上抽了他的筋来，在此打一条龙筋绦，与父亲束甲。"就把李靖只吓得张口如痴，结舌不语；半晌，大叫曰："好冤家！你惹下无涯之祸。你快出去见你伯父。自回他话。"哪吒曰："父亲放心！不知者不坐罪。筋又不曾动他的，他要，原物在此，待孩儿见见他去。"

哪吒急走来至大厅，上前施礼，口称："伯父，小侄不

知,一时失错,望伯父恕罪。原物交付明白,分毫未动。"敖光见物伤情,对李靖曰:"你生出这等恶子,你适才还说我错了。今他自己供认,只你意上可过的去!况吾子者,正神也;夜叉李艮亦系御笔点差,岂得你父子无故擅行打死!我明日奏上玉帝,问你的师父要你!"敖光竟扬长去了。李靖顿首放声大哭:"这祸不小!"夫人听见前庭悲哭,忙问左右侍儿,侍儿回报曰:"今日三公子因游玩,打死龙王三太子。适才龙王与老爷折辨,明日要奏准天庭。不知老爷为何啼哭。"

....

且不言李靖。再表哪吒那一日出神,不在行宫;及至回来,只见庙宇无存,山红土赤,烟焰未灭,两个鬼判,含泪来接。哪吒问曰:"怎的来?"鬼判答曰:"是陈塘关李总兵突然上山,打碎金身,烧毁行宫,不知何故。"哪吒曰:"我与你无干了,骨肉还于父母,你如何打我金身,烧我行宫,令我无处栖身?"心上甚是不快。沉思良久,不若还往乾元山走一遭。哪吒受了半年香烟,已觉有些形声,一时到了高山,至于洞府。金霞童儿引哪吒见太乙真人。真人曰:"你不在行宫接受香火,又来这里做甚么?"哪吒跪诉前情:"被父亲将泥身打碎,烧毁行宫。弟子无所依倚,只得来见师父,望祈怜救。"真人曰:"这就是李靖的不是。你既还了父母骨肉,他在翠屏山上,与你无干;今使你不受香火,如何成得身体。况姜子牙下山已快。也罢,既为你,就与你做件好事。"叫金霞童儿:"把五莲池中莲花摘二枝,荷叶摘三个来。"童子忙忙取了荷叶、莲花,放于地下。真人将花勒下瓣儿,铺成三才,又将荷叶梗儿折成三百骨节,三个荷叶,按上、中、下,按天、地、人。真人将一粒金丹放于房中,法用先天,气运九转,分离龙、坎、虎,绰住哪吒魂魄,望荷、莲里一推,喝声:"哪吒不成人形,更待何时!"只听得响一声,跳起一个人来,面如傅粉,唇似涂朱,眼运精光,身长一丈六尺,此乃哪吒莲花化身,见师父拜倒在地。真人曰:"李靖毁打泥身之事,其实伤心。"哪吒曰:"师父在上,此仇决难干休!"真人曰:"你随我桃园里来。"真人传哪吒火尖枪,不一时已自精熟。哪吒就要下山报仇。真人曰:"枪法好了,赐你脚踏风火二轮,另授灵符秘诀。"真人又付豹皮囊,囊中放乾坤圈、混天绫、金砖一块。

....

> 哪吒的原型本是佛教护法神,三面八臂大力鬼王(一说为三头六臂),相传是佛教四大天王之一毗沙门天王之子,在佛典中写作那吒,全称那吒俱伐罗或那罗鸠婆。在《封神演义》中,哪吒的身份由原来的佛教护法神变为转世的神仙道童灵珠子、道士太乙真人的弟子。
>
> ——杜萌若

迷津指路

　　许仲琳，亦作陈仲琳，号钟山逸叟，明朝小说家，活动于隆庆、万历年间，生平事迹不详。有学者认为许仲琳仅是别人托名，《封神演义》可能另为他人所著，作者谁属，尚有争论。

　　《封神演义》是继《西游记》之后影响最大的明代长篇神魔小说，是我国优秀的古典文学作品之一。

　　《封神演义》人物众多，尤其是各种名目的神仙魔怪，数量上堪称古代小说之最。其中塑造比较成功的有姜尚、黄飞虎、哪吒、土行孙、申公豹、纣王、妲己等，形象鲜明，个性突出，名传古今。而其中描写得最成功的当属哪吒。哪吒原是佛教中的护法神，后演变为道教的神。《封神演义》为他虚构了一个精妙曲折的出身，特别是莲花化身的情节美丽、感人，具有神话原型的意味。

思考练习

1. "哪吒闹海"的情节折射出中国人什么样的观念？
2. 哪吒与孙悟空都是人们喜欢的神话人物形象，结合具体情节分析二者的共同点并做简要评价。
3. 试将哪吒的形象与中国古神话中神的形象相比，分析其有哪些"变形"。

旧瓶新酒

　　神话小说中往往有很多"法宝"，尤其是《封神演义》中，"法宝"名目繁多、功力各异。试列举一些你喜欢的"法宝"，分析其内涵。

课前热身

传说《白蛇传》的女主人公白素贞是修炼千年的蛇妖。这个蛇妖不同于人们常常认为的那种邪恶的妖精,而是心地善良,极富人情味,为了所爱之人赴汤蹈火、出生入死,最后被永远地镇压于雷峰塔下。白素贞这个蛇妖形象颠覆了人们对妖精的一贯看法,表现了"妖性"中美好的一面。妖精毕竟与妖怪不同。"妖怪"通常作为超自然、恐怖事物的总称,而"妖精"比较偏向于大自然事物的化身。蒲松龄在《聊斋志异》中就塑造了很多美好的妖精。

聊斋志异·黄英[①]

蒲松龄

马子才,顺天人。世好菊,至才尤甚,闻有佳种必购之,千里不惮。一日,有金陵客寓其家,自言其中表亲有一二种,为北方所无。马欣动,即刻治装,从客至金陵。客多方为之营求,得两芽,裹藏如宝。归至中途,遇一少年,跨蹇从油碧车,丰姿洒落。渐近与语,少年自言:"陶姓。"谈言骚雅。因问马所自来,实告之。少年曰:"种无不佳,培溉在人。"因与论艺菊之法。马大悦,问:"将何往?"答云:"姊厌金陵,欲卜居于河朔耳。"马欣然曰:"仆虽固贫,茅庐可以寄榻。不嫌荒陋,无烦他适。"陶趋车前,向姊咨禀,车中人推帘语,乃二十许绝世美人也。顾弟言:"屋不厌卑,而院宜得广。"马代诺之,遂与俱归。

第南有荒圃,仅小室三四椽,陶喜,居之。日过北院,为马治菊。菊已枯,拔根再植之,无不活。然家清贫,陶日与马共食饮,而察其家似不举火。马妻吕,亦爱陶姊,不时以升斗馈恤之。陶姊小字黄英,雅善谈,辄过吕所,与共纫绩。

陶一日谓马曰:"君家固不丰,仆日以口腹累知交,胡可为常。为今计,卖菊亦足谋生。"马素介,闻陶言,甚鄙之,曰:"仆以君风流雅士,当能安贫;今作是论,则以东篱为市井,有辱黄花矣。"陶笑曰:"自食其力不为贪,贩花为业不为俗。人固不可苟求富,然亦不必求贫也。"马不语,陶起而出。自是,马所弃残枝劣种,陶悉掇拾而去。由此不复就马寝食,招之始一至。

未几,菊将开,闻其门嚣喧如市。怪之,过而窥焉,见市人买花者,车载肩负,道相属也。其花皆异种,目所未睹。心厌其贪,欲与绝;而又恨其私秘佳种,遂款其扉,将就消让。陶出,握手曳入。见荒庭半亩皆菊畦,数椽之

[①] 选自蒲松龄的《聊斋志异》,取材于商业和商人,是其中颇具代表性的一篇。小说展示了传统爱菊观念与新型爱菊观念的冲突、消解和融合,体现了士与商两种不同的人格范式。

外无旷土。剐去者,则折别枝插补之;其蓓蕾在畦者,罔不佳妙,而细认之,尽皆向所拔弃也。陶入屋,出酒馔,设席畦侧,曰:"仆贫不能守清戒,连朝幸得微资,颇足供醉。"少间,房中呼"三郎",陶诺而去。俄献佳肴,烹饪良精。因问:"贵姊胡以不字?"答云:"时未至。"问:"何时?"曰:"四十三月。"又诘:"何说?"但笑不言,尽欢始散。过宿,又诣之,新插者已盈尺矣。大奇之,苦求其术,陶曰:"此固非可言传;且君不以谋生,焉用此?"

又数日,门庭略寂,陶乃以蒲席包菊,捆载数车而去。逾岁,春将半,始载南中异卉而归,于都中设花肆,十日尽售,复归艺菊。问之去年买花者,留其根,次年尽变而劣,乃复购于陶。陶由此日富,一年增舍,二年起夏屋。兴作从心,更不谋诸主人。渐而旧日花畦,尽为廊舍。更于墙外买田一区,筑墉四周,悉种菊。至秋,载花去,春尽不归。而马妻病卒。意属黄英,微使人风示之。黄英微笑,意似允许,惟专候陶归而已。年余,陶竟不至。黄英课仆种菊,一如陶。得金益合商贾,村外治膏田二十顷,甲第益壮。忽有客自东粤来,寄陶生函信,发之,则嘱姊归马。考其寄书之日,即马妻死之日;回忆园中之饮,适四十三月也,大奇之。以书示英,请问"致聘何所"。英辞不受采。又以故居陋,欲使就南第居,若赘焉。马不可,择日行亲迎礼。

黄英既适马,于间壁开扉通南第,日过课其仆。马耻以妻富,恒嘱黄英作南北籍,以防淆乱。而家所需,黄英辄取诸南第。不半岁,家中触类皆陶家物。马立遣人一一赍还之,戒勿复取。未浃旬,又杂之。凡数更,马不胜烦。黄英笑曰:"陈仲子毋乃劳乎?"马惭,不复稽,一切听诸黄英。鸠工庀料,土木大作,马不能禁。经数月,楼舍连垣,两第竟合为一,不分疆界矣。然遵马教,闭门不复业菊,而享用过于世家。马不自安,曰:"仆三十年清德,为卿所累。今视息人间,徒依裙带而食,真无一毫丈夫气矣。人皆祝富,我但祝穷耳!"黄英曰:"妾非贪鄙;但不少致丰盈,遂令千载下人,谓渊明贫贱骨,百世不能发迹,故聊为我家彭泽解嘲耳。然贫者愿富,为难;富者求贫,固亦甚易。床头金任君挥去之,妾不靳也。"马曰:"捐他人之金,抑亦良丑。"英曰:"君不愿富,妾亦不能贫也。无已,析君居:清者自清,浊者自浊,何害?"乃于园中筑茅茨,择美婢往侍马。马安之。然过数日,苦念黄英。招之,

---

神话,人类童年的产物……

这篇菊花精的故事,与《聊斋志异》里的多数狐鬼花妖的故事不同,菊花精悄然幻形入世,不是给落寞的书生消解孤独寂寞,帮助不幸的书生摆脱困苦或危难,更几乎不涉及男女之情。黄英和马子才之间发生的分歧、争执,从各自表述的话语可以看出,是关乎人的或者更确切地说是士人即文人的立身行事的价值取向问题。

——袁世硕

鬼狐有性格,
笑骂成文章。

——老舍为蒲松龄故居题联

041

不肯至，不得已，反就之。隔宿辄至，以为常。黄英笑曰："东食西宿，廉者当不如是。"马亦自笑，无以对，遂复合居如初。

会马以事客金陵，适逢菊秋。早过花肆，见肆中盆列甚繁，款朵佳胜，心动，疑类陶制。少间，主人出，果陶也。喜极，具道契阔，遂止宿焉。要之归，陶曰："金陵，吾故土，将婚于是。积有薄资，烦寄吾姊。我岁杪当暂去。"马不听，请之益苦。且曰："家幸充盈，但可坐享，无须复贾。"坐肆中，使仆代论价，廉其直，数日尽售。逼促囊装，赁舟遂北。入门，则姊已除舍，床榻裀褥皆设，若预知弟也归者。

陶自归，解装课役，大修亭园，惟日与马共棋酒，更不复结一客。为之择婚，辞不愿。姊遣二婢侍其寝处，居三四年，生一女。陶饮素豪，从不见其沉醉。有友人曾生，量亦无对。适过马，马使与陶相较饮。二人纵饮甚欢，相得恨晚。自辰以迄四漏，计各尽百壶。曾烂醉如泥，沉睡座间。陶起归寝，出门践菊畦，玉山倾倒，委衣于侧，即地化为菊，高如人；花十余朵，皆大如拳。马骇绝，告黄英。英急往，拔置地上，曰："胡醉至此！"覆以衣，要马俱去，戒勿视。既明而往，则陶卧畦边。马乃悟姊弟皆菊精也，益敬爱之。而陶自露迹，饮益放，恒自折柬招曾，因与莫逆。值花朝，曾乃造访，以两仆舁药浸白酒一坛，约与共尽。坛将竭，二人犹未甚醉。马潜以一瓶续入之，二人又尽之。曾醉已惫，诸仆负之以去。陶卧地，又化为菊。马见惯不惊，如法拔之，守其旁以观其变。久之，叶益憔悴。大惧，始告黄英。英闻骇曰："杀吾弟矣！"奔视之，根株已枯。痛绝，掐其梗，埋盆中，携入闺中，日灌溉之。马悔恨欲绝，甚怨曾。越数日，闻曾已醉死矣。

盆中花渐萌，九月既开，短干粉朵，嗅之有酒香，名之"醉陶"，浇以酒则茂。后女长成，嫁于世家。黄英终老，亦无他异。

异史氏曰："青山白云人，遂以醉死，世尽惜之，而未必不自以为快也。植此种于庭中，如见良友，如见丽人，不可不物色之也。"

迷津指路

蒲松龄，字留仙，号柳泉居士，清代文学家、小说家，出身于一个逐渐败落的地主家庭、书香世家。19岁时，蒲松龄以县、府、道三个第一考取秀才，颇有文名，但以后却屡试不中，以设馆授徒为生。71岁时，蒲松龄撤帐归家，过了一段饮酒作诗、闲暇自娱的生活，第二年以援例补了一个岁贡生。

蒲松龄一生热衷科举，却不得志，因此对科举制度的不合理深有体验，加之自幼喜欢民间文学，广泛收集精怪鬼魅的奇闻逸事，汲取创作营养，融入自己的生活体验，创作完成《聊斋志异》。作品以花妖狐魅的幻想故事反映现实生活，寄托作者的理想。

《聊斋志异》是文言短篇小说集，包含两种不同性质的作品：一类作品篇幅短小而不具有故事情节，属于各类奇异传闻的简单记录；另一类作品是真正意义上的小说，多为神鬼、狐妖、花木精灵的奇异故事。在一些优秀作品中，作者以丰富的想象建构离奇的情节，又在离奇的情节中进行细致的、富有生活真实感的描绘，塑造出生动活泼、人情味浓厚的艺术形象。其描写的许多鬼狐与人恋爱的美丽故事，主要形象都是生动、可爱的女性。

《聊斋志异》代表了我国古代文言小说已经达到和能够达到的最高水平。它在艺术上兼采众体之长，继承了魏晋志怪和唐传奇的优秀传统，并从史传文学、白话小说中汲取了有益的营养，形成了自己独特的艺术风格。

思考练习

1. 分析马子才与陶氏姐弟对待菊花态度的异同。
2. 结合马子才与黄英结为夫妻之后的种种表现，探讨两种文化观念的冲突、消解和融合。
3. 小说结尾所言"后女长成，嫁于世家"表现了蒲松龄怎样的文化心理？

旧瓶新酒

收集一些有关"舍生取义"和"见利忘义"的新闻材料，组织讨论"在市场经济已经深入生活的各个角落的今天，我们如何恰当对待'义'与'利'"。

语言，人类交流的平台

说话是人们运用语言交流思想的行为。说话不同于语言，但说话与语言之间的"情缘"却又千丝万缕，真可谓"剪不断，理还乱"。那么，说话和语言之间的关系究竟是怎样的呢？我们看一个真实的故事。

　　抗日战争时期，一个叫刘连仁的山东青年被抓到日本北海道做劳工，后来他逃到山林中穴居13年之久。因为无人交流，他的语言能力日渐衰退。当他看到一条船想求救的时候，他的舌头根本不听使唤，竟然喊不出一个"船"字。他意识到失去语言能力的危险，就以顽强的毅力学习说话，终于慢慢恢复了语言能力，从而获得了救援。

　　通过刘连仁的故事，我们不难看出，人类语言能力的存在不能脱离语言环境，如果长期不说话，语言能力便会逐渐退化甚至消失。语言就像工具，需要人们去使用，不用就会"生锈"。而说话是人们运用语言进行交际的行为，语言规则潜藏于人们的头脑中，指导人们说话的行为，即使因脱离语言环境而失去了说话的能力，只要加强练习也能恢复。也就是说，说话虽然不等同于语言，但与语言有着不可分割的联系。

　　语言是人类最重要的交际工具，在社会生活中具有十分重要的作用。人们靠语言来交流思想、认知甚至改造世界，只要有人生活的地方就离不开语言，社会要发展更是离不开语言的辅助。假如没有语言，生活在同一个地域的人们便不能组成一个长幼有别、上下有序、生产和生活相互协调的文明社会；假如没有语言，教育、商业、医疗、科学研究等一切推动社会进步的行业都将无法发展。总之，语言是推动社会进步的重要工具。没有语言，人与人之间的关系就会中断，社会将无从发展甚至解体。

　　语言是最公正的，它对社会的每一个人都一视同仁。不论是帝王将相、公子王孙，还是平头百姓，在语言面前都是平等的，谁都没有垄断语言和改造语言的特权。知识分子的书面语和平民百姓的大白话，是因生活条件和文化差异形成的语言表达能力的差异，与语言的公正性无关。

　　本篇以语言为专题，从语言艺术、古代汉语、现代汉语三个方面解读语言的重要作用，共选九篇文章，内容广泛，体裁多样。如何淋漓尽致地运用语言，是一种深内涵、高层次的学问。为了让大家更加畅快地体味语言的魅力，我们特将语言艺术设为一节，以话本、弹词、相声等传统艺术形式为依托，解读语言的重要作用。

　　宋元话本是宋元时代说话人演讲故事所用的底本。话本的语言以白话为主，融合部分文言，间亦穿插一些古典诗词。作为一种文学体裁，话本语言生动、泼辣，富于表演力。《大唐三藏取经诗话》又名《大唐三藏法师取经记》，是现存最早的将唐代玄奘法师取经事迹演为神话故事的话本作品。

　　弹词是清代民间很流行的兼有说唱的曲艺形式。大约到了乾隆中期以后，弹词主要流行于江浙一带，地域文化的特征也越来越明显。弹词按照各地称呼的不同，有苏州弹词、扬州弦词、四明弹词、绍兴平湖调、长沙弹词、木鱼歌等。《再生缘·华堂客佩紫衣朱》向人们展示了弹词这种艺术形式的风采，同时也使

人们充分感受到了弹词作为说唱艺术的语言魅力。

相声是中国曲艺艺术品种中影响最大、最受听众欢迎的一种。侯宝林的相声《普通话与方言》以风趣幽默的形式向人们展现了各地方言的差异。

古代汉语部分共选录三篇文章：《晏子使楚二则》《世说新语·期行》《诸葛亮舌战群儒》。王力先生说："中国文化是悠久的，我们拥有极其丰富的文化遗产，必须批判地予以继承。要继承文化遗产，就要读古书，读古书就要具有阅读古书的能力，所以我们必须学习古代汉语。也就是说，学习古代汉语的目的是培养阅读中国古书的能力。"现代汉语是由古代汉语发展而来的。研读《晏子使楚二则》《世说新语·期行》《诸葛亮舌战群儒》这三篇文章，我们不难体会到古代汉语与现代汉语的不同。

我国灿烂而悠久的传统文化孕育了一大批具有卓越才能的外交人才，晏婴便是其中的一位。《晏子使楚二则》展现了晏婴卓越的外交才华以及高超的语言能力。

《世说新语》中的《期行》出自《世说新语·方正》。"方正"即正直。这则故事是记叙人物品行操守的。

"诸葛亮舌战群儒，鲁子敬力排众议"是一场精彩绝伦的辩论。在这场辩论中，诸葛亮傲然正义、谦逊有礼、随机应变、从容自如。作者通过描写这场辩论，成功地塑造了智慧的化身——诸葛亮的光采形象。

现代汉语部分共选录三篇文章：《我怎样学习语言》《笑话里的语言学》《在母语中生存》。

有人说，老舍的文字明白如话、浅显易懂。粗粗看去，好像作家在写着一些简单的大实话。略为思索，却发现话中还有话，后劲十足。可见，老舍的语言功力非同寻常。研读《我怎样学习语言》，体味老舍学习语言的心得。

语言的使用离不开具体的语言环境。在特定的语境中，我们可以利用语言制造很多笑话。换言之，我们也可以从笑话中找到很多语言现象。从《笑话里的语言学》中，语言的奥妙可见一斑。

一个民族的母语真实地记录了该民族的文化踪迹，是凝聚民族灵魂的血脉。所以，保护母语就是保护一个民族赖以生存的文化根基。历史悠久并且充满活力的汉语，是中华民族的宝贵财富。我们应把保护母语作为一种责任来自觉承担。母语对于我们像食物和水，我们无法设想从母语中离去的生活，我们只能"在母语中生存"。

语言艺术

课前热身

每受天真地秀，日精月华，感之既久，遂有灵通之意，内育仙胞，一日迸裂，产一石卵，似圆球样大。因见风化一石猴，五官俱全，四肢皆备，……

仙石迸猴，孙悟空这样一个光彩夺目的神话英雄应运而生。他毛脸雷公嘴，具有不屈的反抗精神；他有情有义而又诙谐好闹；他能七十二变，一个跟头十万八千里；他勇敢好斗，愣是叫响了"齐天大圣"的美名；他火眼金睛，决不放过一个妖魔；他向一切困难挑战，决不退却低头。孙悟空生性聪明、活泼、勇敢、忠诚、疾恶如仇、敢于反抗，在中国传统文化中已经成为机智、勇敢的化身。

早在南宋的《大唐三藏取经诗话》中就已出现孙悟空的形象。他原是"花果山紫云洞八万四千铜头铁额猕猴王"，化身为白衣秀士，前来保护三藏取经西行。《大唐三藏取经诗话》比较清楚地展示了唐僧取经故事的轮廓。从本文节选的女人国等章节中，我们多少可以看到《西游记》某些章回的雏形。

【宋话本】大唐三藏取经诗话[①]（节选）

[①]节选自宋话本《大唐三藏取经诗话》。

【行程遇猴行者处】

僧行六人，当日起行。法师语曰："今往西天，程途百万，各人谨慎。"小师应诺。

行经一国已来，偶于一日午时，见一白衣秀才从正东而来，便揖和尚："万福，万福！和尚今往何处？莫不是再往西天取经否？"法师合掌曰："贫僧奉敕，为东土众生未有佛教，是取经也。"秀才曰："和尚前两廻去取经，中路遭难，此廻若去，千死万死。"法师云："你如何得知？"秀才曰："我不是别人，我是花果山紫云洞八万四千铜头铁额猕猴王。我今来助和尚取经。此去百万程途，经过三十六国，多有祸难之处。"法师应曰："果得如此，三世有缘。东土众生，获大利益。"当便改呼为猴行者。

僧行七人，次日同行，左右伏事。猴行者乃留诗曰：
百万程途向那边，今来佐助大师前。
一心祝愿逢真教，同往西天鸡足山。
三藏法师诗答曰：
此日前生有宿缘，今朝果遇大明贤。
前途若到妖魔处，望显神通镇佛前。

【经过女人国处】

僧行前去，沐浴慇勤。店舍稀疏，荒郊止宿，虽有虎狼虫兽，见人全不伤残。

次入一国，都无一人，只见荒屋漏落，菌②离③破碎。前行渐有数人耕田，布种五谷。法师曰："此中似有州县，又少人民，且得见三五农夫之面。"耕夫一见，个个眉开。法师乃成诗曰：

荒州荒县无人住，僧行朝朝宿野盘。
今日农夫逢见面，师僧方得少开颜。

猴行者诗曰：

休言荒国无人住，荒县荒州谁肯耕？
人力种田师不识，此君住处是西城。
早来此地权耕作，夜宿天宫歇洞庭。
举步登途休眷恋，免烦东土望回程。

举步如飞，前遇一溪，洪水茫茫。法师烦恼。猴行者曰："但请前行，自有方便。"行者大叫"天王"一声，溪水断流，洪浪乾绝。师行过了，合掌擎拳。此是宿缘，天宫助力。

次行又过一荒州，行数十里，憩歇一村。法师曰："前去都无人烟，不知是何处所？"行者曰："前去借问，休劳叹息。"

又行百里之外，见有一国，人烟济楚，买卖骈阗。入到国内，见门上一牌云"女人之国"。僧行遂谒见女王。女王问曰："和尚因何到此国？"法师答言："奉唐帝敕命，为东土众生，往西天取经，作大福田。"女王合掌，遂设斋供。僧行赴斋，都吃不得。女王曰："何不吃斋？"僧行起身唱喏曰："蒙王赐斋，盖为砂多，不通吃食。"女王曰："启和尚知悉：此国之中，全无五谷。只是东土佛寺人家，及国内设斋之时出生，尽于地上等处收得，所以砂多。和尚回归东土之日，望垂方便。"法师起身，乃留诗曰：

女王专意设清斋，盖为砂多不纳怀。
竺国取经归到日，教令东士置生台。

女王见诗，遂诏法师一行，入内宫看赏。僧行入内，见香花满座，七宝层层；两行尽是女人，年方二八，美兒轻盈，星眼柳眉，朱唇榴齿，桃脸蝉发，衣服光鲜，语话柔和，世间无此。一见僧行入来，满面含笑，低眉促黛，近前相揖："起咨和尚，此是女人之国，都无丈夫。今日得觐僧行一来，奉为此中，起造寺院，请师七人，就此住持。且缘合国女人，早起晚来，入寺烧香，闻经听法，种植善根；又且得见丈夫，凤世因缘。不知和尚意旨如何？"法师曰："我为东土众生，又怎得此

②菌：同"园"。
③离：同"篱"。

中住院？"女王曰："和尚师兄，岂不闻古人说：'人过一生，不过两世。'便只住此中，为我作个国主，也甚好一段风流事！"

和尚再三不肯，遂乃辞行。两伴女人，泪珠流脸，眉黛愁生，乃相谓言："此去何时再觌丈夫之面？"女王遂取夜明珠五颗、白马一疋，赠与和尚前去使用。僧行合掌称谢，乃留诗曰：

愿王存善好修持，幻化浮生得几时？
一念凡心如不悟，千生万劫落阿鼻。
休喏绿鬓桃红脸，莫恋轻盈与翠眉。
大限到来无处避，髑髅何处问因衣。
女王与女众，香花送师行出城，诗曰：
此中别是一家仙，送汝前程往竺天。
要识女王姓名字，便是文殊及普贤。

> 作者禀性，"复善谐剧"，故虽述变幻恍忽之事，亦每杂解颐之言，使神魔皆有人情，精魅亦通世故。
> ——鲁迅

迷津指路

唐僧取经是历史上一件真实的事。唐太宗贞观元年（627年），年仅25岁的青年和尚玄奘带领一个弟子离开京城长安，到天竺（印度）游学。玄奘历尽艰难险阻，最后到达印度。他在那里学习了两年多，于贞观十九年（645年）回到长安，带回佛经657部。他这次西天取经，前后十九年，行程几万里，轰动一时。

《大唐三藏取经诗话》又名《大唐三藏法师取经记》，话本，作者不详，是现存最早将唐玄奘取经事迹演为神话故事的作品。全书分十七节，每节有一个标题。此书以扶助三藏法师而大显神通的猴行者即孙悟空的原型为主人公，叙述了唐玄奘取经的故事，但情节比较简单，无猪八戒形象，但有降伏深沙神（可能为沙僧原型）的描写。书中第一节缺，从第二节起，叙述猴行者幻化为白衣秀才，途遇玄奘，愿保护他去取经；玄奘又得大梵天王赏赐隐形帽、金环锡杖和钵盂，取经途中遇白虎精、九条馗头鼍龙、深沙神等妖魔，均被猴行者降伏；又经过鬼子母国、女人国、王母池、沉香国、波罗国、优钵罗国、竺国，终于取回经文。

宋元话本包括小说、讲史、说经等说话艺人的底本，诸宫调、影戏、傀儡戏的脚本也可以称作话本，还有人把明清人摹拟小说话本而写的短篇白话小说统称为话本。明清的白话小说主要是在话本的基础上发展起来的，如《水浒传》《西游记》等文学名著都是宋元话本继续发展的产物。

思考练习

1. 如何理解《大唐三藏取经诗话》的语言特色？
2. 阅读《错斩崔宁》等其他几部宋元话本代表作，体会话本的语言特色。

旧瓶新酒

体会话本这种传统文学形式的艺术特色，并以说书的形式生动形象地讲述课文中的部分情节。

课前热身

杭州西湖柳浪闻莺大门的对面，一个小小山坡上有一座名为"勾山樵舍"的雅致小院。这是清朝文人陈兆仑的故居。清代著名女作家陈端生也生于此处。

陈兆仑，桐城派古文家方苞的入室弟子，当时被奉为一代文章宗师。但陈兆仑恐怕做梦也不曾想到，他的长孙女陈端生的名声会远超其上。说起陈端生，可能很少有人知道这个名字，但一说《孟丽君》，便妇孺皆知。戏台上、电视里，那个貌若西子、才比孔明的女子，那个与父亲、兄长、公公、丈夫同朝为官的女子，那个位拜三台、让众多为官的男人都尊为师长的女子，便是孟丽君。而这个千古奇女，就出自陈端生的生花之笔。陈端生创作《再生缘》时只有18岁。后经当代最具权威的两位学界泰斗的推崇，《再生缘》一举奠定了她无可争议的文学地位。陈端生也被誉为中国文学史上难得一逢的旷世才女。

【弹词】再生缘·华堂客佩紫衣朱① (节选)　　陈端生

① 节选自陈端生《再生缘》第十一回。

诗曰：
聘币星期六礼全，衣朱佩紫喜欢天。
洞房花烛刘公子，准拟今宵会绛仙。

话说管园人潘发，他一到黎明就起来打扫园中的。这日早晨，一见后门大开，铁锁抛于地下。不觉大惊失色，说一声不好，昨夜必然有贼了。又听得后园中人声喧闹，都说道失了一匹黄骠马。潘发心慌意乱，一路寻踪觅迹。只见重重的门户，一直开到里边。忙向妻子道：你快往里边瞧看，一条夹道正通着小姐的卧房，只恐失了物件，责备我二人。潘大嫂十分着急，说声不得，往里飞跑而去。

潘嫂如飞向内跑，走到那，幽芳阁里细观瞧。堂门半掩无人影，鸟语争枝闹树梢。悄悄叫声兰姐姐，可曾梳洗出房帏。连声叫唤无人应，大胆推门向里瞧。只见千金门倒扣，深堂寂静声息杳。忙叫荣兰何处去，为什么，铜环双扣这般牢。西房映雪方才起，秀蕙开门问事苗。潘嫂细言遭贼事，故而察看这蹊跷。不知小姐何方去，反扣房门好寂寥。映雪惊疑忙出外，乌纱罩鬓小钗挑。花容带病微微瘦，凤履忙移步步娇。推进东房观仔细，只见那，罗帏寂寂篆烟消。挑开绣幔分明见，枕被俱无有事苗。映雪一观心大骇，花容失色皱眉梢。

啊呀奇哉！小姐为何不见？潘大嫂快到前堂探听，可在太太那边么？

潘发之妻走似飞，苏娘病起要添衣。回房找件家常服，斜束绫绡把步移。秀蕙初来并乍到，急忙忙，跟随映雪出香居。绕廊穿径方才到，只见那，潘嫂慌忙向外飞。乱叫张家和李嫂，太夫人，此时曾否起身躯？花园门放还犹可，失却槽中一匹驹。又不知，小姐荣兰何处去，幽芳阁，房中倒扣有跷蹊。家人仆妇高声喊，两厢房，仆妇丫鬟着了迷。忙穿裤，急披衣，一片喧哗启院扉。司马夫人都吓醒，忙呼仆妇问根基。苏娘忙到回廊下，隔着纱窗禀是非。

启太太老爷得知：今日早晨，花园后门大开，小姐的房门半掩，此刻追寻到此。小姐与荣兰不知哪里去了。

尚书夫妇听其详，魄散魂飞失主张。口口声声称不好，开门连叫映姑娘。碧松堂内曾经过，莫不是，去看魁郎未转房。映雪回称言正是，待奴前去看端详。心内急，意中慌，飞步金莲绕曲廊。这里尚书和太太，不梳不洗坐华堂。丫鬟仆妇齐传谕，唤上园丁问细详。潘发方才言细底，但听得，喧传不在碧松堂。迎头来了章飞凤，随后还同翰苑郎。映雪心惊先下泪，乱称奇事意彷徨。飞凤说，姑娘昨晚来观侄，谈了些，离别之言甚痛伤。不意真心非为嫁，到今朝，果然躲避到何方。翰林跌足双眉皱，我就猜疑这一桩。妹妹素来心性烈，她岂肯，依随圣旨失冰霜。到今朝，果遭逼迫私逃走。这时候，父母心中怎主张。韩氏夫人先痛泣，呼天唤地泪千行。尚书心内如刀绞，仰面长吁叫上苍。一顿双靴称不妙，凄然款步下华堂。夫人掩面号啕哭，飞凤低头涕泣行。翰苑长吁随后走，还有些，家人仆妇及梅香。纷纷躲到幽芳阁，又到中堂请老娘。哽咽悲啼含着泪，问了声，千金端的在何方？齐齐步进香闺内，冷清清，不见人来只见床。回视窗前书案上，现排着，一封亲笔别爹娘。

话说孟尚书一见了女儿的亲笔，就知不是私逃，定然自尽。遂坐在窗前椅上，拆开一看。

一边长叹一边观，痛泪纷纷拭未干。韩氏夫人同子媳，齐齐围绕绿窗前。看到一纸临行字，只哭得，韩氏昏迷痛碎肝。

啊唷亲儿呀，你怎么撇下爹娘去了！

长到今年十六春，只说你，聪明才女有收成。父亲不合婚皇甫，到今朝，只为他家害我们。似这等，天子赐婚恩不浅。似这等，王亲为配喜非轻。你何须，痴心不受君王命。你何须，誓死甘从反叛门。怎不想，养育深恩离不得，竟公然，黄昏暗遁出园林。青春女子如何走，娇弱身躯怎样行。未出闺门难识路，你焉知，崎岖世道难容身。纵然身带荣兰婢，年少丫鬟有甚能。不识高低逃了去，倒只怕，飘零要作异乡魂。啊唷娇儿呀，昨宵定省两相逢，今日翻成一梦中。半世娘儿分散去，丽君何故绝形踪。夫人哭倒尘埃地，云鬟蓬松粉面红。翰林夫妇齐痛泣，孟尚书，心如刀绞取真容。扯开一见如花面，不觉悲呼泪满胸。啊唷儿呀，据汝书中这等言，你竟是，改妆男子出花园。此番做事无良计，倒只怕，要保清名保不全。你又非，丑女村姑无美色，你况且，红颜绿鬓正芳年。普天下，风流浪子知多少，似这等，美丽裙钗躲避难。做事全然无见识，竟把那，千金之体走风烟。明媒正娶还违逆，当不得，俗子狂夫着眼看。你道此行为守节，我观来，后来之事不堪言。允和不允该明说，为什么，竟把高堂父母瞒。儿若果然心已决，我还当，飞书一本去回天。偏偏假意应承了，到如今，父母分抛一旦间。司马言完心惨切，悲声欲吐泪如泉。翰林跌足长吁气，说道是，此事原非妹妹愆。父若果容她守节，岂思避难出花园。既然如此无他说，只好依从字上言。说毕一齐观映雪，只见那，佳人正把手书看。星眸宛转从头视，顷刻间，两片红霞上玉颜。放下书时心惨切，翠眉含怒吐芳言。

啊呀太太老爷呀，此事断难从命！

奴虽愚昧少才情，闺阃之仪也略明。皇甫督台虽说反，到底是，奸臣诬奏害忠臣。刘国舅，花园放火奸谋露。这几番，平地风波是彼生。胞姐既然为帝后，岂不会，暗通书札请纶音。逼得我，千金守节私逃去。刘奎璧，就是奴家切齿人。不报冤仇还忿忿，岂肯反倒替成婚。若然贱妾贪荣贵，千古留传不白名。非但眼前伤礼义，还愁日后恐遭刑。自古说，奸臣势焰如冰雪，容易兴来容易倾。被害之家时运转，那其间，昭彰天理不饶人。奴如今日图富贵，岂不干连祸及身。太太老爷详此理，断难遵命入刘门。不如从直申哀表，上奏君王作处分。只说是，小姐守贞心不愿，刘家强逼要成婚。事由无奈私逃去，海角天涯没处寻。只要刘家赔小姐，方才解得这冤情。刘侯纵有滔天势，殿上君王难认亲。必欲临期奴代嫁，苏映雪，甘愿一命赴幽冥。佳人说到伤心处，掩面悲啼痛泪倾。司马夫妻犹未答，苏娘子，又悲又喜又生嗔。上前扯住罗衫袖，不肖女儿骂两声。你父早亡无依靠，做娘的，身充乳母领千金。若不是，老爷太太施恩典，你焉能，饱食丰衣活到今。大概之言休说起，想一想，千金待你若何情。同行同坐无骄傲，相爱相亲不慢轻。口口声声呼映姐，教诗教画费辛勤。若非小姐殷勤训，你不过，也像顽奴劣婢们。今日疑难须你解，为什么，推三阻四不应承。难道说，皇亲国戚公侯子，玷辱了，裙布荆钗贫贱人。好好今朝依了我，回身八拜认螟蛉。老爷太太如合意，就将你，嫁到荣华富贵门。你若此时还不允，真正是，恩将仇报没良心，快快上前参主人。言讫手牵苏映雪，相催就此认螟蛉。尚书夫妇齐挥泪，同问姑娘可肯行？映雪其时无主意，泪汪汪，不言不语自沉吟。啊呀千金呀，奴家只说你回肠，依允君亲已不伤。谁道言词都是假，到今朝，果然躲避走他乡。千金只顾全身去，怎知道，奴亦心归皇甫郎。留此一书贻累我，令人何计脱灾殃。罢罢罢，红颜薄命该如此。苏映雪，就向刘家走一场。荣华不改冰霜志，奴只是，梦里姻缘岂肯忘。拼将一命寻了死，冤魂遍处觅才郎。生前不得时相见，死后应能长在旁。保佑得，皇甫郎君重发达，报仇雪恨快心肠。丽君小姐全名节，烈妇英才配了双。方显奴家苏映雪，始终如一有冰霜。今朝且允成婚事，说不得，要把青春性命伤。映雪佳人心已决，登时转色道端详。老爷太太深恩重，奴却如何就敢忘。替嫁之为原不愿，既然有托敢声扬，万般只为无其奈，妄认爹娘乞恕将。太太老爷俱请坐，容奴跪叩在中堂。尚书夫妇心悲喜，窦氏慌忙请继房。不必更排香烛案，就在那，幽芳阁内认爹娘。夫人勉强呼声女，依旧是，哭叫亲儿泪万行。司马十分怜映雪，殷勤安慰女红妆。苏娘拜认双亲后，孟夫人，要遣家丁走四方，大料私逃离不远，速行寻觅女还乡。嘉龄着急忙拦阻，说道是，父母如何没主张？这一差人寻小姐，弄得来，丑名到处尽传扬。不言守节清名重，只说家庭礼法亡。若使刘家知此信，怎生暗嫁映姑娘？我思妹妹才情广，决不调停欠主张。她既改妆逃出去，有谁认识女红妆？况伊满腹文章在，必定要，烈烈轰轰做一场。如若寻回仍遣嫁，无非是，拼将一命赴幽乡。为今之计从长议，莫遣家丁去播扬。设使刘门同察访，反教贤妹不能藏。且将映妹成婚后，慢慢相寻也不妨。司马夫妇齐点首，长吁短叹出香房。翰林传集男和妇，禁止喧哗到外厢。合府家丁齐领命，俱皆闭口不声张。其时吉日先开面，却原来，风俗相传各一方。嫁过门时方绞脸，无非是，珠冠玉珮助新妆。忙忙要发妆奁去，并及差人看洞房。韩氏夫人心不悦，把妆奁，平分一半送苏娘。妇人见识何须说，这日匆匆不必详。夜景休提谈次日，又早是，一轮赤镜出扶桑。

话说次日初二，良辰一到，黎明时候，刘府悬花结彩，发宝轿迎接成婚。大街拥塞不开，争羡侯门富贵。

语言，人类交流的平台……

> 陈端生以绝代才华之女子，竟悁悼忧伤而死，身名淹没，百余年后，其实迹几不可考见。《再生缘》叙事言情七言排律之长篇巨制，它是"弹词中第一部书"，弹词之作品颇多，鄙意《再生缘》之文最佳。
> ——陈寅恪

053

锦簇花团宝轿开，将军执事两边排。宫灯百对高低映，白马千骑陆续来。仙乐悠扬吹凤管，彩旗招展拂官街。前打着，朱红两柄泥金字，上边书，御赐成婚两面牌。一到堂堂司马府，催妆诗赋请裙钗。这一天，尚书勉强穿公服，贺喜之人队队来。韩氏夫人心不悦，真容怀抱叫伤哉。平明尚未抬身起，云鬓蓬松泪满腮。司马孟公偷劝解，夫人何故这般然？快休冷落苏家女，显见得，一样孩儿两样怀。飞凤嘉龄齐跪请，孟夫人，方才慢慢坐妆台。梳妆已毕更衣罢，女眷纷纷已进来。韩氏夫人相接待，章飞凤，忙忙又要抱婴孩。喜娘都在幽芳阁，服事新人对镜台。映雪夜间同母睡，说了些，别离言语甚悲哀。快刀一柄随身带，正备要，暗刺刘郎报恨怀。临镜梳妆穿吉服，凤冠霞帔眼前排。轻匀粉面垂珠络，薄掠云环压宝钗。彩袖半笼双玉笋，湘裙低露小红鞋。珊珊环珮离春阁，浑似仙姬下月台。两个喜娘扶翠袖，只听得，催妆三次不容挨。

　　话说新人一出堂中，就要拜辞上轿，侍女铺下红毡，众喜娘搀扶行礼。

　　千金微步踏花毡，下拜双亲两座前。不发一言只痛泣，悲声哽咽半遮颜。尚书夫妇齐垂泪，教训言文莫细谈。亲眷一齐参谒过，孟公出座叫婵娟。女儿拜别苏娘子，她是你，乳哺之人母一般。此刻不妨行个礼，谢她提抱费心田。苏娘心感尚书德，教女儿，冉冉低头拜在毡。死别生离在片刻，这佳人，满腔悲恨不能言。纷纷珠泪添娇面，惨惨悲啼湿泪痕。窦氏乳娘称不敢，千金请起我难当。名为主婢原还礼，怎奈他，本是娘儿不共参。只得假为相挽势，苏映雪慌忙立起正珠冠。后堂见礼方才罢，鼓乐喧天请再三。女眷纷纷齐送出，喜娘簇拥玉天仙。这时节，一方锦袱兜头罩，亲眷观瞻认时难。顷刻竟将苏映雪，团围送入锦鱼轩。三吹三打仙音亮，宝盖高撑罩半天。迎出孟家司马府，后边小轿两乘连。二房仆妇跟随去，秀蕙还留孟宅间。侯府迎亲花轿转，众家丁，扬威耀武笑声喧。

> 陈寅恪把它比之于印度、希腊的古史诗，那是从诗的形式来说的。如果从叙事的生动严密、波浪层出，从人物的性格塑造、心理描写上来说，陈端生的本领比之18、19世纪英法的大作家们，如英国的司考特、法国的司汤达和巴尔扎克，实际上也未遑多让。世人只知道荷马、但丁、莎士比亚、歌德、普希金，而不知道陈端生，是不公平的。
>
> ——郭沫若

迷津指路

弹词的文字包括说白和唱词两部分，内容通行用第三人称叙述，文字大多很浅近。弹词的演出极为简单，二三人、几件乐器即可，而一个本子可以说得很长，这种特点使之适宜成为家庭的日常娱乐。弹词的文本也宜于作为一种消遣性的读物。在长篇弹词中，最受人们称赏的是乾隆时期产生的《再生缘》，全书二十卷，前十七卷为陈端生作，后三卷为梁德绳所续，最后由侯芝修改为八十回本印行。陈端生（1751—约1796），浙江杭州人，出身于官宦家庭，于18至20岁时写成《再生缘》前十七卷，后嫁范菼；范氏因科场案谪戍伊犁，端生在此后续写了第十七卷，便不再写下去了。

思考练习

1. 你如何评价"孟丽君"这个人物形象？
2. 弹词的语言有何特色？你如何理解弹词在语言发展史上的作用以及弹词对当代艺术的影响？

旧瓶新酒

请有文艺特长的同学以黄梅戏、越剧等艺术形式，演绎传统剧目《孟丽君》中的部分情节。

> **课前热身**
>
> 　　各地的方言都会有那么一点喜剧效果。如果能有本土艺术家将之推向全国，相信也能独树一帜。侯宝林大师的相声《普通话与方言》无疑是一篇脍炙人口的佳作，其中关于方言的演绎，给我们平凡的生活增添了许多乐趣。

【相声】普通话与方言[①]

甲　您说相声也常说北京话吗？
乙　哎，干吗常说北京话呀！我们说相声就得说北京话呀！
甲　哎！那可不对。
乙　怎么？
甲　你应该说普通话呀！
乙　普通话不就是北京话吗？
甲　错了不是。
乙　怎么？
甲　北京话是北京话，普通话是普通话。
乙　噢！这还不一样哪！
甲　哎，现在推广普通话。
乙　是。
甲　它是以北京话为基础方言。
乙　噢。
甲　以北京音为标准音。
乙　这我还不太明白呢！
甲　这你不太明白呢！
乙　不明白。
甲　这你得好好学！你看说普通话的好处大了，因为现在有山南的，海北的，各处的人在一起工作，如果都用方言那就不好懂了，都用普通话就彼此都能懂。
乙　噢！是喽。
甲　您比如说这么一句话吧——
乙　什么话呢？
甲　用普通话说就好懂了："你看这是什么？"
乙　这句话就是普通话？
甲　哎，你要用北京话就跟这个不一样了。
乙　北京话怎么说呢？

[①] 选自侯宝林、郭启儒表演的相声《普通话与方言》的台词。

甲　"你看瞜（zhei）瞜是什么？"

乙　噢，瞜瞜。

甲　瞜瞜是什么？普通话说："这是什么？"是不是啊？

乙　是是，就在字正。

甲　哎你要到天津这句话就变了。

乙　天津话怎么说？

甲　"你看看这（jie）是（si）嘛（ma）？"

乙　哎！这是天津话。

甲　是吧？

乙　哎。

甲　到上海话，又不同了。

乙　上海话又怎么说哪？

甲　你看看这是什么？

乙　这啊？

甲　"你（nong）看（ku）看（ku）这（di）是（ge）什么（sa me zi）？"

乙　这句话我就不懂。

甲　也是这个意思啊："你看看这是什么？"

乙　噢，也是这个意思。

甲　对吧。

乙　噢。

甲　要是到我们家乡，这句话又变味了。

乙　您什么地方的？

甲　沧县。

乙　沧县？

甲　沧州嘛！

乙　这句话怎么说哪？

甲　"你瞅瞅这是什么（me）呀？"

乙　噢，这是沧州话。

甲　你要到福建省福州，跟这又不同了。

乙　是啊！

甲　那更不好懂了。

乙　福建话这句怎么说哪？

甲　"你（lu）看（kan）这（zui）是（sai）什么（nao）？"

乙　这句话我更听不懂了。

甲　所以呀，大家都学普通话有好处呀！

乙　是喽。

甲　普通话跟北京话区别不大。
乙　噢！
甲　你要学普通话常听相声有好处。
乙　就能够学普通话。
甲　哎。相声它不是北京话吗？
乙　是啊！
甲　它就是儿化韵多。
乙　噢！儿化韵。
甲　这是最大的区别。普通话说"今天""明天""后天"。
乙　对啊。
甲　北京话那就不这样了。
乙　怎么说哪？
甲　"今儿""明儿""后儿"。
乙　对！
甲　没事儿出门儿，遛弯儿，买根冰棍儿。
乙　噢，这是儿化韵。
甲　哎！你看这儿化韵也有它的好处。
乙　那有什么好处啊？
甲　你要写在字上，你写"冰棍"，可是你要说话哪，就得说"冰棍儿"。
乙　啊！冰棍儿。
甲　冰棍儿，它区别词义：冰棍儿，它加这个儿化叫你听这东西不大。
乙　噢！就是小意思。
甲　"哎！您瞧，天热呀！来根冰棍儿。"
乙　哎。
甲　来根冰棍儿。这样听着好听，你要不用儿化韵，听着多可怕呀！"今天热啊！你来根冰棍。"
乙　嚄！
甲　冰棍哪！
乙　那得多大呀！
甲　说的是哪。四人扛着吃？
乙　那怎么吃啊！
甲　是不是？
乙　对。
甲　它能够区别词义。
乙　是喽。

甲　多是用在爱称上。
乙　噢！
甲　用这个儿化。
乙　怎么？
甲　我们看一小孩儿，哎，你看这个小孩儿多好啊，长得跟花儿似的。
乙　夸这个小孩儿。
甲　"你看这小孩儿长得跟花儿似的。"
乙　对。
甲　他都用儿化。你要不用儿化哪，这意思就差了。
乙　是吗？
甲　哎，你看这个小孩长得跟花似的。
乙　花似的？
甲　"你看这个小孩长得跟花似的。"那孩儿长得跟麻雷子似的，再来一个跟二踢脚似的。
乙　好家伙！这儿放鞭炮哪！
甲　是不是？
乙　啊。
甲　所以说儿化韵有它的好处。
乙　是。
甲　也不能够是话都用儿化韵。
乙　是吗？
甲　你看北京话它就有这一点。
乙　是喽。
甲　儿化韵的地方太多。
乙　噢。
甲　还有重叠儿化哪！
乙　怎么叫作重叠儿化哪？
甲　"胖胖儿的，瘦瘦儿的，忙忙儿的，快快儿的，轻轻儿的"，这都是重叠儿化。
乙　噢，是了。
甲　两个字儿一样，下边加个儿。
乙　噢，这叫重叠儿化。
甲　"这人胖胖儿的，那人瘦瘦儿的，唉，你去一趟快快儿的。唉！轻轻儿的。"是不是重叠儿化？
乙　是了。
甲　不用儿话不好听："这人胖胖的，那人瘦瘦的，你快快的，你慢慢的。"

乙　这么说倒是不好听。
甲　北京话可也有这么说的。
乙　还有这么说的哪？
甲　那是大人对小孩儿。
乙　噢。
甲　小孩儿刚一周多，一岁多点儿。
乙　是，是。
甲　大人为教他说话。
乙　嗯。
甲　哄孩子这么说。
乙　是啊。
甲　"慢慢走。"
乙　噢。
甲　"我带你上街街。"
乙　嗯。
甲　"叫叔叔，叫姑姑。"
乙　对。
甲　"叫妈妈。戴帽帽，穿袜袜，我带你去买肉肉。"
乙　哎，是这么说。
甲　"吃饺饺，买包包。"
乙　嗯。
甲　包子饺子，什么饺饺、包包啊，哄小孩儿。
乙　是喽。
甲　对大人没那么说的。
乙　对大人没有这么说的？
甲　那当然了，我跟你说话："郭先生，没事儿啊？"
乙　没事。
甲　"咱们出去遛个弯儿。"
乙　走哇。
甲　"我请您吃饭。"
乙　好。
甲　"咱们吃包子，要不然吃饺子。"
乙　好。
甲　"你戴帽子，咱们走。"这好听啊！要是照着哄孩子那样，你能满意吗？"郭先生，没事啊？"
乙　没事啊。
甲　"我带你出去遛遛。"
乙　啊。

甲　"我请你吃包包。"

乙　噢。

甲　"给你买饺饺。你戴上帽帽。"

乙　这好嘛，这么说我成傻子啦！

甲　就说是啊，是吧？

乙　嗯。

甲　这是儿化韵。

乙　是了。

甲　所以学普通话的时候，注意北京话的儿化韵。

乙　是，是。

甲　您要听相声学普通话，千万得注意，有的演员爱用方言、土语。

乙　噢，土话啊。

甲　啊。

乙　这个土语说起来也就本地方懂。

甲　哎，离开那地方人家就不懂了，外埠人不大懂。

乙　对。

甲　是吧？

乙　哎。

甲　并且也不好写。

乙　噢，写也没法写。

甲　那属于老北京话。

乙　噢。

甲　您比如说普通话，这两句话挺好懂："哎，郭先生，昨天我去看你，你没在，我等了很久你也没回来，后来我就走了。"

乙　噢。

甲　你看这话好懂吧？

乙　这话好懂。

甲　"昨天我去看你，等了很久，你也没回来，我就走了。"谁都懂。

乙　是啊。

甲　你要用北京的方言，大部分人不懂。

乙　那怎么说？

甲　"嘿，昨儿我瞜你去了。"

乙　瞜我去了！

甲　"我一瞜你颠儿啦。"

乙　我颠——好嘛！

> "侯宝林是相声的功臣！"张寿臣这么说，我也这么看。他是我们相声界的艺术大师，为什么？过去相声不能攒底，多好的角儿，也是上"倒二"，得京韵大鼓攒底，万人迷、张寿臣都是在刘宝全、白云鹏、林红玉、小彩舞前面演，就由打侯宝林，相声攒了底，包银也提高了。这是值得肯定的。侯宝林脱离舞台搞相声研究，对相声艺术的发展做了贡献。青年人都得有雄心壮志，通过你的努力为相声争得新的荣誉，你就是80年代的功臣。
>
> ——马三立

甲　"遛遛儿等你半天儿，压根儿你也没回来，我一瞧折（zhe）子了。"
乙　嗯。
甲　"我就撒丫子了。"
乙　撒丫子呀！

迷津指路

相声是中国曲艺中最具喜剧特征和幽默品格的一种。相声作为一种独立的表演形式，大约形成于清代咸丰年间（1851—1861）。已知最早的相声艺人是张三禄和朱绍文。经过一个多世纪的发展，至20世纪90年代，相声艺人的师承辈分已达八代。相声的表演形式有三种：早期主要为一个人说演的单口相声，所演类似于讲小笑话或幽默故事；后来出现了两个人合作表演的对口相声；另有一种三人或三人以上的表演形式叫群口相声。三种形式之中以对口相声的说演最为普遍，是相声艺术样式的主体。由于相声具有独特的审美效果，因而流传十分广泛。除汉民族之外，中国的一些偏远地区和少数民族地区还出现了"方言相声"和用少数民族语言表演的相声，如"藏语相声"等。

侯宝林（1917—1993），中国相声第六代演员，满族，天津人。他先学演京剧，后改说相声。1940年起，他与郭启儒搭档，合演对口相声。侯宝林是极负盛名的表演艺术家，注重相声的理论研究，著有《相声溯源》等，被誉为相声界的一代宗师。

思考练习

1. 体会相声的语言特色。
2. 相声的四大基本功是什么？
3. 你了解相声的常用术语和表演形式吗？请加以说明。

旧瓶新酒

请几位同学分别演绎侯宝林、马三立等相声大师的段子，题目自选。

古代汉语

课前热身

我国灿烂而悠久的传统文化孕育了一大批具有卓越才能的外交人才，晏婴便是其中的一位。《晏子使楚二则》展现了晏婴卓越的外交才华。

晏子使楚二则① 刘向

【一】

晏子使楚，以晏子短，为小门于大门之侧而延晏子。晏子不入，曰："使狗国者从狗门入。今臣使楚，不当从此门入。"傧者更道，从大门入。

见楚王，王曰："齐无人耶？"晏子对曰："临淄三百闾，张袂②成阴，挥汗成雨，比肩继踵③在，何为无人！"王曰："然则子何为使乎？"晏子对曰："齐命使，各有所主。其贤者使使贤主，不肖者使使不肖主。婴最不肖，故直使楚矣。"

【二】

晏子将使楚。楚王闻之，谓左右曰："晏婴，齐之习辞者也，今方来，吾欲辱之，何以也？"左右对曰："为其来也，臣请缚一人，过王而行。王曰：'何为者也？'对曰：'齐人也。'王曰：'何坐？'曰：'坐盗④。'"

晏子至，楚王赐晏子酒，酒酣，吏二缚一人诣王。王曰："缚者曷为者也？"对曰："齐人也，坐盗。"王视晏子曰："齐人固善盗乎？"晏子避席⑤对曰："婴闻之，橘生淮南则为橘，生于淮北则为枳⑥，叶徒相似，其实味不同⑦。所以然者何？水土异也。今民生长于齐不盗，入楚则盗，得无楚之水土使民善盗耶？"王笑曰："圣人非所与熙也，寡人反取病焉⑧。"

---

①选自《晏子春秋·内篇杂下》。②袂：音妹（mèi），就是衣裳的袖子。③踵：音种（zhǒng），就是人的脚后跟。④坐盗：犯了什么罪？坐，犯罪的意思。⑤避席：离开座位。这是表示郑重和严肃的意思。席，坐具。古时候把席子铺在地上，人坐在席上，所以座位叫"席"。⑥橘生淮南则为橘，生于淮北则为枳：橘树生长在淮河以南的地方就是橘树，生长在淮河以北的地方就是枳树。枳，也叫"枸橘"，果实酸苦。⑦叶徒相似，其实味不同：只是叶相像罢了，果实的味道却不同。徒，只是。⑧寡人反取病焉：我反而自找倒霉了。寡人，楚王自称。古时候诸侯自称"寡人"，表示谦虚。取病，自找倒霉。焉，语气助词，相当于"啦"。

> 假令晏子而在，余虽为之执鞭，所忻慕焉。
> ——司马迁

迷津指路

晏子（前578—前500），名婴，字平仲，春秋时期齐国夷维（今山东高密）人，政治家、思想家、外交家。晏婴是齐国上大夫晏弱之子，据说身材不高、其貌不扬，但却以有政治远见和外交才能、作风朴素闻名诸侯。他历经齐灵公、齐庄公、齐景公三朝，辅政长达40余年。周敬王二十年（公元前500年），晏婴病逝。孔丘曾赞曰："救民百姓而不夸，行补三君而不有，晏子果君子也！"晏婴内辅国政，屡谏齐王；对外则既富有灵活性，又坚持原则性，出使不受辱，捍卫了齐国的国格和国威。司马迁非常推崇晏婴，将其比为管仲。

《晏子春秋》是记载春秋时期齐国政治家晏婴言行的历史典籍，以史料和民间传说汇编而成。全书通过一个个生动活泼的故事，塑造了主人公晏婴和众多陪衬者的形象。这些故事虽不能完全作信史看待，但多数是有一定根据的，可以作为反映春秋后期齐国社会历史风貌的史料。此书经过刘向的整理，共有内、外八篇，二百一十五章。注释书籍有清末苏舆的《晏子春秋校注》、张纯一的《晏子春秋校注》，近代有吴则虞的《晏子春秋集释》，参考价值较高。

思考练习

1. 楚王为什么想侮辱晏子？
2. 楚国君臣是怎样安排计谋的？
3. 面对楚王的戏弄，晏子是怎样回击的？用原文回答。

旧瓶新酒

认真研读《晏子使楚二则》，将课文内容改编为话剧剧本，并进行排演。

语言，人类交流的平台……

课前热身

魏晋之际，社会上兴起了一股玄思清谈之风。上自君王显贵，下至一般士人，无不留意翰墨、钟情言辞，在中国文学史上开创了一个文采风流的时代。而《世说新语》作为"清谈士全集"，不仅全面记录了文人名士的隽语逸行，而且以独特的语言风格为中国的文学语言开辟了一块新的疆土。《世说新语》的语言"明畅不繁""简约玄澹"。其中的故事一般只有几十字，长的二百字左右，短的只有十字上下，而其意已显。遣词造句，虽不是字字珠玑，却也是"增之一分则太长，减之一分则太短"。

世说新语·期行   刘义庆

陈太丘与友期行，期日中。过①中不至，太丘舍去，去后乃至。元方时年七岁，门外戏。客问元方："尊君②在不？"答曰："待君久不至，已去。"友人便怒，曰："非人哉！与友人期行，相委③而去。"元方曰："君④与家君期日中。日中不至，则是无信；对子骂父，则是无礼。"友人惭⑤，下车引之，元方入门不顾。

①过：超过。②尊君：古代尊称对方的父亲。③相委：丢下，抛弃。④君：古代尊称对方，可译为"您"。⑤惭：惭愧。

> 《宋书》言义庆才词不多，而招聚文学之士，远近必至，则诸书或成于众手，亦未可知也。
>
> ——鲁迅

迷津指路

《世说新语》在艺术上有较高的成就，鲁迅先生曾把它的艺术特色概括为"记言则玄远冷隽，记行则高简瑰奇"。《世说新语》及刘孝标注涉及各类人物共一千五百多个，魏晋两朝主要的人物，无论帝王、将相，还是隐士、僧侣，都包括在内。它对人物的描写有的重在形貌，有的重在才学，有的重在心理，但集中到一点，就是重在表现人物的特点，通过独特的言谈举止写出人物的独特性格，使之活灵活现、跃然纸上。如《俭啬》："王戎有好李，卖之恐人得其种，恒钻其核。"仅用16个字，就写出了王戎贪婪吝啬的本性。《世说新语》对后世有着十分深刻的影响，不仅模仿它的小说不断出现，而且不少戏剧、小说也都取材于它。《期行》出自《世说新语·方正》，是记叙人物品行操守的故事。

思考练习

1. 文中"君""家君""尊君"的称谓有什么不同？
2. "期日中""过中不至"说明陈太丘的朋友是个怎样的人？元方义正词严地指出了父亲朋友的哪两点错误？

旧瓶新酒

使用多媒体播放一段有争议的礼仪录像，讨论其中待人接物的一些错误。

课前热身

> 功盖三分国，名成八阵图。
> 江流石不转，遗恨失吞吴。
>
> 这是杜甫凭吊诸葛亮时所作的诗句。诸葛亮是历史上有名的智者，他不仅精通天文地理，擅长军事政治，而且口齿敏捷，善于辩论。《三国演义》中"诸葛亮舌战群儒"这一章节就向世人展现了诸葛亮卓越的口才。你想成为一名优秀的人才，驰骋于自己的专业领域吗？不妨看看诸葛亮如何舌战群儒，学习一下诸葛亮高超的辩论技巧。

诸葛亮舌战群儒① 罗贯中

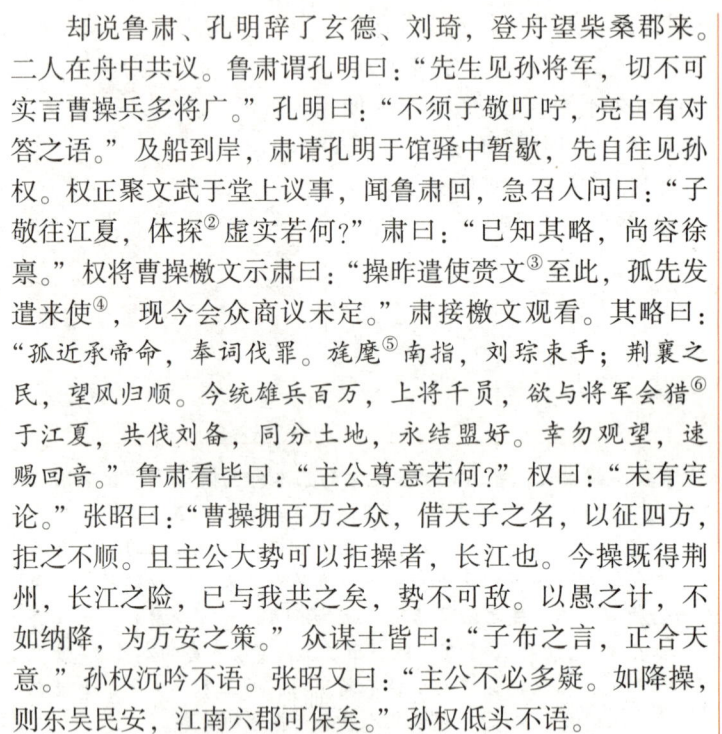

却说鲁肃、孔明辞了玄德、刘琦，登舟望柴桑郡来。二人在舟中共议。鲁肃谓孔明曰："先生见孙将军，切不可实言曹操兵多将广。"孔明曰："不须子敬叮咛，亮自有对答之语。"及船到岸，肃请孔明于馆驿中暂歇，先自往见孙权。权正聚文武于堂上议事，闻鲁肃回，急召入问曰："子敬往江夏，体探②虚实若何？"肃曰："已知其略，尚容徐禀。"权将曹操檄文示肃曰："操昨遣使赍文③至此，孤先发遣来使④，现今会众商议未定。"肃接檄文观看。其略曰："孤近承帝命，奉词伐罪。旄麾⑤南指，刘琮束手；荆襄之民，望风归顺。今统雄兵百万，上将千员，欲与将军会猎⑥于江夏，共伐刘备，同分土地，永结盟好。幸勿观望，速赐回音。"鲁肃看毕曰："主公尊意若何？"权曰："未有定论。"张昭曰："曹操拥百万之众，借天子之名，以征四方，拒之不顺。且主公大势可以拒操者，长江也。今操既得荆州，长江之险，已与我共之矣，势不可敌。以愚之计，不如纳降，为万安之策。"众谋士皆曰："子布之言，正合天意。"孙权沉吟不语。张昭又曰："主公不必多疑。如降操，则东吴民安，江南六郡可保矣。"孙权低头不语。

须臾，权起更衣⑦，鲁肃随于权后。权知肃意，乃执肃手而言曰："卿欲如何？"肃曰："恰才众人所言，深误将军。众人皆可降曹操，惟将军不可降曹操。"权曰："何以言之？"肃曰："如肃等降操，当以肃还乡党，累官故不失州郡也⑧；将军降操，欲安所归乎？位不过封侯，车不过一乘，骑不过一匹，从不过数人，岂得南面称孤哉！众人之意，各自为己，不可听也。将军宜早定大计。"权叹曰："诸人议论，大失孤望。子敬开说大计，正与吾见相同。此天以子敬赐我也！但操新得袁绍之众，近又得荆州之兵，恐

---

① 选自罗贯中《三国演义》第四十三回"诸葛亮舌战群儒 鲁子敬力排众议"。

② 体探：探访、探听。

③ 赍（jī）文：赍，持物赠人。赍文，也就是赠来檄文，这是外交辞令。

④ 发遣来使：打发走了使者。

⑤ 旄麾（máo huī）：帅旗，引为军队。

⑥ 会猎：本意是合围打猎，常借指打仗，是一种委婉的外交辞令。

⑦ 更衣：上厕所，比较文雅的说法。

⑧ 乡党：周制五百家为一党，一万两千五百家为一乡，合称乡党，泛指乡里。累官故不失州郡：慢慢地熬，最终也能做一个州官郡官。

势大难以抵敌。"肃曰："肃至江夏，引诸葛瑾之弟诸葛亮在此，主公可问之，便知虚实。"权曰："卧龙先生在此乎？"肃曰："现在馆驿中安歇。"权曰："今日天晚，且未相见。来日聚文武于帐下，先教见我江东英俊，然后升堂议事。"肃领命而去。次日至馆驿中见孔明，又嘱曰："今见我主，切不可言曹操兵多。"孔明笑曰："亮自见机而变，决不有误。"肃乃引孔明至幕下。早见张昭、顾雍等一班文武二十余人，峨冠博带，整衣端坐。孔明逐一相见，各问姓名。施礼已毕，坐于客位。张昭等见孔明丰神飘洒、器宇轩昂，料到此人必来游说。张昭先以言挑之曰："昭乃江东微末之士，久闻先生高卧隆中，自比管、乐。此语果有之乎？"孔明曰："此亮平生小可之比也。"昭曰："近闻刘豫州三顾先生于草庐之中，幸得先生，以为如鱼得水⑨，思欲席卷荆襄。今一旦以属曹操⑩，未审是何主见？"孔明自思张昭乃孙权手下第一个谋士，若不先难倒他，如何说得孙权，遂答曰："吾观取汉上⑪之地，易如反掌。我主刘豫州躬行仁义，不忍夺同宗之基业，故力辞之。刘琮孺子，听信佞言，暗自投降，致使曹操得以猖獗。今我主屯兵江夏，别有良图，非等闲可知也。"昭曰："若此，是先生言行相违也。先生自比管、乐——管仲相桓公，霸诸侯，一匡天下；乐毅扶持微弱之燕，下齐七十余城：此二人者，真济世之才也。先生在草庐之中，但笑傲风月，抱膝危坐。今既从事刘豫州，当为生灵兴利除害，剿灭乱贼。且刘豫州未得先生之前，尚且纵横寰宇，割据城池；今得先生，人皆仰望。虽三尺童蒙，亦谓彪虎生翼，将见汉室复兴，曹氏即灭矣。朝廷旧臣，山林隐士，无不拭目而待：以为拂高天之云翳⑫，仰日月之光辉，拯民于水火之中，措天下于衽席之上，在此时也。何先生自归豫州，曹兵一出，弃甲抛戈，望风而窜；上不能报刘表以安庶民，下不能辅孤子而据疆土；乃弃新野，走樊城，败当阳，奔夏口，无容身之地：是豫州既得先生之后，反不如其初也。管仲、乐毅，果如是乎？愚直之言，幸勿见怪！"

孔明听罢，哑然而笑曰："鹏飞万里，其志岂群鸟能识哉？譬如人染沉疴⑬，当先用糜粥⑭以饮之，和药以服之；待其腑脏调和，形体渐安，然后用肉食以补之，猛药以治之：则病根尽去，人得全生也。若不待气脉和缓，便投以猛药厚味，欲求安保，诚为难矣。吾主刘豫州，向日军败于汝南，寄迹刘表，兵不满千，将止关、张、赵云而已；

⑨如鱼得水：出自《隆中对》。刘备得到诸葛亮，说："孤之有孔明，犹鱼之有水也。"

⑩今一旦以属曹操：指荆、襄之地，今一旦为曹操所得。

⑪汉上：指汉口、荆襄一带。

⑫云翳：病症名。《医宗金鉴·眼科心法要诀》：宿翳呈片状，或似淡烟，或如浮云，故称云翳（类今之"白内障"）。后来引申为阴暗的云霾。

⑬沉疴："疴"是病，"沉疴"是久治不愈的病。

⑭糜粥：就是粥，又略有区别，一般以为糜厚而粥薄。

此正如病势尪羸已极之时也。新野山僻小县，人民稀少，粮食鲜薄，豫州不过暂借以容身，岂真将坐守于此耶？夫以甲兵不完，城郭不固，军不经练，粮不继日，然而博望烧屯，白河用水，使夏侯惇、曹仁辈心惊胆裂；窃谓管仲、乐毅之用兵，未必过此。至于刘琮降操，豫州实出不知；且又不忍乘乱夺同宗之基业，此真大仁大义也。当阳之败，豫州见有数十万赴义之民，扶老携幼相随，不忍弃之，日行十里，不思进取江陵，甘与同败，此亦大仁大义也。寡不敌众，胜负乃其常事。昔高皇数败于项羽，而垓下一战成功，此非韩信之良谋乎？夫信久事高皇，未尝累胜。盖国家大计，社稷安危，是有主谋。非比夸辩之徒，虚誉欺人；坐议立谈，无人可及；临机应变，百无一能。——诚为天下笑耳！"这一篇言语，说得张昭并无一言回答。

座上忽一人抗声问曰："今曹公兵屯百万，将列千员，龙骧虎视⑮，平吞江夏，公以为何如？"孔明视之，乃虞翻也。孔明曰："曹操收袁绍蚁聚之兵，劫刘表乌合之众，虽数百万不足惧也。"虞翻冷笑曰："军败于当阳，计穷于夏口，区区求救于人，而犹言'不惧'，此真大言欺人也！"孔明曰："刘豫州以数千仁义之师，安能敌百万残暴之众？退守夏口，所以待时也。今江东兵精粮足，且有长江之险，犹欲使其主屈膝降贼，不顾天下耻笑。——由此论之，刘豫州真不惧操贼者矣！"虞翻不能对。

座间又一人问曰："孔明欲效仪、秦之舌，游说东吴耶？"孔明视之，乃步骘也。孔明曰："步子山以苏秦、张仪为辩士，不知苏秦、张仪亦豪杰也：苏秦佩六国相印，张仪两次相秦，皆有匡扶人国之谋，非比畏强凌弱，惧刀避剑之人也。君等闻曹操虚发诈伪之词，便畏惧请降，敢笑苏秦、张仪乎？"步骘默然无语。忽一人问曰："孔明以曹操何如人也？"孔明视其人，乃薛综也。孔明答曰："曹操乃汉贼也，又何必问？"综曰："公言差矣。汉传世至今，天数将终。今曹公已有天下三分之二，人皆归心。刘豫州不识天时，强欲与争，正如以卵击石，安得不败乎？"孔明厉声曰："薛敬文安得出此无父无君之言乎！夫人生天地间，以忠孝为立身之本。公既为汉臣，则见有不臣之人，当誓共戮之：臣之道也。今曹操祖宗叨食汉禄⑯，不思报效，反怀篡逆之心，天下之所共愤；公乃以天数归之，真无父无君之人也！不足与语！请勿复言！"薛综满面羞惭，不能对答。座上又一人应声问曰："曹操虽挟天子以令诸

⑮龙骧虎视：像龙马昂首，如虎视眈眈，形容气概威武雄壮。龙，高大的马，古称八尺以上的马为龙；骧（xiāng），马高扬着头的样子。

⑯叨：承受、受到（好处）。"叨食汉禄"也就是蒙受汉室的俸禄。曹操的父亲曹嵩是汉中常侍曹腾的养子，所以这样说。

侯，犹是相国曹参之后[17]。刘豫州虽云中山靖王苗裔，却无可稽考，眼见只是织席贩屦之夫耳，何足与曹操抗衡哉！"孔明视之，乃陆绩也。孔明笑曰："公非袁术座间怀桔之陆郎乎？请安坐，听吾一言：曹操既为曹相国之后，则世为汉臣矣；今乃专权肆横，欺凌君父，是不惟无君，亦且蔑祖，不惟汉室之乱臣，亦曹氏之贼子也。刘豫州堂堂帝胄，当今皇帝，按谱赐爵，何云'无可稽考'？且高祖起身亭长，而终有天下；织席贩屦，又何足为辱乎？公小儿之见，不足与高士共语！"陆绩语塞。

座上一人忽曰："孔明所言，皆强词夺理，均非正论，不必再言。且请问孔明治何经典？"孔明视之，乃严畯也。孔明曰："寻章摘句，世之腐儒也，何能兴邦立事？且古耕莘伊尹、钓渭子牙、张良、陈平之流，邓禹、耿弇之辈[18]，皆有匡扶宇宙之才，未审其生平治何经典。——岂亦效书生，区区于笔砚之间，数黑论黄[19]，舞文弄墨而已乎？"严畯低头丧气而不能对。

忽又一人大声曰："公好为大言，未必真有实学，恐适为儒者所笑耳。"孔明视其人，乃汝南程德枢也。孔明答曰："儒有君子小人之别。君子之儒，忠君爱国，守正恶邪，务使泽及当时，名留后世。若夫小人之儒，惟务雕虫[20]，专工翰墨；青春作赋，皓首穷经；笔下虽有千言，胸中实无一策。且如扬雄以文章名世，而屈身事莽，不免投阁而死，此所谓小人之儒；虽日赋万言，亦何取哉！"程德枢不能对。众人见孔明对答如流，尽皆失色。时座上张温、骆统二人，又欲问难。忽一人自外而入，厉声言曰："孔明乃当世奇才，君等以唇舌相难，非敬客之礼也。曹操大军临境，不思退敌之策，乃徒斗口耶！"众视其人，乃零陵人，姓黄，名盖，字公覆，现为东吴粮官。当时黄盖谓孔明曰："愚闻多言获利，不如默而无言。何不将金石之论为我主言，乃与众人辩论也？"孔明曰："诸君不知世务，互相问难，不容不答耳。"于是黄盖与鲁肃引孔明入。至中门，正遇诸葛瑾，孔明施礼。瑾曰："贤弟既到江东，如何不来见我？"孔明曰："弟既事刘豫州，理宜先公后私。公事未毕，不敢及私。望兄见谅。"瑾曰："贤弟见过吴侯，却来叙话。"说罢自去。鲁肃曰："适间所嘱，不可有误。"孔明点头应诺。引至堂上，孙权降阶而迎[21]，优礼相待。施礼毕，赐孔明坐。众文武分两行而立。鲁肃立于孔明之侧，只看他讲话。孔明致玄德之意毕，偷眼看孙权：碧眼紫髯，

[17] 曹操的父亲是曹嵩，曹嵩是曹腾的养子，而曹腾是西汉名相曹参的后人。其实这是曹操自我美化身世。曹嵩的出身，当时就搞不清楚，所以陈寿在《三国志》里说"莫能审其生出本末"。

[18] "耕莘伊尹"，指的是商时贤人伊尹，耕于有莘（shēn，地名，在今山东莘县）之野，乐尧舜之道，后成为商汤重臣。"钓渭子牙"讲的也是商朝的故事，姜子牙闻西伯贤而去西周，钓于渭水。文王出猎相遇，立为太师，辅佐周文王、武王灭商建立周朝。张良、陈平是汉高祖时的谋臣。邓禹、耿弇是东汉开国功臣和中兴名将。

[19] 数黑、论黄：说长道短，挑拨是非。但为什么是黑与黄呢？这和汉代经学有关。按汉代经纬之学，五行配五色，金、木、水、火、土配白、青、黑、赤、黄，是一种可笑的比附，所以孔明此语也是嘲笑经学之士的可笑。参：红楼梦第三十八回有薛宝钗《咏蟹诗》，云"眼前道路无经纬，皮里春秋空黑黄"，非常传神。

[20] 虫：指古代的一种鸟虫书体（今路边摊头尚能见），是一种追求细节、华而不实的技能。《隋书·李德林传》有"雕虫小技，殆相如、子云之辈"语。

[21] 降阶而迎：走下台阶，以示恭迎。

堂堂一表。孔明暗思："此人相貌非常，只可激，不可说。等他问时，用言激之便了。"献茶已毕，孙权曰："多闻鲁子敬谈足下之才，今幸得相见，敢求教益。"孔明曰："不才无学，有辱明问。"权曰："足下近在新野，佐刘豫州与曹操决战，必深知彼军虚实。"孔明曰："刘豫州兵微将寡，更兼新野城小无粮，安能与曹操相持。"权曰："曹兵共有多少？"孔明曰："马步水军，约有一百余万。"权曰："莫非诈乎？"孔明曰："非诈也。曹操就兖州已有青州军二十万；平了袁绍，又得五六十万；中原新招之兵三四十万；今又得荆州之军二三十万：以此计之，不下一百五十万。——亮以百万言之，恐惊江东之士也。"鲁肃在旁，闻言失色，以目视孔明；孔明只做不见。权曰："曹操部下战将还有多少？"孔明曰："足智多谋之士，能征惯战之将，何止一二千人。"权曰："今曹操平了荆、楚，复有远图乎？"孔明曰："即今沿江下寨，准备战船，不欲图江东，待取何地？"权曰："若彼有吞并之意，战与不战，请足下为我一决。"孔明曰："亮有一言，但恐将军不肯听从。"权曰："愿闻高论。"孔明曰："向者宇内大乱，故将军起江东，刘豫州收众汉南，与曹操并争天下。今操芟㉒除大难，略已平矣；近又新破荆州，威震海内；纵有英雄，无用武之地：故豫州遁逃至此。愿将军量力而处之：若能以吴、越之众，与中国㉓抗衡，不如早与之绝；若其不能，何不从众谋士之论，按兵束甲，北面而事之㉔？"权未及答。孔明又曰："将军外托服从之名，内怀疑贰之见，事急而不断，祸至无日矣！"权曰："诚如君言，刘豫州何不降操呢？"孔明曰："昔田横，齐之壮士耳，犹守义不辱。况刘豫州王室之胄，英才盖世，众士仰慕。——事之不济，此乃天也，又安能屈处人下乎！"孙权听了孔明此言，不觉勃然变色，拂衣而起，退入后堂。众皆哂笑㉕而散。鲁肃责孔明曰："先生何故出此言？幸是吾主宽宏大度，不即面责。先生之言，藐视吾主甚矣。"孔明仰面笑曰："何如此不能容物㉖耶！我自有破曹之计，彼不问我，我故不言。"肃曰："果有良策，肃当请主公求教。"孔明曰："吾视曹操百万之众，如群蚁耳！但我一举手，则皆为赍㉗粉矣！"肃闻言，便入后堂见孙权。权怒气未息，顾谓肃曰："孔明欺吾太甚！"肃曰："臣亦以此责孔明，孔明反笑主公不能容物。破曹之策，孔明不肯轻言，主公何不求之？"权回嗔㉘作喜曰："原来孔明有良谋，故以言词激我。我一时浅见，几误大事。"便同鲁肃重复出

㉒芟（shān）：割草。

㉓中国：上古时代，我国华夏族建国于黄河流域一带，以为居天下之中，故称"中国"，而把周边其他地区称为"四方"。三国时曹魏建都许昌，势力范围大致在古代"中国"，故有此言。

㉔北面而事之：古代君主面朝南坐，臣子朝见君主则面朝北，所以对人称臣称为北面。

㉕哂（shěn）笑：嘲笑。

㉖不能容物：不能容人（人物）。

㉗赍（jī）：细，碎。

㉘嗔（chēn）：怒。

堂，再请孔明叙话。权见孔明，谢曰："适来冒渎㉙威严，幸勿见罪。"孔明亦谢曰："亮言语冒犯，望乞恕罪。"权邀孔明入后堂，置酒相待。

数巡之后，权曰："曹操平生所恶者：吕布、刘表、袁绍、袁术、豫州与孤耳。今数雄已灭，独豫州与孤尚存。孤不能以全吴之地，受制于人。吾计决矣。非刘豫州莫与当曹操者；然豫州新败之后，安能抗此难乎？"孔明曰："豫州虽新败，然关云长犹率精兵万人；刘琦领江夏战士，亦不下万人。曹操之众，远来疲惫；近追豫州，轻骑一日夜行三百里，此所谓'强弩之末，势不能穿鲁缟'者也。且北方之人，不习水战。荆州士民附操者，迫于势耳，非本心也。今将军诚能与豫州协力同心，破曹军必矣。操军破，必北还，则荆、吴之势强，而鼎足之形成矣。成败之机，在于今日。惟将军裁之。"权大悦曰："先生之言，顿开茅塞。吾意已决，更无他疑。即日商议起兵，共灭曹操！"遂令鲁肃将此意传谕文武官员，就送孔明于馆驿安歇。张昭知孙权欲兴兵，遂与众议曰："中了孔明之计也！"急入见权曰："昭等闻主公将兴兵与曹操争锋。主公自思比袁绍若何？曹操向日兵微将寡，尚能一鼓克袁绍；何况今日拥百万之众南征，岂可轻敌？若听诸葛亮之言，妄动甲兵，此所谓负薪救火也。"孙权只低头不语。顾雍曰："刘备因为曹操所败，故欲借我江东之兵以拒之，主公奈何为其所用乎？愿听子布之言。"孙权沉吟未决。张昭等出，鲁肃入见曰："适张子布等，又劝主公休动兵，力主降议，此皆全躯保妻子之臣，为自谋之计耳。愿主公勿听也。"孙权尚在沉吟。肃曰："主公若迟疑，必为众人误矣。"权曰："卿且暂退，容我三思。"肃乃退出。时武将或有要战的，文官都是要降的，议论纷纷不一。且说孙权退入内宅，寝食不安，犹豫不决。吴国太见权如此，问曰："何事在心，寝食俱废？"权曰："今曹操屯兵于江汉，有下江南之意。问诸文武，或欲降者，或欲战者。欲待战来，恐寡不敌众；欲待降来，又恐曹操不容：因此犹豫不决。"吴国太曰："汝何不记吾姐临终之语乎？"孙权如醉方醒，似梦初觉，想出这句话来。正是：追思国母临终语，引得周郎立战功。毕竟说着甚的，且看下文分解。

㉙冒渎（dú）：冒犯，亵渎，有失尊敬。

诸葛亮之为相国也，抚百姓，示仪轨，约官职，从权制，开诚心，布公道；尽忠益时者虽仇必赏，犯法怠慢者虽亲必罚，服罪输情者虽重必释，游辞巧饰者虽轻必戮；善无微而不赏，恶无纤而不贬；庶事精练，物理其本，循名责实，虚伪不齿；终于邦域之内，咸畏而爱之，刑政虽峻而无怨者，以其用心平而劝诫明也。可谓识治之良才，管、萧之亚匹矣。然连年动众，未能成功，盖应变将略，非其所长欤！

——陈寿

在中国的"四大奇书"——《三国演义》《水浒传》《西游记》《金瓶梅》中，《三国演义》是令人十分喜爱的作品。在中国的古典小说中，《三国演义》享有崇高之极的地位，没有任何一部小说比得上，近300年来，向来称之为"第一才子书"，或"第一奇书"。

——金庸

迷津指路

罗贯中,名本,别号湖海散人,祖籍山西太原府,生卒年及生平不详,明代通俗小说家。据传说,罗贯中曾充任过元末农民起义军张士诚的幕客。除《三国志通俗演义》外,他还创作了很多其他小说和戏剧作品,如剧本《赵太祖龙虎风云会》《忠正孝子连环谏》《三平章死哭蜚虎子》,小说《隋唐两朝志传》《残唐五代史演义》《三遂平妖传》《粉妆楼》以及和施耐庵合著的《水浒传》等。

《三国演义》诞生于元末明初,由罗贯中依据有关三国的历史、杂记,在广泛吸取民间传说、民间艺人创作成果以及有关话本、戏曲的基础上加工、再创作而成。《三国演义》是中国最有成就的历史小说,描绘了始于黄巾起义、终于西晋统一的历史,展现了公元184年到280年的历史风云画卷。《三国演义》中的精彩片段此起彼伏,让人回味。"诸葛亮舌战群儒　鲁子敬力排众议"就是其中一场精彩绝伦的辩论。

思考练习

诸葛亮舌战群儒调动了哪些知识?他能不能算作一位"通人"?

旧瓶新酒

古典名著阅读有一个逐代积累的过程。请在课外阅读毛宗岗评点《三国演义》第四十三回"诸葛亮舌战群儒　鲁子敬力排众议",并学习这样的评点方法,写下自己的想法。

现代汉语

课前热身

武汉大学曾用计算机做了一次统计，在著名长篇小说《骆驼祥子》中，老舍只用了2411个不同的常用汉字。作品中老舍这样描写北平夏天的烈日和暴雨："六月十五那天，天热得发了狂"；"在这个白光里，每一个颜色都刺目，每一个声音都难听，每一种气味都混合着由地上蒸发出来的腥臭"；"处处干燥，处处烫手，处处憋闷，整个的老城像烧透的砖窑，使人喘不出气"。忽然，人们觉到有了一点凉风，"街上突然加多了人，铺户中的人争着往外跑，都攥着把蒲扇遮着头"。

本来普通的天气，经老舍渲染，顿时让人心绪浮动，如身临其境。透过这段文字，我们不难感受到老舍深厚的语言功力。就算人人常见的平凡事物，经老舍之笔，也会顷刻间"神采飞扬"。老舍的语言可谓惟妙惟肖、出神入化。

有人说，老舍的文字明白如话。的确，看上去好像老舍的文章满纸都是简单的大实话，可略为思索，却发现话中还有话，韵味十足。好比饮酒，好酒往往是先入口只觉淡淡清香，而它的醇香劲儿慢慢才能提上来，且令人回味无穷。老舍在他的作品《我怎样学习语言》中向我们介绍了他学习语言的心得。

我怎样学习语言[1] 老舍

二十多年前，我开始学习用白话写文章的时候，我犯了两个错儿。

一、以前用惯了文言，乍一用白话，我就像小孩子刚得到一件新玩意儿那样，拼命地玩耍。那时候，我以为只要把白话中的俏皮话儿凑在一处，就可以成为好文章，并不考虑那些俏皮话儿到底有什么作用，也不管它们是否被放在最合适的地方。

我想，在刚刚学习写作的人们里，可能有不少人也会犯我所犯过的毛病。在这儿谈一谈，也许是有好处的。

经过一个相当长的期间，我才慢慢明白过来，原来语言的运用是要看事行事的。我们用什么话语，是决定于我们写什么的。比方说，我们今天要写一篇什么报告，我们就须用简单的、明确的、清楚的语言，不慌不忙，有条有理地去写。光说俏皮话，不会写成一篇好报告。反之，我们要写一篇小说，我们就该当用更活泼、更带情感的语言了。

[1]载于1951年8月16日《解放军文艺》第一卷第三期。

假若我们是写小说或剧本中的对话，我们的语言便决定于描写的那一个人。我们的人物们有不同的性格、职业、文化水平等等，那么，他们的话语必定不能像由作家包办的，都用一个口气、一个调调儿说出来。作家必须先胸有成竹地知道了人物的一切，而后设身处地地写出人物的话语来。一个作家实在就是个全能的演员，能用一支笔写出王二、张三与李四的语言，而且都写得恰如其人。对话就是人物的性格等等的自我介绍。

　　在小说中，除了对话，还有描写、叙述等等。这些，也要用适当的语言去配备，而不应信口开河地说下去。一篇作品须有个情调。情调是悲哀的，或是激壮的，我们的语言就须恰好足以配备这悲哀或激壮。比如说，我们若要传达悲情，我们就须选择些色彩不太强烈的字，声音不太响亮的字，造成稍长的句子，使大家读了，因语调的缓慢、文字的黯淡而感到悲哀。反之，我们若要传达慷慨激昂的情感，我们就须用明快强烈的语言。语言像一大堆砖瓦，必须由我们把它们细心地排列组织起来，才能成为一堵墙，或一间屋子。语言不可随便抓来就用上，而是经过我们的组织，使它能与思想感情发生骨肉相连的关系。

　　二、现在说我曾犯过的第二个错处。这个错儿恰好和第一个相反。第一个错儿，如上文所交代的，是撒开巴掌利用白话，而不知如何组织与如何控制。第二个错儿是赶到弄不转白话的时候，我就求救于文言。在二十多年前，我不单这样做了，而且给自己找出个道理来。我说：这样做，为是提高白话。好几年后，我才放弃了这个主张，因为我慢慢地明白过来：我的责任是用白话写出文艺作品，假若文言与白话搀夹在一道，忽而文，忽而白，便是我没有尽到责任。是的，有时候在白话中去找和文言中相同的字或词，是相当困难的；可是，这困难，只要不怕麻烦，并不是不能克服的。为白话服务，我们不应当怕麻烦。有了这个认识，我才尽力地避免借用文言，而积极地去运用白话。有时候，我找不到恰好相等于文言的白话，我就换一个说法，设法把事情说明白了。这样还不行，我才不得已地用一句文言——可是，在最近几年中，这个办法，在我的文字里，是越来越少了。这就是不单我的剧本和小说可以朗读，连我的报告性质的文字也都可以念出来就能被听懂的原因。

　　在最近的几年中，我也留神少用专名词。专名词是应该用的。可是，假若我能不用它，而还能够把事情说明白了，我就决定不用它。我是这么想：有些个专名词的含义是还不容易被广大群众完全了解的；那么，我若用了它们，而使大家只听见看见它们的声音与形象，并不明白到底它们是什么意思，岂不就耽误了事？那就不如避免它们，而另用几句普通话，人人能懂的话，说明白了事体。而且，想要这样说明事体，就必须用浅显的、生动的话，说起来自然亲切有味，使人爱听；这就增加了文艺的说服力量。有一次，我到一个中学里作报告。报告完了，学校一位先生对学生们说："他所讲的，我已经都给你们讲过了。可是，他比我讲得更透彻、更亲切，因为我给你们讲过一套文艺的术语与名词，而他却只说大白话——把术语与名词里的含蕴都很清楚地解释了的大白话！他给你们解决了许多问题，我呢，惭愧，却没能做到这样！"是的，在最近几年中，我无论是写什么，我总希望能够充分地信赖大白话；即使是去说明比较高深一点的道理，我也不接二连三地用术语与名词。名词是死的，话是活的；用活的语言说明了道理，是比死名词的堆砌更多一些文艺性的。况且，要用普通话语代替了专名词，同时还能说出专名词的含义，就必须费许多心思，去想如何把普通话调动得和专名词一样的有用，而且比专名词更活泼、亲切。这么一来，可就把运用白话的本事提高了一步，慢慢地就会明白了什么叫作"深入浅出"——用顶通俗的话语去说很深的道理。

　　现在，我说一说，我怎样发现了自己的错儿，和怎样慢慢地去矫正它们。还是让我分条来说吧。从读文艺名著，我明白了一些运用语言的原则。头一个是：凡是有名的小说或剧本，其中的语言都是原原本本的，像清鲜的流水似的，一句连着一句，一节跟着一节，没有随便乱扯的地方。这就告诉了我：文艺作品的结构穿插是有机的，像一个美好的生物似的；思想借着语言的表达力量就像血脉似的，贯串到这活东西的全体。因此，当一个作家运用语言的时候，必定非常用心，不使这里多一块、那里缺一块，而是好像用语言画出一幅匀整调谐、处处长短相宜、远近合适的美丽的画儿。这教我学会了：语言须服从作品的结构穿插，而不能乌烟瘴气地乱写。这也使我知道了删改自己的文字是多么要紧的事。我们写作，最容易犯的毛病是写得太多。谁也不能既写得多，而又句句妥当。所以，写完了一篇必须删改。不要溺爱自己的文字！说得多而冗一定不

如说得少而精。一个写家的本领就在于能把思想感情和语言结合起来，而后很精练地说出来。我们须狠心地删，不厌烦地改！改了再改，毫不留情！对自己宽大便是对读者不负责。字要改，句要改，连标点都要改。

　　阅读文艺名著，也教我明白了：世界上最好的著作差不多也就是文字清浅简练的著作。初学写作的人，往往以为用上许多形容词、新名词、典故，才能成为好文章。其实，真正的好文章是不随便用，甚至于干脆不用形容词和典故的。用些陈腐的形容词和典故是最易流于庸俗的。我们要自己去深思，不要借用偷用滥用一个词汇。真正美丽的人是不多施脂粉、不乱穿衣服的。明白了这个道理以后，我不单不轻易用个形容词，就是"然而"与"所以"什么的也能少用就少用，为是教文字结实有力。

　　三、为练习运用语言，我不断地学习各种文艺形式的写法。我写小说，也写剧本与快板。我不能把它们都写得很好，但是每一形式都给了我练习怎样运用语言的机会。一种形式有一种形式的语言，像话剧是以对话为主、快板是顺口溜的韵文等等。经过阅读别人的作品和自己的练习，剧本就教给了我怎样写对话，快板教给我怎样运用口语，写成合辙押韵的通俗的诗。这样知道了不同的技巧，就增加了运用语言的知识与功力。我们写散文，最不容易把句子写得紧凑，总嫌拖泥带水。这，最好是去练习练习通俗韵文，因为通俗韵文的句子有一定的长短，句中有一定的音节，非花费许多时间不能写成个样子。这些时间，可是，并不白费；它会使我们明白如何翻过来掉过去地排列文字、调换文字。有了这番经验，再去写散文，我们就知道了怎么选字炼句，和一句话怎么能有许多的说法。还有：通俗韵文既要通俗，又是韵文，有时候句子里就不能硬放上专名词，以免破坏了通俗；也不能随便用很长的名词，以免破坏了韵文的音节。因此，我们就须躲开专名词与长的名词——像美国帝国主义等——而设法把它们的意思说出来。这是很有益处的。这教给我们怎样不倚赖专名词，而还能把话说明白了。作宣传的文字，似乎须有这点本领；否则满口名词，话既不活，效力就小。思想抓得紧，而话要说得活泼亲切，才是好的宣传文字。

　　四、这一项虽列在最后，但却是最要紧的。我们须从生活中学习语言。很显然的，假若我要描写农人，我们就须下乡。这并不是说，到了乡村，我只去记几句农民们爱

> 老舍和我们来往最密的时期，是在抗战时代的重庆。我们都觉得他是我们朋友中最爽朗、幽默、质朴、热情的一个。我常笑对他说："您来了，不像'清风入座'，乃是一阵热浪，席卷了我们一家人的心。"那时他正扛着重庆的"文协"大旗，他却总不提那些使他受苦蒙难的事。他来了，就和孩子们打闹，同文藻喝酒，酒后就在我们土屋的廊上，躺在帆布床里，沉默地望着滔滔东去的嘉陵江，一直躺到月亮上来才走。
> 　　——冰心

说的话。那是没有多少用处的。我的首要的任务，是去看农人的生活。没有生活，就没有语言。

有人这样问过我："我住在北京，你也住在北京，你能巧妙地运用了北京话，我怎么不行呢？"我的回答是：我能描写大杂院，因为我住过大杂院。我能描写洋车夫，因为我有许多朋友是以拉车为生的。我知道他们怎么活着，所以我会写出他们的语言。北京的一位车夫，也跟别的北京人一样，说着普通的北京话，像"您喝茶啦？""您上哪儿去？"等等。若专从语言上找他的特点，我们便会失望，因为他的"行话"并不很多。假若我们只仗着"泡蘑菇"什么的几个词汇，去支持描写一位车夫，便嫌太单薄了。

明白了车夫的生活，才能发现车夫的品质、思想与感情。这可就找到了语言的泉源。话是表现感情与传达思想的，所以大学教授的话与洋车夫的话不一样。从生活中找语言，语言就有了根；从字面上找语言，语言便成了点缀，不能一针见血地说到根儿上。话跟生活是分不开的。因此，学习语言也和体验生活是分不开的。

一个文艺作品里面的语言的好坏，不都在乎它是否用了一大堆词汇，和是否用了某一阶级、某一行业的话语，而在乎它的词汇与话语用得是地方不是。这就是说，比如一本描写工人的小说，其中工厂的术语和工人惯说的话都应有尽有，是不是这算一本好小说呢？未必！小说并不是工厂词典与工人语法大全。语言的成功，在一本文艺作品里，是要看在什么情节，时机之下，用了什么词汇与什么言语，而且都用得正确合适。怎能把它们都用得正确合适呢？还是那句话：得明白生活。一位工人发怒的时候，就唱起"怒发冲冠"来，自然不对路了；可是，教他气冲冲地说一大串工厂术语，也不对。我们必须了解这位发怒的工人的生活，我们才会形容他怎样生气，才会写出工人的气话。生活是最伟大的一部活语汇。上述的一点经验，总结起来就是：多念有名的文艺作品，多练习多种形式的文艺的写作，和多体验生活。这三项功夫，都对语言的运用大有帮助。

迷津指路

老舍（1899—1966），原名舒庆春，字舍予，现代著名作家，杰出的语言大师，是20世纪30年代最有成就的作家之一。他一生勤奋笔耕，著有长篇小说《小坡的生日》《猫城记》《离婚》《牛天赐传》《骆驼祥子》等，短篇小说《赶集》等。《骆驼祥子》问世后蜚声文坛，曾先后被译成十几种外文出版。

老舍的作品多以城市人民生活为主题，爱憎分明，富有强烈的正义感。老舍笔下的人物性格鲜明生动，细节刻画细致、真实。老舍十分善于运用北京话来表现人物、描写事件，因此，他的作品具有浓郁的地方色彩和强烈的生活气息。老舍以讽刺幽默和诙谐轻松的风格赢得了大家的喜爱。1951年，北京市人民政府授予他"人民艺术家"的光荣称号。

思考练习

读过本文，你有何感受？谈谈你对学习语言的看法。

旧瓶新酒

选取老舍作品中的部分情节（具体篇目自定），以组为单位分角色朗读。要求：富有感情，表达生动。

> **课前热身**
>
> 魔王抓住了小王子，得意地说："你尽管大声叫破喉咙吧，没有人会来救你的！"小王子很聪明，想故意拖延时间，使魔王没法下手。于是，他就大声喊"破喉咙，破喉咙"。魔王的本意是"叫破/喉咙"，而小王子故意将其切分为"叫/破喉咙"，并大声喊"破喉咙"，以轻松幽默的方式分散了魔王的注意力，同时也传递了呼救信号。同样的语言放在不同的语境中会产生不同的效果。在特定的语境中，我们可以利用语言制造很多笑话，换言之，我们也可以从笑话中找到很多语言现象。

笑话里的语言学[①]   吕叔湘

①选自吕叔湘的《语文常谈及其他》，上海教育出版社1990年版。

　　本文论述笑话中所用的语言手段，包括谐声、拆字、歧义、歇后等，阐明了笑话产生的语言学原理。文中所引的例子都是古代的笑话，有些不容易理解。自读本文，要注意理解这些笑话的意思，在这基础上把握作者的观点。对有些不懂的问题，可以和周围的同学讨论一下。如果有兴趣，还可以找几个现代笑话，看看它们是否符合作者所说的道理；如有不符合的，要弄清它们所包含的语言学方面的道理，给本文作个补充。

　　一般所说"笑话"，范围相当广，大体上包括讽刺和幽默两类。笑话为什么引人发笑，这是心理学的问题，我毫无研究，说不出一点所以然。柏格森有一本书，名字就叫作《笑》，我没看过。很多笑话跟语言文字有关，我就谈谈这个。我取材于三本书。周启明校订：《明清笑话四种》(1983第二版)；王利器辑录：《历代笑话集》(1956初版)；任二北编著：《优语集》(1981年初版)。(附注里边分别用周、王、任代表)

　　先举一个有名的例子。唐朝懿宗的时候，有一个"优人"(相当于外国的fool)，名字叫李可及，最会说笑话。有一回庆祝皇帝生日，和尚、道士讲经完了，李可及穿着儒士衣冠，登上讲台，自称"三教论衡"。旁边坐着一人，问："你既然博通三教[三教指儒教、佛教、道教]，我问你，释迦如来是什么人？"李可及说："女人。"旁边那个人吃一惊，说："怎么是女人？"李可及说："《金刚经》里说，'敷座而坐'，要不是女人，为什么要夫坐而后儿坐呢？"又问："太上老君是什么人？"回答说："也是女人。"问的人更加不懂了。李可及说："《道德经》里说'吾有大患，为吾有身；及吾无身，吾复何患'？要不是女的，为什么怕有身孕呢？"又问："孔夫子是什么人？"回答说："也是女人。"问："何以见得？"回答说："《论语》说：'沽之哉！沽之哉！吾待贾者也。'要不是女的，为什么要等着嫁人呢？"这一个笑话包括三部分，第一部分利用"敷"和"夫"同音，"而"和"儿"同音（唐朝妇女自称为"儿"）。第二部分利用"有身"的两种解释，即歧义。第三部分利用"贾"字的两种读音，就是故意念白字，本来该念 gǔ，却把它念成 jiǎ（这是今音，但唐朝这两个音也是不同的）。

一、谐声

很多笑话是利用同音字，也就是所谓谐声。谐声往往利用现成的文句。例如：

唐朝有个道士程子宵登华山，路上摔了跤。有一个做郎中官的宇文翰给他写信开玩笑，说："不知上得不得，且怪悬之又悬。"这里就是套用《老子》"上德不德，是以有德"和"玄之又玄，众妙之门"。《老子》是道家的经典，给道士的信里套用《老子》，妙得很。

宋徽宗宣和年间，童贯带兵去"收复"燕京，打了败仗逃回来。有一天宫中演剧，出来三个女仆，梳的鬏儿都不一样。头一个梳的鬏儿在前面，说是蔡太师家里的。第二个梳的鬏儿在旁边，说是郑太宰家里的。第三个满头都是鬏儿，说是童大王家里的。问她们为什么这么梳，蔡家的说："我们太师常常朝见皇上，我这个鬏儿叫作朝天髻。"郑家的说："我们太宰已经告老，我这个鬏儿叫作懒梳髻。"童家的说："我们大王正在用兵打仗，我这个是三十六髻。"这是用"髻"谐"计"。"三十六计，走是上计"是南朝齐就传下来的成语。

明末清兵入关南下，当时的大名士并且在明朝做过大官的钱牧斋，穿戴清朝衣帽去迎降。路上遇到一位老者，拿拐棍儿敲他的脑袋，说："我是多愁多病身，打你个倾国倾城帽。"这两句是套用《西厢记》第一本第四折里的"小子多愁多病身，怎当他倾国倾城貌"。"帽"跟"貌"同音。把"貌"字换成"帽"字，连"倾国倾城"的含义也变了，由比喻变成实指了。

笑话利用谐声，有时候透露出方言的字音。例如：

有一个私塾老师教学生念《大学》，先念朱熹的《大学章句序》，念了破句 [破句指在不是一句的地方读断或点断]，把"大学之书，古之大学所以教人之法也"念成

"大学之，书古之，大学所以教人之……"。让阎王知道了，叫小鬼去把他勾来，说："你这么爱'之'字，我罚你来生做个猪。"那个人临走说："您让我做猪，我不敢违抗，我有个请求：让我生在南方。"阎王问他为什么，他说："《中庸》书里说：'南方猪强于北方猪。'"（按：《中庸》原文是：子路问强，子曰："南方之强欤？北方之强欤？抑而强欤？"）这个笑话的关键在于拿"之"字谐"猪"字，这是部分吴语方言的语音，在别的地区就不会引人发笑了。

苏州有一个王和尚，因为哥哥做了官，他就还俗娶妻，待人骄傲。有一天参加宴会，别的客人跟演戏的串通了整他。戏里边有一个起课［起课，一种用摇铜钱看正反或掐指头算干支以推断吉凶的占卜法］，先生穿得破破烂烂上场，别人问："你起课很灵，怎么还这么穷呢？"按剧本里的台词，起课人的回答是："黄河尚有澄清日，岂可人无得运时？"这位演员故意说道："被古人说绝了，说的是：王和尚有成亲日，起课人无得运时。"客人们大笑，王和尚赶快逃走。这也是利用苏州话里"黄"和"王"同音，"亲"和"清"同音。（改词跟原词既然同音，其区别大概在于语调上的分段，原词是2，2，3，改词是3，1，3）又，原词的上句有出处：《吴越备史》说，诗人罗隐投奔吴越，病重，吴越国王钱镠去看他，在卧室墙上题两句诗："黄河信有澄清日，后世应难继此才。"

有时候，利用通假字的不同音义。例如"说"字本意是说话，又与"悦"字相通，古书里常常把"悦"写成"说"。明朝万历年间张居正做宰相，不让科道官提反对意见——科道指给事中和御史，都是所谓言官。有人就编个笑话来讽刺他，说是科道官出了一个缺，吏部文选司郎中向张居正请示，张居正说："科道官最难得适当的人，连孔子门下的几个大弟子也未必都合适。"郎中说："颜回德行好，可以用吧？"张居正说："《论语》里说，颜回听了孔子的话，没一句不说出去，不能用。"郎中说："子夏文学好，可以用吧？"张居正说："孔子说过，子夏这个人，听我讲道他也说，出去看见繁华世界他也说，不能用。"郎中说："冉求能办事，怎么样？"张居正说："孔夫子说，冉求啊，我讲的他没有不说的，不能用。"郎中说："子路这个人倒还可以，就怕他太鲁莽。"张居正说："孔子去见南子夫人，子路不说，这个人可以放心用。"

有一个私塾老师教学生念《大学》，念到"於戏前王不忘",把"於戏"二字照常用的字音读了。学生的家长跟他说,应该读作"呜呼"。到了冬天,教学生念《论语》,注释里有一句是"傩虽古礼而近於戏",老师把"於戏"读作"呜呼"。学生家长说,这是"於戏"。这老师很生气,在他的朋友跟前诉苦,说:"这东家真难伺候,就只'於戏'两个字,从年头跟我闹别扭,一直闹到年底。"

二、拆字

编笑话的人也常常在字形上做文章,主要是拆字。举三个例子。

宋朝国子监博士郭忠恕嘲笑国子监司业聂崇义,说:"近贵全为聩,收龙只作聋,虽然三个耳,其奈不成聪。"聂崇义回答他说:"莫笑有三耳,全胜畜二心。"

明朝大学士焦芳的脸黑而长,很像驴脸。当他还没高升的时候,有一天跟他的同事李东阳说:"您擅长相面,请您给我看看。"李东阳看了半天,说:"您的脸,左边一半像马尚书,右边一半像卢侍郎,将来也要做到他们那么大的官。""马"左"卢"右,乃是"驴"字。

清朝有一个平恕,做官做到侍郎。曾经做过江苏学政,大搞贪污,名声很坏。有人编了一出戏,名字叫《干如》,开场白是:"忘八,丧心,下官干如是也。"看戏的都笑了。"干"是"平"字去掉"八","如"是"恕"字去掉"心"。这位学台后来被总督参了一本,奉旨革职充军而死。

这三个笑话一个比一个尖锐,头一个还只是一般的开玩笑,第二个就有点叫人受不了了,末了一个是指着鼻子骂——大概那位学台大人不在场,要不然演员没这么大胆。

拆字以外,念白字也常常用来编笑话。举一个时代相当早——是宋朝——已经成为典故的例子。

相传有一位读书人路上经过一个私塾,听见里边的老师教学生念"都都平丈我",进去纠正。事情传开之后,就有人编了个顺口溜:"都都平丈我,学生满堂坐;郁郁乎文哉,学生都不来。"当时有一位文人曹元宠曹组,在一幅《村学堂图》上曾经题诗一首:"此老方扪虱,群雏争附火,想当训诲间,都都平丈我。"

三、歧义

在语义方面着眼的,首先是利用某些语词的多义性。例如:

有一个做小买卖的,儿子做了官,他成了老封翁。有一天他去见县官,县官请他上坐,他坚决不肯。县官说:

"我跟令郎是同年,理当坐在您下首。"这位老封翁说:"你也是属狗的吗?"这里就是利用"同年"的两种意义。

有一个和尚做了几十个饼,买了一瓶蜜,在屋里吃私食。没有吃完要出去,把饼和蜜藏在床底下,交代徒弟:"给我看好饼。床底下瓶子里头是毒药,吃了就死。"和尚出去之后,徒弟把蜜涂饼,大吃一气,吃得只剩两个。和尚回来,看见蜜已经吃光,饼只剩两个,大骂徒弟:"你怎么吃我的饼和蜜?"徒弟说:"您出去之后,我闻见饼香,馋得熬不住,就拿来吃,又怕师父不肯饶我,就吃了瓶里的毒药寻死,没想到到现在还没死。"师父大骂:"你怎么就吃掉了这么多?"徒弟把剩下的两个饼塞在嘴里,说:"这么吃就吃掉了。"师父伸手要打徒弟,徒弟跑了。这里是利用"怎么"的两种意义:师父问"怎么"是"为什么"(why)的意思,徒弟故意把"怎么"理解为"怎么样"(how)的意思。

有一个人尊奉儒释道三教,塑了三位圣人的像。一个道士来了,把老子的像安在中间。一个和尚来了,又把释迦的像挪到中间。一个书生来了,又把孔子的像挪在中间。这三位圣人相互说:"咱们本来好好儿的,被人家搬来搬去,把咱们都搬坏了。"这里是利用"搬"字的两种意义,搬动和搬弄。

最早的笑话书相传是三国魏邯郸淳的《笑林》,里边有一条说:汉朝司徒崔烈用鲍坚做他的属下官。鲍坚第一回去见他,怕礼节搞错,向先到的人请教。那个人说"随典仪口倡",意思是赞礼官怎么说你就怎么办。鲍坚误会了,以为要他跟着赞礼官说。进见的时候,赞礼的说"拜",他也说"拜";赞礼的说"就位",他也说"就位"。坐下的时候他忘了脱鞋,临走的时候找鞋找不着,赞礼的说"鞋在脚上",他也说"鞋在脚上"。(按:英语 Follow me 也可以有两种意思,电视节目里的 Follow me 是"跟我说",回答问路的说 Follow me 是"跟我走")

歧义的产生也可以是因为语句的结构可以有两种分析。有一个青盲(俗称睁眼瞎)跟人打官司,他说他是瞎子。问官说:"你一双青白眼,怎么说是瞎子?"回答说:"老爷看小人是青白的,小人看老爷是糊涂的。"这两句话的本意是:你看我看得清,我看你看不清。但是也可以理解为:你看,我是清白的;我看,你是糊涂的。这就变成大胆的讽刺了。

有些词语，写出来，加上标点，就没有歧义了。"下雨天留客天留人不留"，这是个老笑话，不用再说。还有一个也是常被人引用的。北齐优人石动筩问国学博士："孔夫子的门下有七十二贤人，有几个是大人，有几个还没成年？"博士说："书上没有。"石动筩说："怎么没有？已冠者三十人，未冠者四十二人。"博士问："何以见得？"石动筩说："《论语》里明明说，'冠者五六人'，五六得三十，'童子六七人'，六七四十二，加起来是七十二。"这要是写成"五、六人"和"六、七人"，就不可能加以曲解了。

唐朝武则天时代有一个老粗权龙襄做瀛洲刺史。过新年，有人从长安给他写信："改年多感，敬想同之。"他拿信给衙门里别的官员看，说："有诏书改年号为多感元年。"众人大笑，权龙襄还不明白。要是当时有在专名旁边加记号的习惯，"多感"二字没有专名号，就不会误解了。

四、歇后及其他

笑话里也常常运用歇后语。先举一个《千字文》的例子。有一个县尉名叫封抱一。有一天，来了一位客人，身材短小，眼睛有毛病，鼻子堵塞。封抱一用《千字文》歇后来嘲笑他："面作天地玄，鼻有雁门紫，既无左达承，何劳罔谈彼。"四句暗含着"黄""塞""明""短"四个字。另一个例子，有一个穷书生给朋友祝寿，买不起酒，奉上一瓶水，说："君子之交淡如。"主人应声说："醉翁之意不在。"分别隐藏"水"字和"酒"字。

有一个用上句隐含下句的例子，也可以算是广义的歇后。梁元帝萧绎一只眼瞎，当他还是湘东王的时候，有一天登高望远，有个随从的官员说："今天可说是'帝子降于北渚'。"梁元帝说："你的意思是'目眇眇兮愁予'吧？""眇"是偏盲。这两句是《楚辞·九歌·湘夫人》里的。

歇后是把要说的词语隐藏在别的词语背后，近似谜语。从修辞的角度看，跟歇后相对的是同义反复，笑话书里也有引用的。例如，有一个诗人作一首《宿山房即事》七绝："一个孤僧独自归，关门闭户掩柴扉。半夜三更子时分，杜鹃谢豹子规啼。"又作《咏老儒》，也是一首七绝："秀才学伯是生员，好睡贪鼾只爱眠；浅陋荒疏无学术，龙钟衰朽驻高年。"

从信息的角度来看，不但是这种同义反复里边有羡余信息，一般言语里也有羡余信息。例如，有一个秀才买柴，说："荷薪者过来。"卖柴的因为"过来"二字好懂，就把柴挑到秀才跟前。秀才问："其价几何？"卖柴的听懂"价"字，说了价钱。秀才说："外实而内虚，烟多而焰少，请损之。"卖柴的不懂他说些什么，挑起柴来走了。

笑话里不但可以涉及修辞学，还可以涉及逻辑学。有一个秀才很久不上县学老师那儿去了，县学老师罚他作文一篇，题目是"牛何之"。这秀才很快把文章做完，它的结语是："按'何之'二字两见于《孟子》：一曰'先生将何之'？一曰'牛何之'？然则先生也，牛也，二而一，一而二者也。"这个结语的逻辑犯了中项不周延的毛病。

最后说几个避讳的例子。从前有避讳尊长的名字的习俗，有时候就闹出笑话。避讳跟歇后一样，都是把要说的字眼隐藏起来，近似谜语。举两个例子。五代时冯道连着做了几个朝代的宰相，是个大贵人。有一个门客讲《老子》第一章，头一句就是"道可道，非常道"。这位不敢说"道"字，就说："不敢说，可不敢说，非常不敢说。"

南宋时候有个钱良臣，官做到参知政事（副相），他的小儿子很聪明，念书遇到"良臣"就改称"爹爹"。有一天读《孟子》："今之所谓良臣，古之所谓民贼也。"他就念道："今之所谓爹爹，古之所谓民贼也。"你说可笑不可笑？

避讳不限于名字，也可以是不吉利的字眼。宋朝有个秀才叫柳冕，最讲究忌讳，应考的时候，特别忌讳"落"字。他的仆人不小心说了个"落"字，就得挨打。跟"落"同音的字都得忌讳，不说"安乐"，说"安康"。他考完了等发榜，听说榜已经出来，就叫仆人去看。一会儿仆人回来了，柳冕问他："我中了没有？"仆人说："秀才康了也。"这个"康了"后来成了典故，《儿女英雄传》的作者就用上了，见第三十一回。

笑话要能达到引人笑的目的，必须听的人和说的人有共同的背景知识，如古书、成语、谚语、语音、文字等等，否则会"明珠暗投"。例如，不知道《老子》里有"上德不德"和"玄之又玄"，就不会懂得给道士的信里用上"上得不得"和"悬之又悬"的天然合拍；不知道有"三十六计，走是上计"的成语，也就领会不了"三十六髻"的深刻讽刺。

吕叔湘认为做学问的人要具备五个条件：

1. 逻辑思维，思路清晰，要有悟性。
2. 博闻强记，要有记性。
3. 眼明，看东西眼睛要亮，要善于发现问题。
4. 手勤，勤记。
5. 心细。

——徐丹晖

迷津指路

吕叔湘，1904年12月24日生，江苏省丹阳市人，我国语言学界的一代宗师。他一直孜孜不倦地耕耘在语言研究领域，其研究涉及一般语言学、汉语研究、文字改革、语文教学、写作和文风、词典编纂、古籍整理等。

吕叔湘先生的研究重点是汉语语法，著有《中国文法要略》《语法修辞讲话》《汉语语法分析问题》《汉语语法论文集（增订本）》，参与撰述并审订了《现代汉语语法讲话》，直接参加了"暂拟汉语教学语法系统"的制订工作。他也是我国最具社会影响的词典——《现代汉语词典》的前期主编。吕叔湘先生的著作在汉语语法体系建设以及理论和方法上都具有开创意义，是我国现代汉语语法研究有较大影响的重要成果。1951年，吕叔湘与朱德熙合作撰写的《语法修辞讲话》在《人民日报》上连载以后，引起了很大的社会反响。吕叔湘先生十分关注语文教学，他提出了很多有利于提高语文教学水平的意见和建议。

思考练习

1. 你怎样解释笑话产生的语言学原理？
2. 你还可以从笑话中找出其他语言现象吗？

旧瓶新酒

找出两则有歧义、谐声、歇后等语言现象的笑话，并讲给大家听。

课前热身

法国作家都德《最后一课》中那位法语老师"亡了国当了奴隶的人民，只要牢牢记住他们的语言，就好像拿着一把打开监狱大门的钥匙"的箴言如雷贯耳。全世界有约6000种语言和方言，每一个国家和民族都十分重视自己母语的纯洁性。一个民族的母语不仅是一种表达工具，还真实地记录了一个民族的文化踪迹，成为延续历史与凝聚民族灵魂的血脉。所以，保护母语就是保护一个民族赖以生存的文化根基。

历史悠久并且充满生机和活力的汉语，是中华民族的宝贵财富，青年一代应把保护母语作为一种文化意识和精神责任来自觉承担。

在母语中生存　彭程

上世纪重要的英语诗人奥登，在评论叶芝时说过一句著名的话："疯狂的爱尔兰驱策你进入诗歌。"这句诗化语言意味深长。爱尔兰这个曾以强调民族传统的文艺复兴运动著称的国家，是一块文学沃土，先后诞生了乔伊斯、贝克特、希尼等巨匠。这归根到底是文化的赐予。

对于一个作家来说，他接受制约的方式，他的作品对读者的影响，都依赖于语言——准确地讲是他使用的母语。一种语言的最高成就，是通过最优秀的作家作品体现出来的。在俄语，是普希金、托尔斯泰；在德语，是荷尔德林、里尔克；英语世界不能忘记莎士比亚和哈代；而在汉语的天空，最亮的星辰是屈原和李白，是曹雪芹和鲁迅。

一位作家，他从写作中获得的幸福感，首先应该是他确信，有人分担他的思想和情感，他的喃喃自语正被千万只同一种语言的耳朵倾听。共同的生存境遇，让他和他的读者明白什么样的话语和声音连着最深的疼痛。而共同的文化背景，则使他们能够听得出哪是正色厉声，哪是弦外之音，哪些静默不亚于洪钟大吕，哪些笑声其实是变形的哽咽。他与他们之间不需要解释，相比条陈缕述，更多的是相视莫逆。

从这个意义上可以说，作家最可怕的情形之一，便是从母语中离去。无论是主动的出走，还是被动的放逐，他作为一个作家的生命往往就此终结，至少是黯然失色。这是汉语的张爱玲的悲哀：去国赴美，她亮丽的歌喉骤然喑哑，因为英语的子民听不懂，更不要听那些弄堂深宅里旧式家庭的恩怨。那些变幻的月色，那些自几千年历史深处生长出的东西，对于他们，这种距离不会比横亘两大洲之

数目庞大的象形文字，没有尽头

天才偶得的组装和书写，最后停留在书籍之河

最简陋的图书馆中寄居的是最高的道

名词，粮食和水的象征；形容词，世上的光和酒

动词，这奔驰的鹿的形象，火，殉道的美学

而句子，句子是一勺身体的盐，一根完备的骨骼

一间汉语的书房等同于一座交叉小径的花园

不可思议，难言的美，一定是神恩浩荡的礼物

…………

——蔡恒平

间的那片水面更近。在看管公寓的美国老太太眼中，张爱玲只是一个孤僻的房客，"好像有（精神）病"。这便是英语世界里她存在的意义。她被迫缄默，将全部精力倾注于《红楼梦》的研究，因为没有听众。

这同样是俄语的布罗茨基胸中的积郁：被逐出俄语天地的诗人，在飘扬的星条旗下安了家，却无法进入它的语言。"语言起初是他的剑，接着成为他的盾，最终变成了他的宇宙仓。"无话可讲往往意味着无路可走，在异质的语言环境中诗人同周围人群相隔绝。所以他要给当时的最高领导人写信："我属于俄国，属于俄罗斯文化。"尽管他后来也尝试用英语写作，但情绪和潜意识却远非美国式的。

这也是德语的托马斯·曼心中难解的纠结：为躲避纳粹迫害，他远走美国。日耳曼文化的骄子，诺贝尔奖的得主，合众国欢迎的客人，却也感到巨大的失落。"我的作品只是一个译本，影子一样的存在，而我的族人连一行也没读过。"他对自己小说的英文本毫不在乎，对德文版却字字计较。他对人讲："我喜欢这房子和花园，但是要死的话，我还是宁可死在瑞士。"因为瑞士毕竟是德语文化区，既然有家归不得，能够在德语氛围中安顿一颗倦旅之心，也总算是聊以自慰。那种无奈，令人想起唐代诗人贾岛的"无端更渡桑乾水，却往并州是故乡"。

还有那些俄国流亡的作家们，从蒲宁到爱伦堡再到茨维塔耶娃，在法语的巴黎，他们出版俄文报纸和文学杂志，以此维系和那一片土地的关联。当一切联络都被切断，剩下的只有语言了。而只要还有语言，就不是最悲惨的。都德的《最后一课》之所以震撼人心，便是由于侵略者不但占领土地，还禁止被征服者使用自己的语言，企图借此抹杀一个民族的记忆，那才是最彻底的劫掠和杀戮。

因此，一个优秀的作家，首先必定是为他的同胞而写作，以赢得他们的赞誉为目标，此外的其他动机都是可疑的。尽管今天的信息高速公路已将全球连成一个村庄，但面对不同的文化背景，有些深处的东西仍然无法转译，无法获得对等的理解。它们涉及一个民族的集体意识，一种文化的深层编码。它们被封存在母语里，对一些人会敞开，对其余人却长久缄默。

我们只能在母语中生存。一个汉语写作者，与其孜孜让外国人喝彩，梦寐以求登上斯德哥尔摩的领奖台，不如潜心倾听他生息其上的那片土地的歌哭，用母语的音符谱写一部部交响乐或者一支支小夜曲。晚年寓居巴黎的屠格涅夫曾写下这样的话："在疑惑不安的日子里，在痛苦的思念着我的祖国的命运的日子里，给我鼓舞和支持的，只有你啊，伟大的，有力的，真实的，自由的俄罗斯语言！"只有对母语抱着这样的爱，才能够把握那一支族系的血脉，贴近那片土地的秘密，使自己的生命借助作品得到延长，使生存变得坚实。

迷津指路

母语，亦称第一语言，是一个人最早接触、学习和掌握的一种或几种语言。一个人一般自幼即开始接触母语，并持续运用到青少年或之后；并且，一个人所受的家庭教育或正式教育，尤其是早期教育，有相当部分是通过母语传授的。于漪先生说："母语是父母给的，母语是家给的。家给的语言，是一种有形无形、有声无息的存在，是历史流注的民族精神，她宽厚地孕育涵养着每一个子民。"母语教育不是识多少字、背多少词、写几篇文章，而是引导学生受到民族文化的教育，受到民族精神的熏陶。语言本身是一种工具，但同时又是一种文化。汉语言文字记录了中华数千年的古老传奇，蕴含着中华民族文化独特性格的精髓。我们大体上是通过语文来学习母语的。语文是其他学科的载体。因此，我们要加强对语文的学习。

思考练习

1. 什么是母语？
2. 你怎样看待"在母语中生存"？

旧瓶新酒

有句话说得好："当一个人能够非常漂亮地运用自己国家的语言时，他同时也就显示出了对这种语言和自己祖国的热爱。"但面对母语，我们做得如何？我们珍惜了吗？你怎样看待母语的问题？

文字，人类文化的基石

无论是在人类的最初始状态，还是在文明高度发达的今天，没有任何一个种族或是民族会脱离这样一个成长模式，即从个体的咿呀学语到群体的相互交流，都是继承来自祖先的基本信息之一——语言。在人对世界、对自身的困惑、探究和理解的无穷进程中，语言占有核心的地位，它构成了人最重要的文化环境。每个人都按照他所学的母语的形式来接受世界。

但语言只靠口耳相传，所及的范围有限。为了克服这种局限性，人们经过长期的摸索，发明了文字，使语言除了说和听的形式以外，又增加了写和看的形式。我国清代学者陈澧《东塾读书记》（卷十一）中写道："盖天下事物之象，人目见之，则心有意，意欲达之，则口有声。意者，象乎事物而构之者也。有声，象乎意而宣之者也。声不能传于异地，留于异时，于是乎书之为文字。文字者，所以为意与声之迹也。"这段话清楚地说明了文字与语言的关系，即文字是语言的"意与声之迹"，是在语言的基础上产生的，是语言的书写符号。文字的出现，解决了语言不可写不可看的限制，是人类社会和文明发展的一个里程碑。

独特的文化是中华民族安身立命的根基，汉字则是中华文化的基石。鲁迅在《汉文学史纲要》中指出：汉字"具三美：意美以感心，一也；音美以感耳，二也；形美以感目，三也"。这句话恰如其分地阐述了汉字的外形和内质。外形即耳目所感——形美、音美，内质即心所感——意美。"三美"亦体现了汉字的三个功能——记录、娱乐、审美。

首先，文字的记录功能主要表现在古代的文化典籍中。中国古代有着浩繁的文化典籍，它们跨越历史的时空，传承着深厚的文化传统，维系着中华民族统一的文明及其发展。古代文化典籍的这种巨大的历史和社会功能，正是通过汉字这一在文化上极具魅力的传播媒介实现的。随着汉字的发展，汉字的书籍形态也在发展，由简牍而版本，终于蔚为大观。中国书籍的演变以独具传统的物质形态发挥着汉字的文化传播、承继功能。汉字的典籍形态成为中国文化的重要特征。由于汉字传之异地、授之异时的超时空特点，由汉字记载的中国古代典籍也具有丰富浩瀚的历史积累。无论是《国语》《左传》《战国策》，还是《史记》《汉书》《资治通鉴》等，无一不印证着中华文化的源远流长。

纵观人类历史，像中国这样历代传布、保存如此浩瀚的文化典籍，是极为罕见的。在这一过程中，汉字发挥出了无与伦比的文化功能，它是人类文字的骄傲。汉字将浩如烟海的典籍、灿烂的文明记载下来，不仅传承和见证了中华文化的博大精深，同时也使世界了解了中国。因此，我们要不断弘扬它、建设它。

其次，文字的娱乐功能即文字游戏。文字游戏，顾名思义，是运用文字进行的一种游戏。中国的文字游戏可以说是随着汉字的形成和发展而产生的。汉字作为世界上最古老的文字之一，除了它记录的宏大渊博的文化典籍可以印证外，因其自身所独具的丰富性、灵活性和适应性而生发的机智巧妙、丰富多彩的游戏活动，也从一个侧面证明了这一点。

文字游戏既然是一种游戏活动，必然具有趣味性和娱乐性，可以使人们从中得到乐趣。但文字游戏不是一般的游戏活动，而是一种"咬文嚼字""舞文弄墨"的特殊游戏活动，所以具有较强的知识性。它不仅能提高人们驾驭文字的能力，而且可以丰富人们的历史文化知识。另外，当人们将文字游戏作为一种特殊的形式而赋予它更深刻的内涵时，它的作用和意义就远远超出游戏活动的范围了。在本篇中，无论是回文诗、唱和诗、谜语还是打油诗，无不以其奇巧的构思和机智的设想，对某些社会现象的深刻认识和透彻剖析，以及幽默、诙谐、乐观的情趣和对人生的态度，而使人们在思想上得到启迪，在精神上得到愉悦。

最后，文字的审美功能体现了文字作为一种艺术形式的存在状态。文字作为一种艺术形式，除了实用性，还有审美性。世界各民族都有自己的文字和书写文字的技巧，但不是任何文字书写都能成为艺术。基于汉字和毛笔的特性，书法仅特指汉字的书写艺术。书法是中国独有的艺术部类和审美对象。作为一种线的艺术画，书法通过线条来表现美，同时也表现着书写者自身的喜怒哀乐。"意与灵通，笔与冥运，神将化合，变出无方"是每一个书法大家都希望达到的书法境界。书法鉴赏部分所选颜真卿之《祭侄季明文稿》、毛泽东之《卜算子·咏梅》，它们体现了书法大家之风范、中国书法之魅力。同时，这些作品把书法家个人的生活感受、学识、修养、个性等悄悄地折射出来，具有"字如其人""书为心画"的特质。书法因其无色而具有图画的灿烂，因其无声而具有声音的和谐，为一代又一代人们所喜爱和追逐。

追寻三千年书法发展的足迹，我们可以清晰地看到其与中国社会的发展同步，强烈地反映着每个时代的精神风貌。书法是中华民族永远值得自豪的艺术瑰宝，它具有世界上任何艺术都无可比拟的深厚的群众基础和高级艺术的特征。

文字游戏

课前热身

　　心之思，灵之感，情之流，皆可化而为诗。诗歌的表现手法千姿百态，难以尽述。现仅就回文诗进行解读，以使大学生从一个侧面了解中国诗歌的传承和变化。回文诗在形式上接近文字游戏。它的出现，不仅从一个侧面反映了诗歌由正求变、由质朴到藻饰的发展规律，而且它的扑朔迷离、变幻多姿更显示出汉语言文字的特有魅力。作回文诗，限制尤多。但它所体现的险、奇、新、巧的乐趣，令才子型的诗人见了便不禁技痒，就好比杂技演员从表演的成功中获得满足和喜悦一样。诗词大家苏轼就曾涉足其间，掉臂游行于戒律与难度之中，来往自如。虽数一时漫兴，也可作趣话一谈。

【回文诗】记梦回文二首并序　苏轼

　　十二月二十五日，大雪始晴，梦人以雪水烹小团茶，使美人歌以饮。余梦中为作回文诗，觉而记其一句云：乱点馀花唾碧衫①。意用飞燕唾花故事也。乃续之，为二绝句云：

之 一

酡颜②玉碗捧纤纤，乱点馀花唾碧衫。
歌咽水云凝静院，梦惊松雪落空岩。

之 二

空花落尽酒倾缸，日上山融雪涨江。
红焙③浅瓯④新火活，龙团⑤小碾斗⑥晴窗。

①乱点馀花唾碧衫：意用赵飞燕吐花典故。赵飞燕，汉成帝皇后，能歌善舞，体态纤美，轻盈如燕，相传其能在掌中起舞，故称"飞燕"。成帝时入宫，为婕妤，后立为皇后。平帝即位后，被废为庶人，自杀而亡。②酡（tuó）颜：脸色红润，醉容。白居易《与诸客空腹饮》诗：促膝才飞白，酡颜已渥丹。③焙（bèi）：用微火烘烤。④瓯（ōu）：盆、盂一类的瓦器。《说文·瓦部》：瓯，小器也。⑤龙团：茶的别称。宋丁谓为福建转运使，始制凤团，后又制龙团，当时很珍贵。⑥斗：作"斛"字解。

> 回文虽小道，巧制见弘才，锦绣随篇展，璇玑入目来。循环玩日转，反复悟星回，赏识无机妙，终宵费意猜。
> 　　——刘若愚

迷津指路

　　回文诗是一种按一定法则将字词排列成文、回环往复都能诵读的诗。这种诗的形式变化无穷，非常活泼，能上下颠倒读，能顺读倒读，能斜读，能交互读，只要循着规律读，都能读成优美的诗篇。回文诗充分展示并利用了汉语以单音节语素为主和以语序为重要语法手段这两大特点，读来回环往复、绵延无尽，给人以荡气回肠、意兴盎然的美感。

　　从《记梦回文二首并序》中可知苏东坡真是一位茶迷，竟连做梦也在饮茶，怪不得他自称"爱茶人"，此事成为后人的趣谈。这里，诗人记述了一个雪霁天晴朗的美梦。在梦中，诗人以白雪烹煮小团茶，伴着美丽女子动人的歌声细细品味好茶，同时在梦中创作回文诗。用回文作诗，章法空灵有致，为茶诗增色不少。"玉碗""碧衫""松雪""空花""晴窗"等用语明丽新鲜，使茶叶清新嫩绿的形态表露无遗，衬托出诗人闲适雅静的生活。这些意象摆脱了形质的物质性束缚，神理超越，飘洒脱俗，把诗人满腔的爱意化作种种意象来歌咏茶之雅韵、神韵，更多地寄托了一种峻峭隐逸的情怀。

思考练习

1. 请将两首诗倒读，看看会产生怎样的情趣。
2. 苏轼的茶诗体现了中国茶文化怎样的意境？

旧瓶新酒

请上网查找回文诗，并在班上与同学分享。

课前热身

一代伟人毛泽东的诗词堪称一绝，其中唱和（chàng hè，亦作唱酬、酬唱）之作占据一定数量，如"和郭沫若""和柳亚子"的诗有好几首。当然，最感人的要数《蝶恋花·答李淑一》：

我失骄杨君失柳，杨柳轻飏直上重霄九。
问讯吴刚何所有，吴刚捧出桂花酒。
寂寞嫦娥舒广袖，万里长空且为忠魂舞。
忽报人间曾伏虎，泪飞顿作倾盆雨。

中国文人之间的诗词唱和是一种极为普遍的现象，也可以说是人际诗歌传播的典型形式。

【唱和诗】望驿台

望驿台·三月书
元稹
可怜三月三旬足，怅望江边望驿台。
料得孟光①今日语，不曾春尽不归来！

望驿台·三月三十日
白居易
靖安宅②里当窗柳③，望驿台前扑地④花。
两处春光同日尽，居人思客客思家。

①孟光：东汉人，名士梁鸿之妻。梁鸿因写《五噫歌》，招朝廷搜捕，隐姓埋名，远走他乡，为人佣耕度日，孟光每日待夫回家，将饭菜盛在食案中，恭敬端上，"举案齐眉"的典故因此而来。

②靖安宅：元稹的家在长安城朱雀门街东第二街靖安坊内，"靖安宅"就是指元家宅院。

③当窗柳：杨花吐尽、柳荫当窗。

④扑地：就是遍地。

> 非元、白心知，不能作此。
> ——唐汝询

迷津指路

唱和诗是一种以交往为目的，以应制、同题、赠答、联句为手段，展现诗人交往关系的诗歌。中唐诗人间的交往唱和之风早在贞元年间就已初露端倪。当时，应进士举者"多务朋游，驰逐声名"（《旧唐书·高郢传》），形成了"侈于游宴"的"长安风俗"（李肇《国史补》卷下）。而文人游宴多要作诗唱和，有时即使不游宴，也要以诗唱酬，或联络感情，或展示才学。这些诗的内容并不充实，艺术性也不强，却对贞元末年的诗坛风尚颇有影响。到了元和年间，又出现了比一般唱和更进一步的以长篇排律和次韵酬答来唱和的形式，元稹和白居易便是这种形式的创始者。元稹、白居易在相识之初即有酬唱作品，此后他们分别被贬，一在通州，一在江州，虽路途遥遥，仍频繁寄诗，酬唱不绝。二人此期的唱和诗多长篇排律，次韵相酬，短则五六十句，长则数百句，洋洋洒洒，蔚为大观。

唱和与唱和诗词对文学创作的发展和繁荣曾起过积极的作用，在文学史上理应占一席之地。应酬、次韵、逞才使气，历来是唱和诗词被人指责的三个焦点。其实，应酬、次韵既不足为大病，而逞才使气又可认为是文学创作发展的动因之一。

诗词唱和大致有以下几种方式：

（1）一个人作了诗或词，别的人只作诗酬和，不用被和诗原韵。
（2）依韵，亦称同韵，和诗与被和诗同属一韵，但不必用其原字。
（3）用韵，即用原诗韵的字而不必顺其次序。
（4）次韵，亦称步韵，即用其原韵原字，且先后次序都须相同。

思考练习

1. 元稹用"孟光"这个典故，表达了他怎样的感情？
2. 白居易诗中"两处春光同日尽"句和的是元稹诗的哪一句？
3. 背诵两首诗。

旧瓶新酒

请根据唱和诗的特点，以友谊为主题，在班上组织诗歌朗诵比赛。通过比赛，了解中国诗歌文化的魅力，激起同学们对母语文化的热爱。

课前热身

相传，夏代帝王桀暴虐无道，民怨冲天，老百姓不敢明言，便私下里用隐语发泄怨怒之情，于是就流传着许多歌谣。这些歌谣采用隐喻的手法诅咒暴君夏桀。这些歌谣可以说是我国谜语的最早萌芽。到了现代，猜谜这一古老的传统文化又获得了新的生命。全国各地的猜谜活动蓬勃发展，各地的文化馆、俱乐部都成立了群众性的灯谜组织，不少地区还成立了灯谜爱好者协会。灯谜的内容和形式也有了很大的创新。灯谜真正成为扎根群众的艳丽花朵。

【谜语】古诗二首

风
李峤①

解②落三秋叶，能开二月花。
过江千尺浪，入竹万竿斜。

花 影
苏轼

重重叠叠③上瑶台④，几度呼童⑤扫不开。
刚被太阳收拾去⑥，却教⑦明月送将来⑧。

①李峤（644—713），唐代诗人，字巨山，赵州赞皇（今属河北）人。②解：能够。③重重叠叠：形容地上的花影一层又一层，很浓厚。④瑶台：指美玉砌成的台，言其华丽。⑤童：男仆。⑥收拾去：指日落时花影消失，好像被太阳收拾走了。⑦教：让。⑧送将来：指花影重新在月光下出现，好像是月亮送来的。将，语气助词，用于动词之后。

> 谜也者，回互其辞，使昏迷也。　　——刘勰

迷津指路

谜语最初起源于民间口头文学，是我们祖先在长期的生产劳动和生活实践中创造出来的，是劳动人民智慧的结晶。后来，经过文人的加工、创新，就有了文义谜。文义谜为灯谜，也统称为谜语。史料表明，大约在奴隶社会时期，人们就已经开始用隐晦曲折的歌谣来表达思想感情。据《书经》"汤誓篇"中记载："时日曷丧？予以汝偕亡。"意思是说："太阳啊，你什么时候才丧亡呢？让我和你一同去死吧！"再如，见于《周易·归妹·上六》篇的商代短谣"女承筐"也可算是我国谜语的最早记录之一。"女承筐，无实，士刲羊，无血"运用传统谜语常见的"矛盾法"，巧妙地表现了牧场上一对青年牧羊人夫妇剪羊毛的情景，又"回互其辞"，使人不易猜着，近似一则谜语。但这只是谜语的"胚胎"，并且在当时也没有类似的专门名称。

《风》情绪轻快活泼。"解落""能开""千尺浪""万竿斜"都要重读，语调要抑扬顿挫，使人觉得仿佛听到了飒飒的风声。花影本来很美，为什么诗人这样厌恶它呢？因为诗人是用讽喻的手法，将重重叠叠的花影比作朝廷中盘踞高位的小人，正直的朝臣无论怎样努力，也无法把他们清除掉，去了一批，又上来一批。诗篇反映了诗人疾恶如仇的态度，同时又流露出一种无可奈何的情绪。全诗构思巧妙含蓄，比喻新颖贴切，语言也通俗易懂。

思考练习

1. 李峤用哪些动词来描写风的轻松活泼？
2. 花影何以惹人恼？

旧瓶新酒

1. 猜谜语。

　　　　　　　　　举头望明月（打一外国地名）。
　　　　　　　　　望文释义（打一字）。
　　　　　　　　　说话绕弯子（打一音乐名词）。
　　　　　　　　　导（打一成语）。
　　　　　　　　　庄稼人（打一作家名）。
　　　　　　　　　归心似箭（打一称谓）。
　　　　　　　　　以德服人（打一辽宁省地名）。
　　　　　　　　　高速抽杀（打一音乐名词）。
　　　　　　　　　指头触电（打一字）。
　　　　　　　　　留发（打一成语）。

2. 在班上组织一次猜谜活动，每个人拿出自己的作品，在相互切磋中体味中国文字的无穷奥妙。

> **课前热身**
>
> 古人云："公卿大夫，好恶不同。"恐怕人皆如此。很久以来，不独普通百姓钟爱别具魅力的打油诗，文人雅士也乐于此道。鲁迅就曾写过一首白话版的打油诗《我的失恋——拟古的新打油诗》，模仿汉朝张衡的名作《四愁诗》，讽刺当时白话泛滥的失恋诗。
> 　　我的所爱在山腰；想去寻她山太高，低头无法泪沾袍。
> 　　爱人赠我百蝶巾；回她什么：猫头鹰。
> 　　从此翻脸不理我，不知何故兮使我心惊。
> 　　我的所爱在闹市；想去寻她人拥挤，仰头无法泪沾耳。
> 　　爱人赠我双燕图；回她什么：冰糖葫芦。
> 　　从此翻脸不理我，不知何故兮使我糊涂。
> 　　我的所爱在河滨；想去寻她河水深，歪头无法泪沾襟。
> 　　爱人赠我金表索；回她什么：发汗药。
> 　　从此翻脸不理我，不知何故兮使我神经衰弱。
> 　　我的所爱在豪家；想去寻她兮没有汽车，摇头无法泪如麻。
> 　　爱人赠我玫瑰花；回她什么：赤练蛇。
> 　　从此翻脸不理我，不知何故兮——由她去罢。
> 　　中华人民共和国成立后，反映各个年代现实生活的打油诗也层出不穷。

【打油诗】诗二首

五 斗 歌[①]

黄炎培[②]

渊明不为五斗折腰去做官，
我乃肯为五斗折腰来做书。
做官做书何曾殊，
但问意义之有无，
做官不以福民乃殃民，
此等官僚害子孙。
如我做书言言皆己出：
读我诗篇，喜怒哀乐情洋溢；
读我文章，嬉笑怒骂可愈头风疾[③]；
有时写格言，使人资儆[④]惕。
我今定价一联一副一扇米五斗，
益人身与心，非徒糊我口。
还有一言，诸君谅焉，
非我高抬身价趋人前，
无奈法币膨胀不值钱。

[①] 选自刘信今、刘晓娟的《中国名人打油诗三百首趣谈》，中国文联出版社2002年版。[②] 黄炎培，字任之、韧之，号楚南，现代教育家、中国近代职业教育的创始人和理论家，著有《黄炎培教育文选》等。[③] 头风疾：病症名，以慢性阵发性头疼为主要表现，经久难愈。[④] 儆(jǐng)：警告，告知。

> 　　名人打油诗绝非只供文化低的人把玩，也不是专让文化高的人品味，它确确实实可以雅俗共赏，一调众口。
> 　　——刘信今、刘晓娟

整 人[5]

夏衍[6]

闻道人须整,而今尽整人。
有人皆可整,不整不成人。
整自由他整,人还是我人。
请看整人者,人亦整其人。

[5]选自刘信今、刘晓娟的《中国名人打油诗三百首趣谈》,中国文联出版社2002年版。[6]夏衍,原名沈乃熙,字端先,现代作家、文艺评论家,著有电影剧本《春蚕》等。夏衍是我国电影事业的开拓者和奠基人之一,中华人民共和国成立后,长期担任文艺界领导。

迷津指路

打油诗最早起源于唐代民间,以后不断发展,表现出活跃的生命力。这类诗一般通俗易懂、诙谐幽默,有时暗含讥讽、风趣逗人。打油诗到了现代,更成为许多人取乐讽刺的工具,而且在内容和题材上都发生了重大变化,开始反映现实生活,表现人民的思想、要求和愿望,具有鲜明的时代特点,但艺术风格始终没有改变。总之,中国文人的打油诗体现了一种典雅节制的"反躬自笑"——经常是在逆境中以自我解嘲来获取一种平衡,哀而不伤、溃而不败,这同样体现了一种健康抑或优雅的自我意识。

《五斗歌》写于1948年。此诗旨在讽刺当时南京政府的官场腐败、政治黑暗和经济危机。1948年,国民党反动派穷途末路,朝野百官贪赃枉法、祸国殃民,财政困难,滥发纸币,物价飞涨,人心惶惶,连作者这样的大知识分子的生活都难以为继,可见民生凋敝、社会动荡到了何种程度。在国民党统治时期,黄炎培概不做官,由于他子女众多,所以一段时期他宁可"卖字疗贫",也不愿接受政府的丰厚俸禄。这首诗既反映了他对世俗不满的愤慨,也显示了他作为读书人独立高尚的人格品性。全诗运用对比的方法、幽默的语言,委婉地反映了这段历史事实,虽文字浅显,但寓意深长。

思考练习

1. 《五斗歌》显示了黄炎培怎样的生存态度?
2. 打油诗最大的特征是什么?在现实生活中,它的意义何在?
3. 学写一首打油诗,题目自拟。

旧瓶新酒

打油诗既是文学创作,同时又暗含深意。请同学诵读所写作品,大家一起点评。

记载意义

课前热身

春秋时鲁僖公二年（公元前658年），晋国以宝玉、骏马为赂，向虞国借道攻打虢国。贪而愚的虞公不仅答应借道，而且要同去攻打虢国。虞国大夫宫之奇向虞公进谏，但虞公听不进去。这次战役，晋国拿下了虢国的下阳。事过三年，即鲁僖公五年（公元前655年），晋献公又向虞公借道，欲再次攻打虢国。昏聩的虞公又答应了。这件事关系到虞国的存亡，善于料事的宫之奇不得不再次向虞公进谏和游说。

宫之奇①谏假道

晋侯复假道于虞以伐虢②。

宫之奇谏曰："虢，虞之表也。虢亡，虞必从之。晋不可启③，寇不可翫。一之谓甚，其可再乎？谚所谓'辅车④相依，唇亡齿寒'者，其虞、虢之谓也。"

公曰："晋，吾宗⑤也，岂害我哉？"

对曰："大伯、虞仲⑥，大王之昭⑦也。大伯不从⑧，是以不嗣。虢仲、虢叔⑨，王季之穆也，为文王卿士，勋在王室，藏于盟府。将虢是灭，何爱于虞？且虞能亲于桓、庄⑩乎？其爱之也，桓、庄之族何罪？而以为戮，不唯逼⑪乎？亲以宠逼，犹尚害之，况以国乎？"

公曰："吾享祀丰絜，神必据⑫我。"

对曰："臣闻之，鬼神非人实亲，惟德是依。故《周书》曰：'皇天无亲，惟德是辅。'又曰：'黍稷非馨，明德惟馨。'又曰：'民不易物，惟德伊物。'如是，则非德民不和，神不享矣。神所冯⑬依，将在德矣。若晋取虞，而明德以荐馨香，神其吐之乎？"

弗听，许晋使。

八月甲午，晋侯围上阳……

宫之奇以其族行，曰："虞不腊⑭矣。在此行也，晋不更举矣。"

冬十二月丙子，朔，晋灭虢，虢公醜奔京师。师还，馆于虞，遂袭虞，灭之。执虞公及其大夫井伯，

①宫之奇：虞国大夫。②晋侯：晋献公。晋国故地在今山西。复：又。僖公二年晋国已向虞借过一次路，打虢国，灭夏阳。虞、虢都是春秋时的小国。③晋不可启：谓不可使晋国扩张其野心。④辅车：这里指面颊和牙床骨。⑤宗：同宗，虞国和晋国都是姬姓诸侯。⑥大伯、虞仲：周太王古公亶父的长子和次子。⑦大王之昭：太王的儿子。大，同"太"。昭，和下文的"穆"都指宗庙神主的位次。按古代宗庙制度，始祖神位居中，子在左称昭，孙在右称穆。以下顺次左右排列，分别辈次。⑧不从：太伯为长子，应当继承太王之位，但他认为小弟季历之子姬昌（即后来的周文王）有圣德，于是和大弟一起出走，以便季历继承王位，再传姬昌。⑨虢仲、虢叔：王季（即大王小儿子季历）的次子和三子，二人都封在虢。⑩桓、庄：桓叔和庄伯分别为晋献公曾祖、祖父。⑪逼：威胁。⑫据：依附，保佑。⑬冯：同"凭"。⑭腊：年终合祭众神。

以媵秦穆姬。而修虞祀，且归其职贡于王。故书曰："晋人执虞公。"罪虞，言易也。

> 辅车相依，唇亡齿寒。
> ——《左传》

迷津指路

鲁僖公五年，晋国向虞国借道攻打虢国，其实是要趁虞国不备而一石二鸟，即先吃掉虢国，再消灭虞国。具有远见卓识的虞国大夫宫之奇早就看清了晋国的野心，他力谏虞公，有力地驳斥了虞公对宗族关系和神权的迷信，指出存亡在人不在神，应该实行德政，民不和则神不享。可是虞公不听，最终落得了被活捉的可悲下场。

本文开头只用"晋侯复假道于虞以伐虢"一句即点明事件的起因及背景，接着便通过人物对话来揭示主题。本文语言简洁有力，多用比喻句和反问句，如用"辅车相依，唇亡齿寒"比喻虞、虢的利害关系，十分贴切、生动，很有说服力。

思考练习

1. 宫之奇在第一次失败的情况下仍然再次劝谏，这说明了什么？
2. 从"辅车相依，唇亡齿寒"中可以吸取怎样的历史教训？
3. 阐述中国古代政治中的谋略和道义，反思谋略文化。

旧瓶新酒

中国古代谋略文化在很大程度上体现了当时谋臣策士的智慧和胆识。有许多历史事实证明，战争胜负的关键并不完全决定于军事，更决定于政治的巧妙运用。在今天，谋略文化不仅在军事上、政治上得到展示，还在经济文化生活中大显身手。请同学们用现实的例子诠释谋略文化存在的意义。

课前热身

春秋以来，长期分裂战乱，人民无不渴望解甲息兵、恢复和平统一的生活。诸侯中的强大者都想"并天下，凌万乘"，所以战国末年，秦、齐两国皆各自称帝。由于社会变革以及"地势形便"，秦国后起变法以致富强，从而打破六国均势局面。从此以后，秦以新兴力量向外扩张，企图蚕食诸侯、统一海内，因此引起了各国间的复杂矛盾和斗争。在这种情况下，诸侯间的胜负虽然在很大程度上取决于武力，但也与谋臣策士的胜算和纵横势力的消长分不开。所谓"横成则秦帝，纵成则楚王"，也就是说，胜负的关键并不完全取决于军事，更在于政治的巧妙运用。

苏秦始将连横说秦王

苏秦始将连横说秦惠王，曰："大王之国，西有巴、蜀、汉中之利，北有胡貉、代马之用，南有巫山、黔中之限①，东有崤、函之固。田肥美，民殷富，战车万乘，奋击百万，沃野千里，蓄积饶多，地势形便。此所谓天府，天下之雄国也。以大王之贤，士民之众，车骑之用，兵法之教，可以并诸侯，吞天下，称帝而治。愿大王少留意，臣请奏其效。"

秦王曰："寡人闻之：毛羽不丰满者，不可以高飞；文章②不成者，不可以诛罚；道德不厚者，不可以使民；政教不顺者，不可以烦大臣③。今先生俨然不远千里而庭教之，愿以异日④。"

苏秦曰："臣固疑大王不能用也。昔者神农伐补遂⑤，黄帝伐涿鹿而禽蚩尤，尧伐驩兜⑥，舜伐三苗⑦，禹伐共工，汤伐有夏，文王伐崇⑧，武王伐纣，齐桓任战而伯天下。由此观之，恶⑨有不战者乎？古者使车毂击驰⑩，言语相结⑪，天下为一；约从连横，兵革不藏；文士并饬⑫，诸侯乱惑；万端俱起，不可胜理；科条既备，民多伪态；书策稠浊，百姓不足；上下相愁，民无所聊⑬；明言章理，兵甲愈起；辩言伟服⑭，战攻不息；繁称文辞，天下不治；舌弊耳聋，不见成功；行义约信，天下不亲。于是，乃废文任武，厚养死士，缀甲厉兵，效胜于战场。夫徒处而致利，安坐而广地，虽古五帝、三王、五伯⑮，明主贤君，常欲坐而致之。其势不能，故以战续之。宽则两军相攻，迫则杖戟相撞，然后可建大功。是故兵胜于外，义强于内，威立于上，民服于下。今欲并天下，凌万乘，诎敌国，制海内，子元

①巫山、黔中之限：巫山在今四川巫山县东，黔中包括今湖南西北及贵州东部地区。限，古籍中通"险"，险阻，险隘。②文章：法令。③烦大臣：劳大臣，指对外用兵。④愿以异日：希望改日再领教。⑤神农：传说中的炎帝名号。补遂：部落名。⑥尧伐驩(huān)兜：尧，传说中的古帝名，姓姬，名放勋，国号唐，传位于舜。驩兜：尧臣，因作乱被放逐。⑦舜伐三苗：舜，传说中的古帝名，姓姚，名重华，国号虞，传位于禹。三苗，即古代的苗族，在今湖南省溪洞一带。⑧文王伐崇：文王，即周文王，姓姬名昌，殷纣时为西方诸侯首领，又称西伯。崇，国名，崇侯虎，助纣为恶，为文王所诛。⑨恶(wū)：怎么。⑩古者使车毂击驰：古者使，古人使者；使，于此非作使动词。毂(gǔ)，车轮中心突出部分。车辆来往奔驰，车毂互相撞击，形容车辆之多，奔驰之急。⑪言语相结：商谈结盟。⑫饬(shì)：通"饰"，巧辩也。指各国使臣或文人说客均用

103

元⑯，臣诸侯，非兵不可。今之嗣主，忽于至道，皆惛于教，乱于治，迷于言，惑于语，沉于辩，溺于辞。以此论之，王固不能行也！"

说秦王书十上，而说不行。黑貂之裘弊，黄金百镒尽。资用乏绝，去秦而归。嬴縢履蹻，负书担橐，形容枯槁，面目黧黑，状有归色。归至家，妻不下纴，嫂不为炊，父母不与言。苏秦喟叹曰："妻不以我为夫，嫂不以我为叔，父母不以我为子，是皆秦之罪也！"乃夜发书，陈箧数十，得太公阴符之谋，伏而诵之，简练以为揣摩。读书欲睡，引锥自刺其股，血流至足。曰："安有说人主不能出其金玉锦绣、取卿相之尊者乎？"期年，揣摩成，曰："此真可以说当世之君矣！"

于是乃摩燕乌集阙⑰，见说赵王于华屋之下，抵掌而谈。赵王大悦，封为武安君，受相印。革车百乘，绵绣千纯⑱，白璧百双，黄金万镒，以随其后。约从散横，以抑强秦。故苏秦相于赵而关不通。当此之时，天下之大，万民之众，王侯之威，谋臣之权，皆欲决苏秦之策。不费斗粮，未烦一兵，未战一士，未绝一弦，未折一矢，诸侯相亲，贤于兄弟。夫贤人在而天下服，一人用而天下从。故曰：式⑲于政，不式于勇；式于廊庙之内，不式于四境之外。当秦之隆，黄金万镒为用，转毂连骑，炫煌于道，山东之国，从风而服，使赵大重。且夫苏秦特穷巷掘门、桑户棬枢之士耳，伏轼撙衔⑳，横历天下，廷说诸侯之王，杜左右之口，天下莫之能伉㉑。

将说楚王，路过洛阳，父母闻之，清宫除道，张乐设饮，郊迎三十里。妻侧目而视，倾耳而听；嫂蛇行匍伏，四拜自跪而谢。苏秦曰："嫂，何前倨而后卑也？"嫂曰："以季子之位尊而多金。"苏秦曰："嗟乎！贫穷则父母不子，富贵则亲戚畏惧。人生世上，势位富贵，盖可忽乎哉！"

巧饰的语言游说于诸侯之前。
⑬ "上下"两句：因法乱、民苦，因而君臣犯憝，民不聊生。无聊，无所依靠。⑭ 辩言伟服：言辞巧辩的策士使者，穿着庄严礼服活动。⑮ 五帝、三王、五伯：五帝一般指太昊、神农、黄帝、少昊、颛顼；三王，三代的王，指夏禹、商汤和周代的文王、武王；五伯，指齐桓公、晋文公、宋襄公、秦穆公、楚庄王。⑯ 元元：指百姓；子元元：即纳天下百姓为子孙。《后汉·班固传》：元元本本。又百姓曰元元。《史记·文帝本纪》：以全天下元元之民。⑰ 于是乃摩燕乌集阙：摩，接近、临近、逼近，此处意为"登上"。燕乌集阙，宫阙名。⑱ 纯：古代量名。《淮南子·地形训》"里间九纯"，纯丈五尺。⑲ 式：同"试"，用、取用、致力于。⑳ 伏轼撙(zǔn)衔：伏扶于车轼之上。伏，伏身。轼，古代车厢前扶手横木。撙，勒、操控、控制、节制。衔，马嚼子，会意为供操制的缰绳。㉑ 伉：古与"抗"同，对等、抗衡。

> 然世言苏秦多异，异时事有类之者皆附之苏秦。夫苏秦起闾阎，连六国从亲，此其智有过人者。
>
> ——司马迁

迷津指路

本文选自《战国策》。《战国策》的基本内容是战国时代谋臣策士纵横捭阖的斗争及有关的谋议或说辞。它在对列国统治集团间权谋、谲诈、角逐、战争、残杀活动的记述中，不仅揭露和批判了统治者的腐败与残忍，也表现了作者对权谋的推崇；在对诸国频繁的战争、苛重徭役及草菅人命的描述中，反映了下层百姓的苦难。此外，书中还记载了许多政治开明、坚持正义、反抗强暴的君主、卿相、士人、下吏的事迹，表现了作者的民本思想、贵士倾向及对勇敢、正义和进步意识的歌颂，同时也表现了作者公开宣扬的追求"势位富贵"的人生观。

合纵，即"合众弱以攻一强"。南北为纵，是以魏国、韩国、赵国为中心，北联燕国，南联楚国，东联齐国，共同对付秦国的霸权和侵略的国际战略。此战略的核心人物就是苏秦。连横，即"事一强以攻众弱"。东西为横，曾是齐、秦两国用武力迫使弱国听命，继而兼并其他弱国的国际战略。在战国后期齐国衰弱之后，连横便成为秦国专用的吞并六国的谋略。此战略的核心人物是张仪。

在文中，苏秦的游说很注意层次性和递进性。他首先向赵肃侯指出国家的根本在于安民和邦交，由此引出合纵他国的主题。接着，他又勾画出合纵之后的美好前景和连横事秦的悲惨结局，并分析了赵国的实力及其在地缘政治方面的重要性，指出赵王完全可以建立尧、舜的功业而不必向秦王臣服。最后，通过对比六国与秦的实力，揭露了连横派只顾自己私利的真面目，和盘推出了赵国合纵的具体方案。

本文说理透彻、洋洋洒洒、气势如虹。这种逻辑性很强又很有气势的雄辩，令人折服。所以，我们在论说重大事项、游说重要人物时，一定要将说辞谋划得很有层次性和递进性，从多个角度展开论述主题。此外，还要注意论述的气势，以宏大的目标、伟大的人物和事迹来高谈阔论、高瞻远瞩，以胸怀、气势压倒和征服那些高高在上的人。

思考练习

1. 通读全文，解读苏秦。
2. 在劝说秦惠王失败之后，苏秦因何迎来了人生中大的转折点？
3. 苏秦身份地位的改变引起了哪些人的变化？其前后有怎样不同的表现？
4. 你如何看待苏秦公开宣扬追求"势位富贵"的人生观？

旧瓶新酒

背景：在现实生活中，许多人会因为身份地位的改变而面对不同的礼遇。于是，有些人成为沉沦者，有些人成为坚持者。

议题：面对变化，你会怎样？

书法鉴赏

课前热身

书法是以自由精神为艺术创作手段的。书法的本质形式是以汉字书写的方式,通过笔墨起伏的轻重粗细、行笔速度的快慢顿挫和空间布局的大小疏密,使线条产生优美的诗意感和流畅的节奏感。正是这些线条自由而无穷的变化,造就了书法的魅力。书法是中国造型艺术的精华,具有表现形式的高度抽象性和概括性。书法线条的审美哲学是气韵生动。气韵生动在有些字体中的表达是内敛含蓄的,在有些字体如行书或草书中则是直接外露的。可以说,书法这一文字艺术形式最能体现中国文人的艺术才情和文化精神。书法形式中抽象点线表现的是书法家自由个体的思想和情感活动。

盛唐颜真卿的楷书《颜氏家庙碑》,风格雄浑开阔而又朴质无华。力度、厚度并重的线条和稳重端庄的布局,流露出作者凛然威严的气质。而其行草书《祭侄季明文稿》,通篇文字使用一管微秃之笔,从首至尾,笔墨黑灰浓枯,变化多姿,任凭情怀起伏而直抒胸臆,毫无掩饰,写得神采飞动、笔势健劲、姿态横生,悲愤之情跃然纸上。

祭侄季明文稿 颜真卿[①]

维乾元元年,岁次戊戌。九月,庚午朔,三日壬申,第十三叔,银青光禄(大)夫,使持节、蒲外诸军事、蒲州刺史、上轻车都尉、丹阳县开国侯真卿,以清酌庶羞祭于亡任赠赞善大夫季明之灵曰:惟尔挺生,夙标幼德,宗庙瑚琏,阶庭兰玉[②],每慰人心。方期戬谷,河图逆贼间衅,称兵犯顺[③]。尔父竭诚,常山作郡。余时受命,亦在平原。仁兄爱我,俾[④]尔传言,尔既归止,爰开土门[⑤],土门既开,凶威大蹙[⑥],贼臣不救,孤城围逼,父陷子死,巢倾卵覆。天下悔祸,谁为荼毒?念尔遘[⑦]残,百身何赎!呜呼哀哉。吾承天泽,移牧河关。泉明比者再陷常山,携尔首榇[⑧],及兹同还。抚念摧切,震悼心颜[⑨]!方俟远日,卜尔幽宅[⑩],魂而有知,无嗟久客。呜呼,哀哉尚飨。

[①] 颜真卿(709—785),字清臣,京兆万年人,祖籍唐琅琊临沂(今山东临沂)。[②] 惟:语气助词,用在句首。挺:特出、出众。宗庙瑚琏:宗庙中盛黍稷的祭器,夏代称瑚,殷代称琏。这里指颜季明已成为颜氏宗庙中的重要角色。阶庭兰玉:以芝兰(香草)玉树(仙树)比喻优秀子弟。[③] 戬谷:指福、禄。戬,指福。谷,为粮食的总称。古代官俸以谷物计算,故可代禄位。称兵犯顺:以逆犯顺,指起兵作乱。[④] 俾:使也。[⑤] 爰:乃,于是。土门:今河北井陉,时为战略要地。[⑥] 蹙:促、迫。局促不安。[⑦] 遘:遭遇。[⑧] 榇:原指梧桐树,多用于制作棺材,此处指棺木。首榇:指盛装季明首级的棺木。[⑨] 抚念摧切,震悼心颜:抚恤、思念之情推através切迫,巨大的悲痛使心灵震颤、容颜变色。[⑩] 幽宅:阴间的住宅,指坟墓。

公字画雄秀，奄有魏晋而自成一家。前辈云，书法至此极矣。

——陈深

故诗至于杜子美，文至于韩退之，书至于颜鲁公，画至于吴道子，而古今之变天下之能事毕矣。

——苏轼

行草如《争座》《祭侄帖》，又舒和道劲，丰丽超动，上拟逸少，下追伯施。

——项穆

迷津指路

"安史之乱"中，颜真卿首先于平原郡起兵抵抗叛军，其堂兄颜杲卿随后于常山郡起兵呼应，杲卿之子季明奔走于平原、常山之间做联络。后兵败，杲卿与季明等被擒，杲卿不屈，骂贼而死。颜杲卿就是文天祥在《正气歌》中所歌颂的"颜常山"。颜氏一门三十余人同时遇害，季明亦在其中。

祭文从通行的格式开始："维乾元元年，岁次戊戌。"笔触平缓，结构端正。但一进入对往事的回忆，难以抑制的悲愤使笔触变得动荡而急促，"惟尔挺生，凤标幼德，宗庙瑚琏，阶庭兰玉"。到"父陷子死，巢倾卵覆。天不悔祸，谁为荼毒？念尔遘残，百身何赎"，又几乎一字一顿，像是要把这些文字勒在纸幅的深处。此后，又恢复了流畅的行笔，但笔触更为松动，内在的连续性不断加强。到祭文结尾，已是无法控制的迸发，结构、笔触彻底打散，奔流直下，留下没有任何顾忌的笔触和无尽的哀思。

这本是祭文，颜真卿当时的心情可想而知，笔迹急促匆忙，涂改随处可见，更见情之真切。纵观全篇，悲愤慷慨之气浮于纸端。开始时，作者尚能驾驭住自己的感情，写得大小匀称、浓纤得体；至"贼臣不救，孤城围逼"，作者再也抑制不住百感交集的愤激，像火山迸发、狂涛倾泻，字形时大时小，行距忽宽忽窄，用墨或燥或润，笔锋有藏有露；至"呜呼哀哉"，节奏达到了高潮，随情挥洒，任笔涂抹，苍凉悲壮，跃然纸上。起首的凝重、篇末的忘情，无不是作者心情的自然流露。沉郁顿挫，一咏三叹，颜真卿无意为之。写祭文的时候，颜真卿沉浸于悲愤之中，浑然忘却了笔的存在，也已经无所谓手，只觉得满纸笔走龙蛇，云烟明灭，达到了天人合一的境界，无怪乎历代为人所推崇备至了。

这件作品的节奏与颜真卿的其他作品都不同，书法与文辞完全融为一体，笔触、结构、章法，都随着情绪的流动而变化。只要进入文辞的情境，几乎不可能不同时被书法打动。"沉痛彻骨，天真烂然，使人动心骇目，有不可形容之妙"，是无数代人共同的体验。线条的质性道劲而舒和，与沉痛切骨的思想感情融和无间，尤为难能可贵。在书法技巧中，这是最难的。在中国书法史上唯有此一件作品最为道劲，且和润。所谓"干裂秋风，润含春风"，也唯此作品能当之。元代鲜于枢评此作为天下第二行书。"天下第一行书"已被王羲之《兰亭序》率先占有，故此作不得不屈居第二位。

思考练习

1. 祭文中哪些文字可以体现颜真卿的切肤之痛？
2. 从书法欣赏的角度，谈谈你对这篇祭文的感受。
3. 在中国书法史上有"颜筋柳骨"美誉的书法家分别是谁？为什么单用一个字来形容他们的书法风格？

旧瓶新酒

联系《祭侄季明文稿》，解读"情不真则物不能依而变，情不深则物不能引之起"（刘永济《词论》）。

课前热身

毛泽东的书法源于中国传统书风，后经过他在书法上的不懈追求、长期磨炼以及不断的求索创新，形成了源于传统、遍临万家，又不囿于传统和名家，而属于他自己的洒脱、有力、奔放、优美、流畅的个人风格。

梅花是中国古代文人墨客千年吟咏不绝的主题。宋代林和靖，这位赏梅爱梅的大隐士就有不少吟唱梅花的诗篇。他以"妻梅子鹤"的感情寄寓于梅花之中，可谓爱梅之最的文人了。毛泽东在这里所据陆游咏梅词、反其意而用之的《卜算子·咏梅》的确与陆游所写大相径庭。陆游写梅花寂寞高洁、孤芳自赏，引来群花的羡慕与嫉妒。而毛泽东的这首《卜算子·咏梅》却是写梅花的美丽、积极、坚贞，不是愁而是笑，不是孤傲而是具有新时代革命者的操守与傲骨。中国写梅之诗词不计其数，大意境与大调子都差不多。而毛泽东以一代大诗人的风范，出手不凡，一首《卜算子·咏梅》力扫过去文人那种哀怨、颓唐、隐逸之气，并创出一种新的景观与新的气象，令人叹为观止、心服口服。

卜算子·咏梅   毛泽东

读陆游咏梅词，反其意而用之。

风雨送春归，
飞雪迎春到。
已是悬崖百丈冰，
犹①有花枝俏。
俏也不争春，
只把春来报。
待到山花烂漫②时，
她在丛中笑。

1961年12月

①犹：仍然。②烂漫：光彩夺目的样子，这里形容山花盛开。

毛体书法是伴随着毛泽东思想的形成而逐渐发展起来的。为什么这么说呢，因为毛主席的书法作品，随着时代的不同、环境的不同、人物的不同、心情的不同，也在不断变化。比如《沁园春·雪》《七律·长征》以及《蝶恋花·答李淑一》，字体都是随着他的思想而变化。可以说，毛体书法的发展史，就是毛泽东思想的发展史。

——毛宁科

迷津指路

　　草书在诸字体中可能是最能激发书法家情怀的表现形式。同样是狂草书体，唐代的张旭、怀素，清初的傅山，近代的毛泽东，在各自的作品中都表现了不同的情感胸怀和人生境遇。其中，张旭的作品真正体现了艺术的纯粹性。他把满腔情感倾注于点线之间，完全自我的狂草书风旁若无人，自己却如醉如痴、如癫如狂，一段《肚痛帖》彰显了其艺术境界的潇洒磊落和变幻莫测。怀素的《苦笋帖》短短十四字，"苦笋及茗异常佳，乃可迳来，怀素上"，娴熟的笔法和行云流水、蛇走龙舞般的线条之美，使得墨气精彩而超妙入神，结体瘦肥相宜而流畅生动，让观者直接感受到作者书写时的潇洒不羁和其超凡脱俗的内在气质。在傅山的草书作品中，其笔法追求"宁拙毋巧，宁丑毋媚，宁支离毋轻滑，宁真率毋安排"的书境，干笔、湿笔、破笔兼用，书体风格清新而恣情汪洋，笔意奔放而没有一点尘俗气，外表飘逸而内涵倔强，其作品体现了落魄文人的怀才不遇和狂傲的反抗精神，是绝世独立人格和高洁品性的写照。在毛泽东的一些狂草书法中，其个人情怀的宣泄又有另外一番境界，犹如他的诗词，浪漫豪迈又气势磅礴，其书体大小正斜错落布局而强调整体，纵横挥洒而不拘小节，作品中超强的表现力更有着一种改天换地的雄心壮志和翻江倒海的英雄气魄。

　　毛泽东的书法，书体独具一格，气魄恢宏。它来源于中国社会的伟大实践，又服务于全中国人民大众，人们习惯地称之为"毛体"。开创毛体的毛泽东是现代书法史上众采百家、循规创新的第一人。毛体书法是从传统的"晋人之韵，唐人之法，宋人之意，明人之态"中走出来的，是从中国革命的风雨浪涛中锤炼出来的。20世纪30年代的书风筑就了60年代的高峰，堪称当代书坛撷英咀华、兼众妙之长的典范。他的书法有立体多变的线条美、险绝神奇的结体美、连绵飞动的章法美，将书法的用笔、结体和章法的丰富神态表现得淋漓尽致，开创了独具特色的毛体书法美的广阔天地。他的书法是中华民族艺术宝库中的珍贵遗产，是中国书坛不朽的艺术丰碑。

　　上阕，年复一年，风雨送春归去，但漫天大雪又将春天迎了回来。哪怕悬崖峭壁上结下百丈冰凌，面对如此盛大寒冷的冬景，梅花仍然一枝独秀，傲然挺拔。词人当然也依古训，以词言志，借梅寄志。就在这"高天滚滚寒流急"的严峻当口（当时中国的三年困难时期），词人以隆冬里盛开的梅花勉励自己并劝慰他人向梅花学习，勇敢地迎接挑战，去展示自己的俊俏。词人这个"俏"字用得极好，梅花从未有过的形象就在这一个字上出现了。这是喜悦者的形象、自信者的形象、胜利者的形象。当然，这不仅是词人眼中梅花的形象，也是词人自己以及中国共产党人的形象。这个"俏"字包含了多少层深刻的含义啊！

　　下阕，词人又把梅花的形象向纵深引导。它虽俏丽但不掠春之美，只是一名春天的使者，为人们送来春的信息。而当寒冬逝去、春光遍野的时候，梅花却独自隐逸在万花丛中发出欣慰的微笑。梅花，它在词人眼中是一名战士。它与严寒搏斗，只为了赢得春天、通报春天的来临，然后退去，并不抢夺春天的美景。这是大公无私、默默奉献的形象。词人在此已大大地深化了梅花的形象，它已成为一名国际共产主义战士，已从一名中国革命者成为一名世界革命者。

思考练习

1. 陆游与毛泽东所写的同题《卜算子·咏梅》传递给我们怎样不同的情感体验？
2. 毛体书法的魅力何在？

旧瓶新酒

组织一次全班书法展览，让同学们在感受中国书法艺术魅力的同时，体会字如其人的内涵。

典籍，人类精神的宝藏

中国是一个具有五千年历史的文明古国,伟大、勤劳、智慧的中华民族创造了光辉灿烂的文化。在中华民族的文明史上,不仅产生过许多伟大的思想家、政治家、科学家、军事家、文学家和艺术家,还留下了丰富多彩的文化典籍,成为我们今天了解、研究、认识古代社会历史和文化的知识宝库。中国古代典籍不仅包括产生在古代中国的纸本正规书籍,还包括陶器、甲骨、青铜器、雕石、竹简、缣帛等文字载体,记录知识的方法也经过了写刻、手抄、拓印、雕版印刷和活字印刷等若干阶段。专家指出,中国古代典籍应该是包括产生在1911年辛亥革命以前,研究中国古代传统文化的具有中国图书传统装帧形式的典籍。所以,我们一般所说的广义的中国古代典籍,应是在1911年以前产生于中国大地而又具有传统装帧形式的著作。

早在一千八百多年前,中国就发明了造纸术。纸的发明与改进促进了书籍的社会生产。大约在一千三百年前,中国又发明了雕版印刷术。九百多年前,又发明了活字印刷术。这一系列重大发明不但使书籍的社会生产跨进了一个新的时代,也使人类文明跨进了一个新的时代。这是中华民族为人类文明与进步做出的伟大贡献。我国从最古的甲骨刻辞、青铜器铭文、石刻文字算起,到竹简、帛书和书籍,其历史之悠久、数量之繁多、内容之丰富,为世所罕见。

希腊是欧洲文明的摇篮。追本溯源,希腊文化深受东方文化的影响。古希腊文明的种种创造是建立在吸收古老的东方文明的优秀遗产之上的。踏在"巨人"的肩膀上前行,这正是希腊人的智慧。用柏拉图的话来说,就是"我们把一切从外国借来的东西变得更美丽"。

悠久的古希腊文明给后代留下了绚丽灿烂的文化遗产,在科技、数学、医学、哲学、文学、戏剧、雕塑、绘画、建筑等方面做出了巨大的贡献,出现了一大批对后世有深远影响的人物。古希腊哲学三贤苏格拉底、柏拉图和亚里士多德,诗人荷马,剧作家阿里斯托芬、埃斯库罗斯、欧里庇得斯,数学家毕达哥拉斯、阿基米德,医学家希波克拉底等,他们的成就奠定了西方文明的基石。

北京大学哲学系教授楼宇烈在《中国的品格》一书中谈道,在全球化运动中,中国必须重树自己的民族文化主体意识。我们需要在与强势文化的交流中,保持一种清醒的文化主体意识,既汲取对方的营养,又不丧失我们自己的民族文化,维持我们在这个世界上的独立性。

所以本书特别设置了典籍篇,以帮助大学生了解中外优秀的古代典籍作品,吸取作品中所传达的文化的精华,使大学生在承继中华民族古代文明优秀成果的同时,也积极吸收西方文明和其他优秀民族的文明成果,更好地传承优秀的古代

文化典籍，培养中华文化传人，使文明薪火代代相传。

本篇设置了三个专题，分别为名家论典、国内典籍、国外典籍。名家论典精选学术名家解读经典的文章，希望名家的独特视角、诗意雅致的文字和风趣睿智的讲述风格，能帮助大学生悟得经典的奥义，引导大学生深入地解读古代典籍作品，体味其中的思想精华。中外的优秀典籍作品浩如烟海，国内典籍和国外典籍选取了中外典籍的源头性、经典性作品，这些作品历久弥新，在现代社会仍焕发着勃勃生机。

名家论典部分收录了南怀瑾的《头头是道》。这篇文章让大学生知道，解读老子的思想需要具备相当的文化底蕴和严谨的治学精神。

国内典籍部分收录了三篇文章。《易传·系辞上传》节选了前三章的内容。《易经》是中华民族传统文化精神和哲学智慧的"活水源头"，在中国古典文献中地位之尊贵、名声之显赫，没有任何一部典籍能与之相比。初读这部经典有相当的难度，所以本书选取了《易传·系辞上传》的起始部分，以利于初学者入门。《老子》里，精选了原文中的六个章节。老子留下的五千言《老子》博大精深，含有丰富的辩证法思想。老子哲学与古希腊哲学一起构成了人类哲学的两个源头，老子也因其深邃的哲学思想而被尊为"中国哲学之父"。老子的思想和精神早已融入了中国式的生存和生活中，至今仍有极强的穿透力，仍能给现代人以智慧的启迪。《论语》中精选了有关为人处世和治学等方面的十二章内容，有助于大学生撷取儒学经典的智慧哲思，形成良好的人格修养，并在生活实践中身体力行。

国外典籍部分收录了一篇文章。《理想国》是柏拉图的一部重要的哲学、政治、伦理乃至法律、艺术等方面的理论著作，在西方乃至人类思想史上都占有十分重要的地位，是不可不读的经典中的经典。柏拉图在文中借苏格拉底之口说："我们的论证所关涉的不是普通的话题，而是我们应当如何生活。"就是说，人应该如何生活才是柏拉图在《理想国》中所要讨论的核心问题。

从源头性、经典性的典籍入手去了解中国及世界的传统文化，有助于大学生更好地借鉴世界的先进文化，更好地体味中国本有的文化精神，进而坚持弘扬和培育民族精神。民族精神是一个民族赖以生存和发展的精神支撑，民族精神的培育离不开传统文化精华的滋养，所以大学生要全面认识祖国传统文化，取其精华，去其糟粕，使之与当代社会相适应，与现代文明相协调。

让我们共同来弘扬中华文化，建设中华民族共有的精神家园。

名家论典

课前热身

据说老子有一个老师叫常枞,他教老子的方式就是《道德经》强调的所谓"不言之教"。常枞只是张开他的嘴巴,让人看到他已经稀疏的牙齿和依旧灵活的舌头;老子便从中领悟到了"舌柔常存,齿坚易折"的道理。

从前有个叫尹喜的人总是缠着老子,询问"道"究竟是什么,不解老子为什么在《道德经》中反复提起它,并且还从不同的角度进行解释。也许尹喜已经明白了,但是尹喜怕明白的不是"道"的真谛。因为"道"很神秘,只可意会,不可言传。

五代时有个宰相名叫冯道,养了不少门客。有一天,一个门客给别人讲老子的《道德经》,不想一开篇就遇到了天大的难题。古时候尊者的名字不能随便说出来,"道可道,非常道",这一句可怎么讲?"道可道",实在是不可道,因为这个"道"字正是主人的名讳,是不能讲的。于是他只得把"道可道,非常道"读作"不可说,不可说,非常不可说"。

以上三则小故事很有意思。《道德经》也称为《老子》,这部仅五千言的著作中蕴含着非凡的智慧。很多人都认为《道德经》非常深奥难懂,读懂它不是一件容易的事。

头头是道[①]（节选）   南怀瑾

现在我们也来凑热闹,讲《老子》,首先要不怕老子笑掉他的长眉,更要向研究老子的学者们道歉万分,以外行人妄说内行话,滥竽充数,不足为凭。但是我们又不得不把传统文化中的"道"字与"天"字先讲清楚,才好开始。

读中国书,认中国字,不管时代怎样演变,对于中国文字的六书——象形、指事、会意、形声、转注、假借,不能不留意。至少,读古代文字章法所写成的古书,必须具备有《说文》六书的常识。

在古书中,"道"与"天"字,到处可以看到。但因上古文字以简化为原则,一个方块的中文字,便包涵人们意识思想中的一个整体观念;有时只用一个中文字,但透过假借、转注的作用,又另外包涵了好几个观念。不像外文或现代语文,用好几个,甚至一二十个字,才表达出一个观念。因此,以现代人来读古书,难免会增加不少思索和考据上的麻烦。同样的,我们用现代语体写出的文字,自以为很明白,恐怕将来也要增加后世人的许多麻烦。不

[①] 节选自南怀瑾的《老子他说》,复旦大学出版社2005年版。

过，人如不做这些琐碎的事，自找麻烦，那就也太无聊，会觉得活着没事可做似的。

例如"道"字。在传统的古书中，大约便有三种意义与用法。

（一）"道"就是道，也便是人世间所要行走的道路的道。犹如元人马致远在《秋思曲》中所写的"枯藤老树昏鸦，小桥流水人家，古道西风瘦马，夕阳西下，断肠人在天涯"。这个"古道西风瘦马"的道，便是道路的道。照《说文》意义的注释就是："道者，径路也。"

（二）"道"是代表抽象的法则、规律，以及实际的规矩，也可以说是学理上或理论上不可变易的原则性的道。如子产在《左传》中所说的："天道远，人道迩。"如子思在《中庸》首章中所说："天命之谓性，率性之谓道。"孙子所说："兵者，诡道也。"等等。

（三）"道"是指形而上的道。如《易·系传》所说："形而上者谓之道，形而下者谓之器。"又如道书所说："离有离无之谓道。"这便同于佛经上所说的："即有即空，即空即有。"玄妙幽微，深不可测了！

有人解释《老子》第一章首句的第二个"道"字，便是一般所谓"常言道"的意思，也就是说话的意思。其实，这是不大合理的。因为把说话或话说用"道"字来代表，那是唐宋之间的口头语。如客家话、粤语中便保留着。至于唐宋间的著作，在语录中经常出现有："道来！道来！""速道！速道！"等句子。明人小说上，更多"某某道"或"某人说道"等用语。如果上溯到春秋战国时代，时隔几千年，口语完全与后世不同。那个时候表示说话的用字，都用"曰"字。如"子曰""孟子曰"等等，如此，《老子》原文"道可道"的第二个"道"字是否可作"说"字解释，诸位应可触类旁通，不待细说了。

讲到这里，顺便也把古书上的"天"字提一提。古书上的"天"字，大约也概括了五类内涵：（一）天文学上物理世界的天体之天，如《周易》乾卦卦辞"天行健"的"天"。（二）具有宗教色彩，信仰上的主宰之天，如《左传》所说的"昊天不吊"。（三）理性上的天，如《诗经》小节的"苍天苍天"。（四）心理性情上的天，如《泰誓》和《孟子》的"天视自我民视，天听自我民听"。（五）形而上的天，如《中庸》所谓"天命之谓性"。

首先了解了这些用字，那么，当我们看到古书的"道"

> 细读中国历史，会发现一个秘密。每一个朝代，在其鼎盛的时候，在政事的治理上，都有一个共同的秘诀，简言之，就是"内用黄老，外示儒术"。
> ——南怀瑾

与"天",甚至在同一句中,有时把它当动词或形容词用,有时又把它当名词用,就不会混淆不清了。

假定我们要问,《老子》本书第一章首句中两个"道"字,应当作哪种解释才恰当?我只能说:只有亲见老子,来问个清楚。不然都是他说老子,或我说老子,姑且备此一格,别成一家一言,能说到理事通达,也就差不多了,何必固执成见,追究不休呢!你千万不要忘记老子自说的"道常无为""道常无名",以及"道法自然"等的观念。

迷津指路

《老子》又称《道德经》,内容包罗了宇宙观、人生论、认识论、方法论以及为人处世、治国兴邦等方方面面。所以,鲁迅说,不读《老子》,不知中国文化。《老子》经过两千多年岁月的洗礼,在现代社会中仍焕发着熠熠光彩。它可以是现代人的知识、生存智慧以及管理艺术,可以是成功者的冷静药方,也可以是遭遇挫折时的心灵慰藉。在现代人的解读之下,《老子》在当代中国社会仍然发挥着重要的作用。

清代才子纪晓岚对道家的学术下了八个字的评语:"综罗百代,广博精微。"意思是说,道家的文化思想包括了中国上下五千年的整个文化。"广博"是包罗众多,"精微"是精细到极点、微妙到不可思议的境界。

南怀瑾先生1918年生于浙江温州乐清一个世代书香之家。先生长期精研国学,读书数十万卷,于儒、道、佛皆有精深造诣。他是中国古典文化的积极传播者,著作颇丰,以演讲整理为主,涉及许多国学领域。他的演讲、著作生动有趣,深入浅出,为难于直接阅读典籍者提供了了解古典文化的捷径,澄清了许多对古典文化的流行误解。本文节选自他的著作《老子他说》,对《老子》中的两个重要观念"道"和"天"进行了探讨。文中作者追本溯源、旁征博引,显示了他学识的渊博及治学的严谨,同时也让我们领略了他平易、生动的演讲风格。

思考练习

1. 你认为"道可道,非常道"可以怎么解释?
2. 这篇文章对于我们研读《老子》这部著作有什么指导意义?

旧瓶新酒

熟读并背诵你所喜欢的《老子》中的篇章。

国内典籍

课前热身

《易经》是我国最古老而深邃的一部经典，据说是由伏羲的言论加以总结和修改概括而来的（同时产生了易经八卦图），是华夏五千年智慧与文化的结晶，被誉为"群经之首，大道之源"。《易经》在古代是帝王之学，是政治家、军事家、商家的必修之术，是我们民族传统文化精神和哲学智慧的主要源头，在中国古典文献中地位之尊贵、名声之显赫，没有任何一部典籍能与之相比。它的内容极其丰富，对中国几千年来的政治、经济、文化等各个领域都产生了极其深刻的影响。无论是孔孟之道，还是老庄学说，无不和《易经》有着密切的联系，简直可以一言以蔽之：没有《易经》，就没有中国的文明。

随着科技的发展以及东西方文化的交融，凝聚着中国先贤古老智慧的《易经》越来越受到中外科学界、文化界的重视，西方学者称之为"一部奇妙的未来学著作"。它是一部既古老又新奇、既陌生又熟悉、既高深莫测又简单易懂的书。想要读懂《易经》，可以先从《易传》开始。

易传·系辞上传①（节选）

【第一章】

天尊地卑，乾坤②定矣。卑高以陈，贵贱位③矣。动静有常，刚柔④断矣。方以类聚⑤，物以群分，吉凶生矣。在天成象，在地成形，变化见矣。

是故刚柔相摩，八卦相荡⑥。鼓之以雷霆，润之以风雨。日月运行，一寒一暑。乾道成男，坤道成女。乾知大始，坤作成物。

乾以易知，坤以简能。易则易知，简则易从。易知则有亲，易从则有功。有亲则可久，有功则可大。可久则贤人之德，可大则贤人之业。易简，而天下之理得矣；天下之理得，而成位乎其中矣。

【第二章】

圣人设卦观象，系辞焉而明吉凶，刚柔相推而生变化。是故吉凶者，失得之象也；悔吝者，忧虞之象也；变化者，进退之象也；刚柔者，昼夜之象也。六爻之

---

①节选自南怀瑾、徐芹庭注译的《周易今注今译》，重庆出版社2009年版。②乾坤：乾为天为高，坤为地为低。《易经》法象于天地，故以乾象征天，坤象征地。③贵贱位：《易经》六爻贵贱之位有二说。其一，五为君位，余为臣位。其二，汉易及易纬乾凿度以初为元士，二为大夫，三为三公，四为诸侯，五为天子，上为宗庙。④刚柔：刚就是阳，柔就是阴，《易经》卦爻由一阴一阳组成。⑤方：犹道也。君子以仁义为道，故以类相聚；小人各以赌、盗、酒、淫、恶毒为道，皆各以其同道为类而相聚。⑥八卦：乾为天，坤为地，震为雷，巽为风，坎为水为雨为月，离为日为电为火，艮为山为陵，兑为海为泽。此八种自然物象，相

动，三极之道也⁷。

是故君子所居而安者，《易》之序也。所乐而玩者，爻之辞也。是故君子居则观其象而玩其辞，动则观其变而玩其占。是以自天佑之，吉无不利。

【第三章】

象者，言乎象者也；爻者，言乎变者也。吉凶者，言乎其失得也；悔吝者，言乎其小疵也；无咎者，善补过也。

是故列贵贱者，存乎位；齐小大⑧者，存乎卦；辨吉凶者，存乎辞；忧悔吝者，存乎介⑨；震无咎者，存乎悔。是故卦有大小，辞有险易。辞也者，各指其所之。

与鼓动推荡，而造成宇宙间的万事万物。⑦三极：三才，天、地、人。八卦各有三画，下为地，上为天，中为人。六十四卦各有六画，初与二为地之道，三与四为人之道，五与上为天之道。⑧小大：阳大阴小。⑨介：纤介之间，或解为耿介。

> 不读《易》不可为将相。
> ——虞世南

迷津指路

《易》是儒家经典之一，又称《周易》，包括经、传两部分。经的部分共六十四卦，每卦六爻。传说"上下经"是周文王所作，它不仅对于了解殷周时代的哲学思想、社会生活有极重要的意义，而且保存了一些相当罕见的商周史事材料。《易》相传为春秋时期孔子及其弟子所作，它实际上是阐释《周易》经文的专著，即《彖传》上下、《象传》上下、《文言》、《系辞传》上下、《说卦传》、《序卦传》、《杂卦传》，共计七种十篇。因其阐发经文大义，如本经之羽翼，故汉人称之为"十翼"，后世统称为《易传》。《易传》不仅继承了《易经》经义，还对《易经》进行了创造性的阐发，富有辩证哲理，所以从西汉始，人们已把《易传》也作"经"来研读，与《易经》并列通行。

《系辞》总论《易经》大义，即《易经》的形成，阴阳、八卦的要旨，六十四卦的产生；提出了"《易》与天地准，故能弥纶天地之道"的著名论断，并引用十九条爻辞论证之，是《易传》的核心部分。《系辞》创造性地阐述和发挥了《易经》的基本原理，它认为"一阴一阳之谓道"，奇偶二数、阴阳二爻、乾坤两卦、八经卦、六十四卦，都由一阴一阳构成，没有阴阳对立，就没有《周易》。它把中国古代已有的阴阳观念发展成为一个系统的世界观，用阴阳、乾坤、刚柔的对立统一来解释宇宙万物和人类社会的一切变化。它特别强调了宇宙变化生生不已的性质，说"天地之大德曰生""生生之谓易"；又提出"穷则变，变则通，通则久"，发挥了物极必反的思想，强调居安思危的忧患意识。它认为"汤武革命，顺乎天而应乎人"，肯定了变革的重要意义，主张自强不息，通过变革以完成功业。同时，它又以"保合太和"为最高的理想目标，继承了中国传统的重视和谐的思想。

《易传》内容丰湛，其中一些精粹思想具有历久弥新的意蕴，具有令人赞叹的感染力，熔铸了中国传统文化的基本精神。

119

思考练习

1. 阴阳是构成宇宙万事万物的基本元素,谈谈你对阴阳的理解。

2. 对"是故君子所居而安者,《易》之序也"和"是以自天佑之,吉无不利",你是怎样理解的?

3. 近现代国内外很多学者由于受到《易经》的启示,而在多个学术领域中有所建树。请你收集这方面的材料,思考这种现象对于我们的启示。

旧瓶新酒

观看《百家讲坛》栏目"易经的奥秘",讨论:我们如何才能够读懂古老而神秘的《易经》?读懂了《易经》,对于我们的人生有什么意义?

课前热身

孔子曾经向老子请教过历代礼乐制度方面的问题,这在历史上是很有名的故事,不仅在《史记》等正史中有所记载,也见于老子彩图(相传春秋末期)和汉画像砖。在洛阳市东关大街北侧有一座碑楼,据传就是孔子入周问礼处。

老子是我国古代伟大的思想家。他的哲学思想和由他创立的道家学派不仅对我国古代思想文化的发展做出了重要贡献,而且对我国两千多年来思想文化的发展产生了深远的影响。但是,老子其人和他的事迹仅仅在后世浩如烟海的典籍中留下星星点点的碎片,即使是见识渊博的太史公,在《史记》中为老子写传也只能模棱两可地采取很不确定的说法,其中还掺杂了若干不同版本的民间传说。老子,至今在后人的心目中依然迷蒙着奇幻的色彩。

传说老子的母亲身怀老子81年,最后才在一棵李子树下生下了老子,老子生下时头发、胡子甚至眉毛全白了,所以老子从出生开始便带有一种神秘的色彩。有史料记载,老子因为战乱失去官职,离开东周去秦国,西行途中经过函谷关,守令尹喜请求他为自己写一部书,老子写下了大约五千字的文章给他,这就是今天的《道德经》。老子西去后,就一直在秦国隐居,不为世人所知。老子从神秘中来,又在神秘中消失。在他的身上,人性、神性色彩并存,令人好奇。

老子(节选)

【第八章】

上善若水。水善利万物而不争,屈众人之所恶,故几于道。居善地,心善渊①,与善仁②,言善信,正善治,事善能,动善时③。夫唯不争,故无尤④。

【第二十五章】

有物混成⑤,先天地生。寂兮寥兮⑥!独立而不改,周行而不殆,可以为天下母。吾不知其名,字之曰"道",强为之名曰"大"。大曰逝⑦,逝曰远,远曰反⑧。故道大,天大,地大,人亦大⑨。域中⑩有四大,而人居其一焉。人法地,地法天,天法道,道法自然。

【第三十三章】

知人者智,自知者明。胜人者有力,自胜者强⑪。知足者富,强行⑫者有志,不失其所者久,死而不亡⑬者寿。

---

① 渊:沉静、深沉。② 与善仁:与,指与别人相交接。善仁,指有修养。③ 动善时:行为动作善于把握有利的时机。④ 尤:怨咎、过失、罪过。⑤ 物:指"道"。混成:浑然为一之状。⑥ 寂兮寥兮:没有声音,没有形体。⑦ 逝:流逝,运行,指"道"的运行永不停止的状态。⑧ 反:另一本作"返",意为返回原点、返回原状。⑨ 人亦大:一本作"王亦大",意为人乃万物之灵,与天地并立而为三大,即天大、地大、人亦大。⑩ 域中:空间之中,宇宙之间。⑪ 强:刚强、果决。⑫ 强行:坚持不懈,持之以恒。⑬ 死而不亡:身虽死而"道"犹存。

【第四十八章】

为学日益，为道日损[14]，损之又损，以至于无为。无为而无不为[15]。取[16]天下常以无事[17]。及其有事[18]，不足以取天下。

【第六十七章】

天下皆谓我道大[19]，似不肖。夫唯大，故似不肖。若肖，久矣其细也夫[20]！我有三宝[21]，持而保之。一曰慈，二曰俭[22]，三曰不敢为天下先。慈，故能勇；俭，故能广；不敢为天下先，故能成器长[23]。今舍慈且[24]勇，舍俭且广，舍后且先，死矣！夫慈，以战则胜[25]，以守则固。天将救之，以慈卫之。

【第八十一章】

信言[26]不美，美言不信。善者[27]不辩[28]，辩者不善。知者不博[29]，博者不知。圣人不积[30]，既以为人己愈有，既以与人己愈多。天之道，利而不害。圣人之道，为而不争。

[14]为道日损：为道，是通过冥想或体验的途径，领悟事物未分化状态的"道"。此处的"道"，指自然之道，无为之道。损，指情欲文饰日渐泯损。[15]无为而无不为：不妄为，就没有什么事情做不成。[16]取：治、摄化之意。[17]无事：无扰攘之事。[18]有事：繁苛政举在骚扰民生。[19]我道大：道即我，我即道。"我"不是老子用作自称之词。[20]久矣其细也夫：细，细微、渺小，意指早就渺小了。[21]三宝：三件法宝或三条原则。[22]俭：啬，保守，有而不尽用。[23]器长：器，指万物。器长，万物的首长。[24]且：取。[25]以战则胜：一本作"以阵则亡"。[26]信言：真实可信的话。[27]善者：言语行为善良的人。[28]辩：巧辩、能说会道。[29]博：广博、渊博。[30]圣人不积：有道的人不自私，没有占有的欲望。

迷津指路

《老子》又名《道德经》，共八十一章。前三十七章为上卷，称为"道经"；后四十四章为下卷，称为"德经"。全书文字不多，语言优美简练，以哲理诗的形式论述了宇宙的本原及其存在方式，事物发生、发展及其变化的规律等哲学思想，并在此基础上阐述了有关人生体验的道理和社会关系准则。

史书关于老子的记载不是很清楚。司马迁的《史记》说他姓李名耳，字伯阳，楚国苦县（今河南鹿邑东）厉乡曲仁里人，做过周朝"守藏室之史"（管理藏书的史官），就是孔子曾问礼的老聃。老子学说的核心是"道"，他认为"道"就是"无"。这个"道"是"先天地生"的，是没有意志，没有具体形状的，是无时无地不在的。"道"即宇宙万物的本源。

老子留下的五千言《老子》博大精深，含有丰富的辩证法思想，为千百年来的世人提供了观察社会、思索人生的独特视角。老子哲学与古希腊哲学一起构成了人类哲学的两个源头，老子也因其深邃的哲学思想而被尊为"中国哲学之父"。老子的思想被庄子所传承，并与儒家和后来的佛家思想一起构成了中国传统思想文化的内核。《老子》的国外版本有一千多种，是被翻译语言最多的中国书籍。

思考练习

1. 老子的思想体系包含着丰富、精妙的生存智慧和管理智慧。你对本文中哪一章的内容体会最深?

2.《老子》中的思想为你日常的学习、生活、工作、为人处世带来哪些有益的启示?

3. 老子的文章字字珠玑,如同警句一样开启我们的智慧,激发我们的灵感,警醒我们的意识。请你积累并记诵《老子》中的名言警句。

旧瓶新酒

著名哲学家尼采这样评价《道德经》:老子智慧的集大成——《道德经》,像一个永不枯竭的井泉,满载宝藏,放下汲桶,唾手可得。你是否意识到了自己身边的这一宝藏?你能够从《道德经》中汲取哪些智慧,并将之运用于自己的学习、生活和工作中?

课前热身

第二十九届北京奥运会开幕式在全世界面前淋漓尽致地展现了辉煌灿烂的五千年中华文明。有识之士指出,它的主线就是"乐礼善学,尚中贵和"的儒学精髓。2008 名演员击缶而歌"有朋自远方来,不亦乐乎";在古琴声中,身穿古袍、手持竹简的孔门弟子,齐声诵读《论语》"四海之内,皆兄弟也""三人行,必有我师焉""礼之用,和为贵"等儒家经典名句;887 块活字印刷字盘变换出三种不同字体的"和"字,表达了"和而不同""和为贵"的中华人文理念。以儒学为代表的中华优秀传统文化借此在五大洲进一步传播。

美国诗人、哲学家爱默生认为"孔子是全世界各民族的光荣"。1988 年,75 位诺贝尔奖获得者在巴黎发表联合宣言,呼吁"21 世纪人类要生存,就必须汲取两千年前孔子的智慧"。作为一名炎黄子孙,你是否了解孔子?是否知道孔子思想的核心内容?是否知道孔子为何会在现代社会受到非凡的重视?

论语(节选)

【一】

有子①曰:"其为人也孝弟②,而好犯上③者,鲜矣;不好犯上,而好作乱者,未之有也。君子务本④,本立而道生。孝弟也者,其为仁之本与!"

(《论语·学而》)

【二】

子曰:"吾十有五而志于学,三十而立⑤,四十而不惑,五十而知天命,六十而耳顺,七十而从心所欲,不逾矩。"

(《论语·为政》)

【三】

子曰:"知者乐水,仁者乐山。知者动,仁者静。知者乐,仁者寿。"

(《论语·雍也》)

【四】

子曰:"中庸之为德也,其至矣乎!民鲜久矣。"

(《论语·雍也》)

①有子:孔子的学生,姓有,名若,比孔子小十三岁,一说小三十三岁。后一说较为可信。②孝弟:弟,读音和意义与"悌"(tì)相同,即弟弟对待兄长的正确态度。孝、弟是孔子和儒家特别提倡的两个基本道德规范。旧注说:善事父母曰孝,善事兄长曰弟。③犯上:犯,冒犯;上,指在上位的人。④务本:务,专心、致力于;本,根本。⑤立:自立。

他探索思想,一点儿也不狂妄,并为人类揭露了理性之光。
——伏尔泰

【五】

叶公问孔子于子路，子路不对。子曰："女奚不曰，其为人也，发愤忘食，乐以忘忧，不知老之将至云尔⑥。"
（《论语·述而》）

⑥云尔：云，代词，如此；尔，同"耳"，而已，罢了。

【六】

子谓颜渊曰："用之则行，舍之则藏，惟我与尔有是夫！"子路曰："子行三军，则谁与⑦？"子曰："暴虎⑧冯河⑨，死而无悔者，吾不与也。必也临事而惧，好谋而成者也。"
（《论语·述而》）

⑦与：在一起。⑧暴虎：赤手空拳与老虎进行搏斗。⑨冯河：无船而徒步过河。

【七】

颜渊喟⑩然叹曰："仰之弥⑪高，钻⑫之弥坚，瞻⑬之在前，忽焉在后。夫子循循然善诱人，博我以文，约我以礼，欲罢不能。既竭吾才，如有所立卓尔⑭。虽欲从之，末由⑮也已。"
（《论语·子罕》）

⑩喟（kuì）：叹息的样子。⑪弥：更加，越发。⑫钻：钻研。⑬瞻（zhān）：视、看。⑭卓尔：高大、超群的样子。⑮末由：这里是没有办法的意思。末，无、没有；由，途径、路径。

【八】

子曰："三军可夺帅也，匹夫不可夺志也。"
（《论语·子罕》）

【九】

子曰："知者不惑，仁者不忧，勇者不惧。"
（《论语·子罕》）

【十】

子曰："君子和⑯而不同⑰，小人同而不和。"
（《论语·子路》）

⑯和：不同的东西和谐地配合叫作和。各方面彼此不同。⑰同：相同的东西相加或与人相混同，叫作同。各方面完全相同。

【十一】

孔子曰："益者三友，损者三友。友直，友谅⑱，友多闻，益矣。友便辟⑲，友善柔⑳，友便佞㉑，损矣。"
（《论语·季氏》）

⑱谅：诚信。⑲便辟：惯于走邪道。⑳善柔：善于和颜悦色骗人。㉑便佞（nìng）：惯于花言巧语。

【十二】

子贡问曰："有一言而可以终身行之者乎？"子曰："其恕乎！己所不欲，勿施于人。"
（《论语·卫灵公》）

125

迷津指路

《论语》是孔子的弟子及再传弟子编纂的一部主要记载孔子言行的儒家经典。孔子,名丘,字仲尼,春秋时鲁国陬邑(今山东曲阜)人。孔子是儒家学派的创始人,也是中国伟大的思想家、政治家和教育家,被公认为"万世师表"。

《论语》告诉我们做人的根本是什么,告诉我们要通过不断的学习使我们的人生境界不断获得提高,告诉我们只具备某一项专长是不够全面的,告诉我们学习要善于思考、闻一知十、举一反三。《论语》为我们树立了一位发愤忘食、乐以忘忧、积极进取的人生楷模;《论语》告诉我们孔子不赞成遇事蛮干、有勇无谋的做法;《论语》告诉我们与人相处要保持和谐融洽,而不是人云亦云、盲目附和;《论语》告诉我们怎样的朋友是有益的,怎样的朋友是有害的;《论语》把"忠恕之道"看作处理人际关系的一条准则,凡事推己及人,己所不欲,勿施于人。这些朴素的思想影响了中国人的人文气质,积淀了深厚的文化底蕴,是中华民族宝贵的精神财富。

《论语》的最大价值在于教人以人格的修养。修养人格,绝不能依赖于记诵或考证,最重要的是身体力行,使古人所教变成我所自得。孔子所讲的人格标准是人人都应遵守的,不能因地位的高下而有什么不同。

思考练习

1. 谈谈你对"孝"的理解。
2. 结合选文内容,谈谈孔子的言论对于你为人、处事、治学有哪些启示?
3. 《论语》为何会对中华民族的心理素质及道德行为产生重大影响?

旧瓶新酒

《论语》对于我们现代人构建和谐社会、建立良好的人际关系仍具有重大的指导意义。课外阅读《论语》,谈谈你的体会。

{国外典籍}

课前热身

苏格拉底是著名的古希腊哲学家,他和他的学生柏拉图及柏拉图的学生亚里士多德并称为"希腊三贤"。有学生问苏格拉底,怎样才能修学到他那博大精深的学问。苏格拉底听后并未直接作答,只是说:"今天我们只做一件最简单也是最容易的事,每人把胳膊尽量往前甩,然后再尽量往后甩。"苏格拉底示范一遍后说:"从今天起,每天做300下,大家能做到吗?"学生们都笑了,这么简单的事,有什么做不到的?过了一个月,苏格拉底问学生们:"每天甩手300下,哪些同学坚持了?"有九成的学生骄傲地举起了手。又过了一个月,苏格拉底再次问学生时,有八成的学生举手。一年后,苏格拉底再次问大家:"请告诉我,最简单的甩手动作,还有哪位同学坚持了?"这时,只有一个学生举了手,这个学生便是柏拉图。

理想国[①] (节选)　　[古希腊] 柏拉图

[①]节选自柏拉图的《理想国》,张子菁译,光明日报出版社2006年版。

[②]比雷埃夫斯港位于希腊雅典西南7千米的地方,是雅典重要的港口。

【论财产与老有所福】

辩论者　苏格拉底、玻勒马霍斯、克法洛斯

[苏格拉底:昨天我和格劳孔一起到比雷埃夫斯港[②]去拜祭女神,同时我还想看看那里的居民是怎样庆祝这个节日的。看到他们的游行队伍,我很高兴,我觉得色雷斯人搞的跟他们很相似。当我们准备回城时,我的风衣被一个人拉住,原来是克法洛斯的儿子玻勒马霍斯从远处看到了我们,便命他的仆人跑过来让我们等一等他。过一会儿,玻勒马霍斯就来到我们跟前。和他一起来的还有格劳孔的弟弟阿德曼托斯、尼喀阿斯的儿子尼克拉托斯和其他几个刚看过游行的人。]

玻　苏格拉底,看样子你们几个人是要到城里去,对吧?

苏　你猜得很对。

玻　你都看到我们这几个人了,我想我们现在进行一次交锋,你如果觉得你能胜过这些人,你可以走,否则就留下来。

苏　难道就没有第三种选择吗?我想我可能会说服你们让我们走的。

玻　如果你说不服我们的话，那该怎么办？

[格劳孔在一边附和着说：说服不了，说服不了。]

玻　你就别再费什么心思了吧！我是绝对不会被你说服的。

苏　赛马，这可是个新鲜的东西。听说是骑手们把火炬从一人手里传给另一人吧？

玻　对！但晚上还有一个别开生面的庆祝晚会，你不看会很遗憾。留下来吧，别固执了。吃完晚饭，我们就一起去看这个晚会，同时还可以看看年轻人的集会。

格　既然你们都这么坚持，那我们就留下来吧。

苏　那我恭敬不如从命啦！

[我们随着玻勒马霍斯一起去了他的家。我们见到了他的弟弟吕西亚和欧塞得摩，还有切各斯的色拉叙马霍斯、帕尼亚的切提得斯和阿里斯托摩斯的儿子克里托芬。玻勒马霍斯的父亲克法洛斯也在那儿，我很长时间没见到他了，他老了许多。他坐在有靠垫的椅子上，头上还戴着个花环，看样子他也刚从神庙拜祭回来。屋里的椅子排成了个半圆形，在他热情的招呼下，我们挨着克法洛斯坐了下来。]

克　苏格拉底先生，我这么大岁数，是去不了城里了，如果我还能去看你的话，我也不会把你请来这儿，你应该多来比雷埃夫斯看我才是。我想告诉你，随着对肉体快乐的需求越来越清淡，我就越来越留意享受聊天的快乐。请不要拒绝我们的请求，把这儿当作你自己的家，热心地和这里的年轻人交朋友吧。和大家在一起，你同样会很快乐的。

苏　尊敬的克法洛斯先生，我最喜欢和年长者谈话了。你们经历过很多，有过不少人生经验，你们所走过的路，我多半也要再走一遍。我应该向你们请教，人生这条路究竟是平坦易行的，还是崎岖难行的呢？如果你允许，我再提个问题，当您现在已经像诗人们所说的处在那种"夕阳西下"的光景时，是否对老年会更加艰辛而发出感叹呢？

克　其实，我也很乐意把我的亲身感受讲给你听。像俗语说的"物以类聚"一样，我们这些老者平常有事没事总聚在一起。我们讨论最多的话题是：我们现在连日常生活都难以自理，年轻时的爱情就更谈不上了；想想曾经有过的好时光，再比较一下现在，过的简直就不叫日子。有些老人纷纷抱怨亲友们冷落了他们。而这一切，难道不都是因为人老了而引起的吗？不过，我认为人的痛苦与人老不老是没什么关系的，要不然的话，和我一样的老年人都应该在受苦。但是我并没有感觉到苦，我认识的许多朋友也没觉得苦。我记得有一次老诗人索福克勒斯被人问起是否还有像从前那样谈情说爱的欲望时，他说："我现在是清静了，我终于从中摆脱出来了；我感觉就好像是从一个疯狂残暴的奴隶主那里逃脱出来了一样。"从那以后，我经常回想起他的话，而且每次想起，都跟刚听到的时候一样新鲜可感。人老了，应该多一份宁静与自由感。当年轻时的激情逐渐消退时，要都能有像索福克勒斯所说的那种境界，我想大家就都能从疯狂的奴隶主那里逃脱出来，而且是从所有的奴隶主那里得以逃脱。阁下，我所说的这些话，为的就是证明一条道理：年老不是问题，真正会出现问题的是人性格的因素。一个乐观的、心境淡泊的人是不会因为年岁的增长而增加压力的；反之，那些具有相反性格的人，即使年纪再轻，他活着也是负担呀！

[苏　克法洛斯的一番话让我受益匪浅，但为了得到更多的教益，我决定给他提一些悖论来刺激他。]

苏　克法洛斯先生，你说的话有道理，但我仍然觉得大多数人达不到你这种境界。他们会认为你是老有所养、老有所福了才说这番话的。因此，他们会说人老了，是因为富有，才会有淡泊宁静的乐观性格，你就是这样的，不是吗？

克　算你说对了。他们的确没有认同我的观点。虽然他们对我的怀疑不是空穴来风——但却失之于绝对化了，我有足够的理由来驳斥他们。当色弥斯托克勒③受到塞里福斯人嘲笑，说他是因为雅典而不是因为贤德才出名时，他反驳道："如果我们出生的城邦调换一下，那么谁也成不了名。"我想色弥斯托克勒的这番话对于那些既贫穷又惧怕老的人正好适用。一个人贫穷并不可怕，只要他善良；可怕的是富有了，身上却充满了邪恶；邪恶的富人老了也是不会得到安宁的。

苏　克法洛斯先生，我想冒昧地问你一个问题，你现在的财产是你自己创造出来的还是从祖辈手上继承下来的呢？

克　姑且算是靠自己创造积累的。苏格拉底，你想知道吗？我所创造的价值正介于我的祖父和我父亲之间。我发展了我祖父的遗产。但是，我父亲却把财产弄得比现在

③色弥斯托克勒：雅典著名政治家。波希战争初期，他在雅典极力推行民主改革，使贵族议会的成分发生重大改变。

还少。不过，对抵后仍然还是正数。我现在的心愿就是能够把我继承的遗产加上我创造的财产传给子孙后代。

苏 我也觉得你不像个守财奴，对钱财看得很淡，大多数尚未经历过自己赚钱的风险，手中又有遗产可继承的人都不会太贪财，而那些凭着自己的力量挣钱的人对积累下来的钱财就会有一种特殊的感情，就好比诗人爱自己写的诗、为人父母者总是疼爱自己的子女一样。赚钱的人对钱的钟爱可能不是因为他有钱，而是因为钱在他们手中成了一种产品。因此可以说，他们是不值得做朋友的，因为他们的心中除了钱财，什么都不值得赞美。

克 你的话有道理。

苏 那么你能不能再告诉我，什么是你从万贯家财中得到的最大的福祉呢？

克 尽管我的答案未必能让所有的人信服，但我还是不想隐瞒我自己的观点：当一个人濒临死亡的时候，在他弥留之际，就会被很多莫名其妙的恐惧所缠住，以为有关阴曹地府对生前干过坏事的人都会实行惩罚的各种传说都是真的，因此他感到不安和痛苦。或许是因为年老而脆弱，或许是因为濒临死亡，以为对另一个世界的轮廓看得清楚了，他就会诚惶诚恐，疑虑纷至沓来，他开始回想自己在有生之年是否做过什么坏事。当他发现自己的罪孽深重时，他就会像小孩子一样不断地从睡梦中惊醒。但对于自认为不做亏心事、不怕鬼叫门的人而言，即使年已古稀，他的梦一样会很美。诚如达品④所说："希望总是垂青正义和神圣的灵魂；它是他老年的保姆和旅途的伴侣，但对人世间不安的灵魂却具有威慑的力量。"达品的诗真是妙不可言！财富给人类带来好处的妙意也许就在这里（当然，我并不是指所有的人）。我的意思是：如果人人都不会为钱财去欺骗别人，那么人人都不会为即将报到的阴曹地府所困扰。他不会因为生前没有供奉神明或者是欠了别人的债而提心吊胆。钱财固然能给人们带来许多好处，但对于一个有理智的人来说，明白事理才是最重要的。

烧掉所有的图书馆吧，因为所有的价值都在这本书里了。

——爱默生

柏拉图著作的影响（不论好坏）是无法估量的。人们可以说，西方思想是柏拉图的，或者是反柏拉图的；但是任何时候都不能说是非柏拉图的。

——卡尔·波普尔

④ 达品：希腊著名诗人。

《理想国》是西方思想的源泉，也是我向青年推荐的唯一的西方哲学著作。

——朱光潜

柏拉图和亚里士多德是古代、中古和近代的一切哲学家中最有影响的人；在他们两个人中间，柏拉图对于后代所起的影响尤其来得大。

——罗素

迷津指路

《理想国》是柏拉图的一部重要的哲学、政治、伦理乃至法律、艺术等方面的理论著作，在西方乃至人类思想史上都占有十分重要的地位，是不可不读的经典中的经典，被后人誉为震古烁今之书。原书共分十卷，以"理想"为定义，主要涉及国家专政问题、独裁问题、正义与非正义问题、善与恶问题、教育问题以及男女平权等诸多问题。柏拉图的理想国是人类历史上最早的乌托邦。

苏格拉底早就指出，我们不该只研究关于大自然的问题，更应该研究人本身的问题，因为无论我们对大自然研究得如何透彻，都仍然可能并不明了立身处世之道。所以，苏格拉底说："我的朋友不是城外的树木，而是城内的居民。"与其在雅典城外研究树木，还不如在街头跟一些朋友谈论人生问题。换言之，人必须将注意力由大自然转到人自身之上。柏拉图也认为，关于自然物的研究对人生没有太大的用处，反之，关于节制、勇敢、正义、忠诚这些概念则与日常生活的行为抉择有关，为人生价值之根源所在。柏拉图在文中借苏格拉底之口说："我们的论证所关涉的不是普通的话题，而是我们应当如何生活。"换言之，人应该如何生活才是柏拉图在《理想国》中所要讨论的问题。

思考练习

1. 作者在本文中提出了人到老年时拥有什么比拥有财富更重要？
2. 柏拉图在《理想国》中所要讨论的问题主要是人应该如何生活。本文对于你如何才能拥有幸福的人生有什么启示？

旧瓶新酒

作为西方文明发源地的古希腊民族文化中心雅典养育了柏拉图的思想锋芒，训练了他建构理想国的想象力，从而赋予了《理想国》这部著作以极强的生命力和感染力。历史正是在不断地探索和想象的过程中发展起来的，今天国家的建构以及有条不紊的运行，不能说没有柏拉图当初对"理想国"的规划与设计的元素。课外阅读《理想国》，借鉴其观点，思考关于国家及人生合理化建设的问题。

文学，人类情感的载体

作为一种精神现象，文学的形成和发展与整个人类的活动息息相关。美国当代文艺学家M. H. 艾布拉姆斯在《镜与灯——浪漫主义文论及批评传统》一书中提出，文学是由世界、作者、作品与读者四个要素组成的艺术创造活动，并且这种艺术创造活动是整个人类活动的一部分。童庆炳先生在其主编的《文学理论教程》中指出，文学是显现在话语蕴藉中的审美意识形态，这种审美意识形态是一般意识形态的特殊形式，属于社会结构中的上层建筑。

　　一般认为，情感是文学生成的一个终极性因素，也是文学得以独立存在并产生各种效用的必备前提。这里的情感指的是文学的审美情感，是文学审美形象和意境中所呈现出来的作者和读者围绕作品所展开的情感体验。它往往是一种超越个人主体感知而具有人类普遍性的情感。《毛诗序》里有"情动于中而形于言"之说，晋人陆机讲"诗缘情而绮靡"，刘勰在《文心雕龙·情采》中专门阐述文与情的关系，明代文学家汤显祖更是讲"至情"，日本学者厨川白村也认为"文学是苦闷的象征"，这些都从不同层面阐释情感在文学内涵和外延中的一种普遍属性。其实，情感是文学作品生命的脉搏。

　　如果说一部历史记录了人类的变迁发展史，那么一部文学史就是人类的心灵情感史。本篇针对文学这一人类情感的载体，形象地告诉大学生什么是文学，文学的本质特征是什么，文学的认知价值、审美价值、文化价值是什么，也让大学生理解：解读文学这一情感载体，揭示其精神特质和情感表现特色，是为了认识中国乃至世界文学艺术情感的总体风貌，以便更好地传承优秀的民族情感精神。通过学习，大学生一方面要在潜移默化中不断完善自己的思想，修养自己的人格，另一方面要在批判继承中学会用一分为二的观点分析和对待诸如文学对人的情商的作用问题、当前中国文学的整体性沉落问题、市场经济对当代中国文学的影响问题、文学的文化价值单薄问题、当代中国文学离老百姓的情感和中国的现实太远的问题等。

　　本篇的章节设置和选文以文学为专题，从诗词曲赋、散文小说、诗乐欣赏三个层面展开。

　　诗词曲赋部分选录了九篇选文。选文以爱情为主要题材。这是因为表达爱情是古今中外文学的一个永恒的主题。从民间文学到文人之作，表现男女之情，或借男女之情寄兴的作品不仅数量众多，而且较充分地展示了人性的特点。

　　《诗经》和《楚辞》分别是中国古典诗歌现实主义与浪漫主义传统的滥觞，我国诗歌艺术的民族特色由此肇端而形成。《子衿》选自《郑风》，写的是一个女子因受阻不能前去赴约，只好等恋人过来相会，可是她望穿秋水也不见恋人的影儿，于是浓浓的爱意转化为惆怅与幽怨。《山鬼》描述的则是爱情的绝唱：美丽的山鬼披荔带萝，含睇宜笑，只能与赤豹文狸相伴，强烈的孤独感使她的爱情变得凄艳迷离，希望迷茫如解不开的愁结，使人同情。这种不可抑制的忧愁显然契合了屈原的心态，所以不妨把《山鬼》所抒发的贞洁自好、哀怨伤感的情绪看作屈原长期放逐心情的自然流露。这种香草美人的象征手法显然是对《诗经》比兴手法的继承和发展，内涵更加丰富，也更有魅力。

《行行重行行》描写的是女子对远行异乡的意中人的思念，表现了思妇独处时的精神苦闷。本诗用最明白晓畅的语言道出真情至理，用意曲尽而造语新警。

盛唐气象是被后人一再称道的文学高峰，唐诗是这座高峰上无与伦比的桂冠。本节所选录的李白的两首《长相思》非同时所作，但两首诗不仅题目相同，连内容也似乎相互唱和，仿佛是两个饱受相思之苦的情人之间内心独白的真实写照，一唱一和，成为李白诗中最温柔的一面。

宋词是中国诗歌史上唯一堪与唐诗媲美的艺术典范，其中抒情意味最浓的是美丽动人的爱情词。巾帼词人李清照是最能代表女性文学情感本体的。本节所选录的李清照的《醉花阴》，成功刻画了一个多愁善感的少妇形象，历来被称为宋词中的名篇佳作。金末元初元好问的《摸鱼儿》则驰骋想象，紧紧围绕大雁殉情的故事展开深入细致的描绘，谱写了一曲扣人心弦的恋情悲歌，寄托了元好问的绵绵哀思。

散曲是元代创造的新的文学抒情样式。本节所选录的王实甫的《十二月过尧民歌·别情》，前曲句句用叠字，后曲使用连环句法，犹如词的上下阕，一气呵成，使司空见惯的离情别绪在快唱的形式中尽情宣泄，富有情趣。

词在清代还呈现了中兴之势。本节所选录的纳兰性德的《长相思》，缠绵而不颓废，柔美而不绮靡，融细腻情感于雄壮景色之中，其所指和能指有广泛的空间和普遍的意义。

本节所选录的普希金的《致克恩》，与其他选文相比较，也许能从一个侧面窥见中西情感表达方式的不同。

散文小说部分选录了五篇选文。

《红楼梦》是我国古代小说发展的顶峰。《游幻境指迷十二钗　饮仙醪曲演红楼梦》是全书的总纲，通过贾宝玉梦游太虚幻境，利用画册、判词及歌曲的形式，隐喻含蓄地将《红楼梦》众多主要人物和次要人物的发展及结局交代出来。《红楼梦》中人物的命运基本上是依据这些隐喻揣摩出来的。

《采薇》是鲁迅的《故事新编》的第四篇，作者重塑了伯夷、叔齐这两位影响深远的所谓忠臣形象，用全新的视角剥落了他们神圣的光环，热嘲冷讽中还原了他们精神价值的无意义；直指中国国民的又一劣根性——言行脱离现实，善于转化矛盾，苟延残喘，避实趋虚，精神虚无。

"文化昆仑"钱锺书的《围城》被称为"学者小说"。节选部分以留学归国的方鸿渐的生活道路的一个片段为主要线索，将西方文明和中国传统文化相冲撞的畸形产物及其灵魂赤裸裸地展示在人们的面前。这部小说讽刺幽默、揶揄诙谐、挖苦犀利、用笔如刀，显示了独特的艺术风格。

《天才梦》是张爱玲19岁时在《西风》杂志的征文赛中所创作的一篇散文。天才与愚笨，轻松与沉重，形而上的悲剧感与形而下的世俗的欢乐，在这篇散文中形成参差的对照，从中可以看出一个优秀作家的诸多心理特质。

另外，本节还选录了《培根散文选》的两篇随笔。

诗乐欣赏部分选录了三篇选文。这一节着眼诗歌与音乐的密切关系：诗歌以语言展开，善于抒情；音乐以旋律展开，更长于抒情。任何民族的文学史都从"歌诗"开始，两者相辅相成，互不可分。虽然诗歌与音乐在向现代发展的过程中有分有合、时分时合，但是在歌曲中，两者始终不能分开。

《扬州慢》的曲谱是姜夔自己制作的，因而更能体现词的文学表现手法与音乐表现艺术完美和谐的特点。这首词巧夺天工，自然和谐，艺术手法极其精湛。

《送别》词浅意深，凄迷阴柔，哀而不伤，其先后被电影《早春二月》《城南旧事》选作插曲或主题歌，成为一个历史时期中国知识分子思想感情的象征。

《当你老了》是爱尔兰诗人叶芝的著名诗篇。诗人突破了个人的不幸遭遇，把心中的感伤化成缱绻的诗魂，以柔美曲折的方式创造了一个凄美的艺术世界，实现了对人生及命运的超越。配乐朗诵更能体现这首诗经久不衰的艺术魅力。

本篇的选文均系名家名作。诗赋长于抒情，小说长于叙事，散文长于思辨，诗乐长于演唱。选文点、线、面相结合，多角度、多侧面地引导读者感性地认识文学的内涵和外延，充分考虑了国粹性和世界性的融合、艺术性和思想性的结合、题材性和体裁性的相生。

从某种意义而言，文学是人学，它追求的是一种源于文学形象和艺术境界的美。因为美得纯情，所以引发我们的共鸣；因为美得真诚，所以净化我们的心灵；因为美得神奇，所以升华我们的精神；因为美得宽厚，所以穿越灵魂的时空。让我们在文学这一情感殿堂里寻找属于自己的一份依恋和净土。

诗词曲赋

课前热身

英国抒情诗人华兹华斯曾说："诗是强烈感情的自然流露。"我国自古也有"诗言志""诗缘情"之说。当年，曹操思绪万千，把盏赋诗"人生几何？对酒当歌。譬如朝露，去日苦多。慨当以慷，忧思难忘。何以解忧？唯有杜康。青青子衿，悠悠我心。但为君故，沉吟至今"，强烈地表达了时光易逝、功业未就的苦闷和希求招纳贤才、建功立业的意志。鲜为人知的是，其"青青子衿，悠悠我心"之句，就选自《诗经·郑风·子衿》。原诗表达的是女子对意中人的深深思恋，曹操却旧瓶装新酒，抒写了对贤才的极度思慕。可见，优秀的诗歌既是独特个性的自然流露，同时又表现了人类情感的本质，因而总能穿越历史的长廊，打动人们的心，引起普遍的共鸣。

诗经·郑风·子衿

青青子衿①，
悠悠我心。
纵我不往，
子宁不嗣音②？

青青子佩③，
悠悠我思。
纵我不往，
子宁不来？

挑兮达兮④，
在城阙兮⑤。
一日不见，
如三月兮。

①子：男子的美称。衿：即襟，衣领。
②嗣音：传音信。
③佩：这里指系佩玉的绶带。

> 郑国衰乱，不修学校，学者分散，或去或留，故陈其留者恨责去者之辞，以刺学校之废也。经三章，皆陈留者责去者之辞也。
> 　　　　　　——孔颖达

④挑、达：形容走来走去的情状。
⑤城阙：城门两边的观楼。

> 《子衿》云："纵我不往，子宁不嗣音？""子宁不来？"薄责己而厚望于人也。已开后世小说言情心理描绘矣。
> 　　　　　　——钱锺书

迷津指路

《诗经》是我国最早的一部诗歌总集,收录了周初至春秋中叶的诗歌三百零五篇。原名《诗》或"诗三百",汉以后始称为《诗经》,约编成于春秋中叶,相传由孔子删定。按不同的音乐,全书分为"风""雅""颂"三部分,如郑樵云"风土之音曰风,朝廷之音曰雅,宗庙之音曰颂"。其表现手法有赋、比、兴。《诗经》开创了我国现实主义文学的先河。

《诗经》内容十分广泛,深刻反映了殷周时期尤其是西周初至春秋中叶社会生活的各个方面。《诗经》可以说是一轴巨幅画卷,当时的政治、经济、军事、文化以及世态人情、民俗风习等,在其中都有形象的表现。在艺术上,其以四言为主,节奏简约明快;常用重章叠句,情志回环往复;多用比兴手法,意蕴丰赡含蓄。其现实主义创作传统和赋、比、兴等艺术表现手法的灵活交叉运用,对后世文学艺术产生了深远的影响。

所选这首诗写一个女子在城楼上等候她的恋人。全诗共分三章,每章四句,采用倒叙的手法。前两章取复沓形式,重章叠唱,前后结构相同,其中仅易三字;后一章从内容到形式都有了变化,但总的来说还是抒写女子对恋人的思恋之情。这样,诗歌在统一中有参差,在变化中有统一。入乐歌唱,则独唱、轮唱、重唱、合唱都可以充分抒发感情。

思考练习

1. 这首诗表达了怎样的内容?其艺术特色是什么?
2. 钱锺书认为:"《子衿》云:'纵我不往,子宁不嗣音?''子宁不来?'薄责己而厚望于人也。已开后世小说言情心理描绘矣。"你是否认同这种观点?试举例说明。

旧瓶新酒

"青青子衿,悠悠我心"本指情人间深深的思念,曹操《短歌行》里引用它表达的却是对人才的渴求。后来,有人用它表达对历史遗迹的感慨,有人用它表达对美丽风景的欣赏,有人用它指男子的外貌给女子留下的印象,还有人用它指对某种精神的敬仰。正所谓"仁者见仁,智者见智"。

大学生正处在人生的黄金阶段,不仅要志当存高远,襟怀有天下,更应注重内在精神的修炼和外在形象的设计。试以"青青子衿,悠悠我心"为题,写一篇不少于800字的文章。

课前热身

在中国文学发展史上,有这样一位伟大的诗人,人们在端午节这天专门纪念他,并曾把这天定为"诗人节";他汲取楚地民歌的营养,创造了"楚辞"这一诗歌形式,并把它发展到空前绝后的高度,开创了我国文学由集体创作向个人创作过渡的新时期;他的《离骚》《九歌》等作品表现出强烈的爱国热情和高洁的人格魅力,构思奇特,想象丰富,文采富丽,是我国浪漫主义文学的光辉起点。1953年是他逝世2230周年,世界和平理事会通过决议,将他列为世界四大文化名人之一,他受到了全世界的尊崇和敬仰。这个人,就是屈原。这首《山鬼》,在凄美的爱情中有忠贞的追求,充分体现了其首创的"香草美人"的象征和意境。据唐人沈亚之《屈原外传》载:《山鬼》结篇时,"四山忽啾啾若啼啸,声闻十里外,草木莫不萎死"。

山 鬼 屈原

若有人兮山之阿[1],被薜荔兮带女萝[2]。
既含睇兮又宜笑[3],子慕予兮善窈窕[4]。
乘赤豹兮从文狸[5],辛夷车兮结桂旗[6]。
被石兰兮带杜衡[7],折芳馨兮遗所思[8]。
余处幽篁兮终不见天[9],路险难兮独后来[10]。
表独立兮山之上[11],云容容兮而在下[12]。
杳冥冥兮羌昼晦[13],东风飘兮神灵雨[14]。
留灵修兮憺忘归[15],岁既晏兮孰华予[16]?
采三秀兮于山间[17],石磊磊兮葛蔓蔓[18]。
怨公子兮怅忘归,君思我兮不得闲?
山中人兮芳杜若[19],饮石泉兮荫松柏。
□□□兮□□□[20],君思我兮然疑作[21]。
雷填填兮雨冥冥,猿啾啾兮狖夜鸣[22]。
风飒飒兮木萧萧,思公子兮徒离忧[23]。

> 招魂楚些何嗟及,山鬼暗啼风雨。天也妒,未信与,莺儿燕子俱黄土。
> ——元好问
> 年岁晚暮,将欲罢老,谁复当令我荣华也。
> ——王逸

[1] 若有人:仿佛有人,指山鬼。阿:曲隅。[2] 被:同"披"。女萝:蔓生植物名。[3] 含睇:含情微视。宜笑:口齿美好,适宜于笑。[4] 子:山鬼所爱的对方。予:山鬼自称。窈窕:美好的样子。[5] 赤豹:毛赤而文黑的豹。从:随行。文狸:狸毛黄黑相杂。[6] 辛夷:香草名。结桂旗:结桂枝为旗。[7] 石兰、杜衡:都是香草名。[8] 遗所思:送给所思慕的人。[9] 余:山鬼自称。幽篁:深密的竹林。[10] 后来:迟到。[11] 表:突出的样子。[12] 容容:云彩涌动的样子。[13] 杳:深沉。冥冥:黑暗的样子。昼晦:白天昏黑。[14] 神灵:这里指雨神。雨:动词,下雨。[15] 灵修:这里指山鬼。憺:安心。[16] 华:荣华,这里做动词用。[17] 三秀:芝草。芝一年开三次花,所以叫三秀。[18] 磊磊:石头众多的样子。蔓蔓:蔓延的样子。[19] 芳杜若:像杜若一样芬芳。杜若,香草名。[20] 根据上下文的情况,此处可能在传抄中脱漏了一句。[21] 然:相信。[22] "雷填填"二句:电闪雷鸣,大雨倾盆,猿啼响彻夜空。填填,雷声。冥冥,犹濛濛。狖,长尾猿。[23] "风飒飒"二句:大风呼呼地吹,树叶哗哗地响,我如此思念你,徒然忍受着忧愁的折磨。飒飒,风声。萧萧,风吹树木,摇动而发的声音。徒,徒然。离,同"罹"。

迷津指路

屈原（约前340—前278），战国时期楚国的诗人、政治家，"楚辞"的创立者和代表作者。屈原出身贵族，早年受楚怀王信任，任左徒、三闾大夫等职。但他的政治主张受到保守派的反对，怀王听信谗言而将他流放到汉北。至顷襄王继位，他又再度被流放到沅湘一带。公元前278年，秦兵攻破郢都，屈原绝望悲愤，自投汨罗江而死，据传时为五月初五。屈原的作品绝大多数写于两次流放期间，包括《九章》九篇，《九歌》十一篇，再加上《离骚》《天问》《招魂》，共计二十三篇。他的作品表现出强烈的忧患意识和深沉的爱国热情，体现出诗人砥砺不懈、特立独行的节操和敢于坚持真理、百折不回的精神。其不朽的人格魅力和伟大的艺术成就对后世产生了深远而广泛的影响。

《山鬼》采用内心独白的方式，写女山鬼去山中寻找她的心上人"公子"，在希望和绝望的交织中表现出缠绵哀婉的爱情，蕴含着对爱情的忠贞追求，寄寓着诗人在流放中忠君忧国的个人形象。全诗情感哀婉缠绵、如泣如诉，语言华丽，句式以七言为主，将叙事与抒情、幻想与现实交织在一起，具有浓郁的浪漫主义色彩。

思考练习

1. 屈原受到全世界尊敬的原因是什么？
2. 熟读全诗，感受作品的意境，思考：全诗的线索是什么？山鬼的感情经历了怎样的发展变化？这首诗反映了怎样的思想？
3. 结合你学过的屈原的作品，谈谈屈原的诗歌在中国文学史上的地位。

旧瓶新酒

屈原首创的"香草美人"的象征和意境以及浪漫主义诗风对后世作家，特别是李白，有何影响？

课前热身

在中国古代文学发展史上，有一些作品，其创作年代与作者均不可考，只好冠以"无名氏"。然而，人世间的情感能够像《古诗十九首》这样被如此细腻、生动而深刻地道出，不是出于名人之手，或不知名又有何妨？

明朝陆时雍在《古诗镜》里说，《古诗十九首》"谓之风余，谓之诗母"。《古诗十九首》的出现，标志着中国古代文人五言诗的成熟。其一方面继承了《诗经》的传统，另一方面又开创了建安魏晋五言诗的风气，后来的诗人多受其影响。钟嵘说它"几乎一字千金"，刘勰誉它"五言之冠冕"，诚非过誉。或许，通过这首《行行重行行》可窥一斑。

行行重行行

行行重行行①，与君生别离。相去万余里，各在天一涯②。道路阻且长，会面安可知？胡③马依北风，越④鸟巢南枝。

相去日已远，衣带日已缓⑤。浮云蔽白日⑥，游子不顾返。思君令人老，岁月忽已晚。弃捐⑦勿复道，努力加餐饭。

> 读之自觉四顾踌躇，百端交集。　　　　——刘熙载
> 惊心动魄，可谓几乎一字千金。　　　　——钟嵘

①行行：走个不停的样子。②涯：边。③胡：古代称西北边陲为胡地或胡。④越：古代称长江以南东南沿海直至现在的越南一带为百越或越。⑤缓：宽缓、宽松。⑥白日：喻指未归的丈夫。浮云蔽日是设想丈夫另有新欢。⑦弃捐：丢开一边。捐，也是"弃"的意思。

指津迷路

《古诗十九首》之名，最早见于南朝梁的昭明太子萧统所编的《文选》。古诗，是流传在汉末魏初无作者名且无诗题的诗歌总称。一般认为，《古诗十九首》的作者大概是一些失意的中下层知识分子，姓名已不可考，内容大多是游子、思妇的思念之情，间或反映了当时的社会现实。《行行重行行》是《古诗十九首》中的第一首。

思考练习

1. 试分析"胡马依北风，越鸟巢南枝"二句的比兴寓意。
2. 刘熙载认为此诗"读之自觉四顾踌躇，百端交集"。谈谈你的感受。
3. 谈谈《古诗十九首》对我国古代五言诗发展的影响。

旧瓶新酒

由于古代社会交通不便，音信难寄，于是羁旅行役思归，闺妇思夫，中国古典诗坛上便多了一种抒发相思别情的诗。这些诗歌因其表意的真切、情感的幽咽缠绵、表现手法的独特丰富而成为中国古典诗词中一道亮丽的风景线。请归纳总结古典诗词歌赋抒写离愁别恨的常用方式，以"胡马依北风，越鸟巢南枝"为题，写一篇500字左右的短文。

课前热身

他是盛唐文化孕育出来的天才诗人，"笔落惊风雨，诗成泣鬼神"，被后人尊为"诗仙"；他在当时名噪一时，司马承祯观其人见其诗，惊叹"有仙风道骨，可与神游八极之表"；唐文宗更是御封他的诗歌和裴旻的剑舞、张旭的草书为"三绝"；他是集诗人、纵横家、游侠、剑客为一身的伟大天才。民间流传，高力士曾为他脱靴，杨贵妃曾为他磨墨，更有"若非群玉山头见，会向瑶台月下逢"的佳句撷英；他也是古代诗人中最为洒脱的一位，遭遇坎坷但从不悲观绝望，而是"天子呼来不上船，自称臣是酒中仙"。杜甫赞曰："白也诗无敌，飘然思不群。清新庾开府，俊逸鲍参军。"李白的魅力就是盛唐的魅力。其非凡的自信和自负，其不羁的人格和气度，其狷介的风骨和情怀，充分体现了盛唐知识分子特有的积极向上的时代性格和精神风貌。

文学，人类情感的载体……

长 相 思 李白

其一
长相思，在长安。
络纬①秋啼金井阑，微霜凄凄簟色寒。
孤灯不明思欲绝，卷帷②望月空长叹。
美人如花隔云端。
上有青冥③之长天，下有渌水之波澜。
天长路远魂飞苦，梦魂不到关山难。
长相思，摧④心肝。

其二
日色欲尽花含烟，月明如素愁不眠。
赵瑟初停凤凰柱，蜀琴欲奏鸳鸯弦。
此曲有意无人传，愿随春风寄燕然。
忆君迢迢隔青天。
昔时横波目，今作流泪泉。
不信妾肠断，归来看取明镜前。

①络纬：昆虫名，俗称纺织娘。
②帷：窗帘。
③青冥：青云。
④摧：伤。

> 无论如何，太白的诗是可歌无疑。黄庭坚题《李白诗草》后云："余评李白诗，如黄帝张乐于洞庭之野，无首无尾。"这种音乐的批评是很知道太白的文学艺术的。
> ——朱谦之
> 或谓寄托首次入长安时欲见君王而不能之心情。
> ——郁贤皓
> 题中偏不欲显，象外偏令有余，一以为风度，一以为淋漓。呜呼，观止矣！
> ——王夫之

迷津指路

李白（701—762），字太白，号青莲居士，祖籍陇西成纪（今甘肃秦安）。一说生于中亚西域的碎叶城（今吉尔吉斯斯坦首都比什凯克以东的托克马克市附近），5岁迁居四川绵州昌隆县（今四川省江油市）。一说生于四川省江油市青莲乡。李白出生于盛唐时期。他一生游历了大半个中国。李白不愿应试做官，但他的诗名远播，其诗歌在当时已经唱响天下。直到天宝元年（742年），因道士吴筠的推荐，他被召至长安，供奉翰林，其文章风采名震天下，但终因不能见容于权贵，在京仅三年，就被赐金遣返。安史之乱中，他入永王李璘幕。永王遇害，他受牵累下狱，流放夜郎（今贵州境内），途中遇赦。李白晚年漂泊于东南一带，依当涂县令李阳冰，不久病卒。

李白是我国古代最伟大的浪漫主义诗人，被后人尊称为"诗仙"，与杜甫并称为"李杜"。其诗今存一千多首，题材广泛多样，风格豪放、飘逸、洒脱，想象丰富，语言流转自然，音律和谐多变。他善于从民歌、神话中汲取营养素材，构成其作品特有的瑰丽绚烂的色彩。他的诗歌是屈原以来积极浪漫主义诗歌的新高峰。《长相思》属乐府《杂曲歌辞》，常以"长相思"三字开头和结尾。全诗写得情真意切，读来令人荡气回肠。前一首似有寄意，后一首写妇女对远征亲人的思念。

思考练习

1. 这两首诗创造了怎样的意境？抒发了怎样的感情？
2. 联系李白的生平，说说这两首诗反映了怎样的思想内容。
3. 简述李白在中国古代诗歌发展史上的崇高地位和不朽影响。

旧瓶新酒

乐府诗最重要的是它的音乐内质，所以拟古乐府首先应当关注的就是曲调样式。李白的古题乐府创作就特别注重对乐府诗的这种本源艺术风貌的恢复，因此，从他的作品中我们可以清楚地看到，他十分希望这些古题乐府能在音乐性上尽量"俾复旧观"，或者重新度其音律，从而在古题乐府的曲调和辞式的恢复、改造和创新方面做一番成功的尝试。请收集相关资料，谈谈你对李白乐府诗音乐特质的认识。

课前热身

元朝伊士珍《琅嬛记》载:"易安以重阳《醉花阴》词函致赵明诚。明诚叹赏,自愧弗逮,务欲胜之。一切谢客,忘食忘寝者三日夜,得五十阕,杂易安作以示友人陆德夫。德夫玩之再三,曰:'只三句绝佳。'明诚诘之。答曰:'莫道不销魂,帘卷西风,人比黄花瘦。'正易安作也。"

醉花阴 李清照

薄雾浓云愁永昼①,瑞脑消金兽①。佳节又重阳,玉枕纱厨②,半夜凉初透。

东篱把酒黄昏后,有暗香盈袖③。莫道不销魂④,帘卷西风,人比黄花瘦。

①永昼:漫长的白天。瑞脑:一种名贵的香料,俗称冰片。金兽:兽形的铜香炉。②纱厨:纱帐。③东篱:泛指采菊之地,取自陶渊明《饮酒》诗:"采菊东篱下"。暗香:这里指菊花的幽香。古诗《庭中有奇树》:"攀条折其荣,将以遗所思。馨香盈怀袖,路远莫致之。"这里用其意。④销魂:形容极度忧愁、悲伤。

> 男中李后主,女中李易安,极是当行本色。前此太白,故称词家三李。
> ——沈谦
>
> 深情苦调,元人词曲往往宗之。
> ——陈廷焯
>
> 此首情深词苦,古今共赏。起言永昼无聊之情景,次言重阳佳节之感人。换头,言向晚把酒。着末,因花瘦而触introspect己瘦,伤感之至。尤妙在"莫道"二字唤起,与方回之"试问闲愁知几许"句,正同妙也。
> ——唐圭璋

迷津指路

李清照(1084—约1151),南宋婉约词派代表作家,自号易安居士,济南章丘(今属山东济南)人。父李格非,官至礼部员外郎。母王氏,知书善文。夫赵明诚,为吏部侍郎赵挺之子,金石考据家。李清照早年生活优裕,工书能文,通晓音律。婚后与赵明诚共同致力于书画金石的整理,编写了《金石录》。中原沦陷后,她与赵明诚南流。丈夫过世后,她一直过着颠沛流离、凄凉愁苦的生活。其词从创作风格上明显分为前后两期。前期作品多描写青春生活,表现出她对大自然的喜爱和对爱情的纯真追求;后期作品则主要描写个人遭遇,抒发故国之思,渗透着强烈的爱国主义情怀。其词善用白描手法刻画人物形象,描绘细腻心情,语言风格明快自然、朴素清新,流转如珠,充分体现了词应"协音律""别是一家"的创新主张。李清照的《易安居士文集》《易安词》已散佚,今仅存四印斋本《漱玉词》一卷。

这首词是作者前期创作的怀人之作。艺术上最突出的特点是"物皆着我之色彩"。从天气到闺房，从瑞脑金兽到玉枕纱厨，从东篱把酒到人约黄昏，词人的愁苦覆盖一切。在结构上，采用铺叙的手法。末尾三句神思俱来，尤令人拍案称奇。菊花傲霜，闺妇悲秋，生人不及黄花，这幅西风瘦菊图含蕴丰富，取譬多端，韵味无穷。

思考练习

1. 谈谈李清照《醉花阴》"莫道不销魂，帘卷西风，人比黄花瘦"的妙处。
2. "男中李后主，女中李易安，极是当行本色。"试说明之。
3. 李清照的闺怨词和男性作家写的闺怨类诗词有何本质不同？

旧瓶新酒

对相思之情的表述，今人非常裸露直白，如"我爱你，爱着你，就像老鼠爱大米""妹妹你坐船头，哥哥我岸上走，恩恩爱爱纤绳荡悠悠"等。李清照《醉花阴》表述的也是缠绵的爱情，真切吐露了对丈夫的怀念和相思，却是那么的含蓄和矜持，把炽烈的爱隐藏在暗示和淡雅的言语中，传唱千年。这里面除了时空的因素，到底还有什么别的因素？

课前热身

"问世间,情是何物",元好问这一问,确实难倒了人世间无数的痴男怨女。恨也悠悠,爱也悠悠,正所谓"人生自是有情痴,此恨不关风与月"。这首词流传至今、影响深远,可能连元好问自己也预料不到。

摸鱼儿

元好问

问世间,情是何物,直教生死相许。天南地北双飞客,老翅几回寒暑。欢乐趣,离别苦,就中更有痴儿女。君应有语,渺万里层云,千山暮雪,只影向谁去。

横汾路,寂寞当年箫鼓,荒烟依旧平楚。招魂楚些何嗟及[①],山鬼[②]暗啼风雨。天也妒,未信与,莺儿燕子俱黄土。千秋万古,为留待骚人,狂歌痛饮,来访雁丘处。

> "风流蕴藉处,不减周、秦。""妙在摹写情态,立意高远。"
> ——张炎
>
> 身阅兴亡浩劫空,两朝文献一衰翁。无官未害餐周粟,有史深愁失楚弓。行殿幽兰悲夜火,故都乔木泣秋风。国家不幸诗家幸,赋到沧桑句便工。
> ——赵翼

[①]招魂:王逸《楚辞章句·招魂序》:"宋玉怜哀屈原忠而斥弃,愁懑山泽,魂魄放佚,厥命将落,故作《招魂》。""招魂楚些"意为用"楚些"招魂。语出《楚辞·招魂》,它的句尾用"些"字,故言"楚些"。"何嗟及"即嗟何及。《诗经·王风》中有"何嗟及矣"。这句意思是武帝已死,招魂无济于事。[②]山鬼:《楚辞·九歌·山鬼》篇名,有"东风飘兮神灵雨"句子。

迷津指路

元好问(1190—1257),字裕之,号遗山,世称遗山先生,山西秀容(今山西忻州)人,兴定进士,历任内乡令、南阳令、尚书省掾、左司都事、行尚书省左司员外郎等职,金亡不仕。其诗、文、词、曲,各体皆工。其诗词为金代一朝之冠,可与两宋名家媲美;其文清新雄健,长短随意,众体悉备,为金代文学批评之巨子;其散曲虽传世不多,但影响很大,有倡导之功。他是我国金末元初最有成就的作家和历史学家、文坛盟主,是宋金对峙时期北方文学的主要代表,又是金元之际在文学上承前启后的桥梁。元好问今存词三百七十七首,艺术上以苏、辛为典范,兼有豪放、婉约诸种风格,当为金代词坛第一人。元好问撰《壬辰杂编》,编有《中州集》《中州乐府》等著作。现有清光绪读书山房重刊本《元遗山先生全集》。

这是一首咏物词，全词紧紧围绕"情"字，谱写了一曲凄恻动人的恋情悲歌，表达了词人对殉情者的哀思、对至情至爱的讴歌。元代郝经评价元好问词作"乐章之雅丽，情致之幽婉，足以追稼轩"（《祭遗山先生文》）。这首词在表现手法上也极似辛弃疾的《摸鱼儿·更能消几番风雨》，借物兴感，外柔内刚，将婉约、豪放融为一体，可谓"舒写胸臆，发挥景物，境皆独得，意自天成"（叶燮《原诗》）。

思考练习

1. 试比较本词和辛弃疾《摸鱼儿·更能消几番风雨》的异同。
2. 穿越悠悠千古，当年双雁呢喃私语的场景已被各种名目的聊天室所代替，网恋成为时尚，本词所讴歌的至情是否已过时？

旧瓶新酒

古来"直教生死相许"的情，不仅有爱情，还有世情、人情、亲情、友情，乃至个人的性情。即使是爱情，也有李莫愁报复式的恨情，又有公孙绿萼殉情式的痴情，更有神雕侠侣生死不移的钟情。试联系实际，阐释到底"情为何物"。作为当代大学生，如何才能处理好感情和事业的关系？

课前热身

剧坛上的关汉卿和王实甫，如同诗坛上的李白和杜甫，是一前一后出现的双子星座。如果说关汉卿的创作以酣畅淋漓的笔墨横扫千军，揭露社会的丑恶，那么王实甫的创作就以"花间美人"般光彩照人的格调，赞美人生的美丽。读了王实甫的《西厢记》，谁不为"碧云天，黄花地，西风紧，北雁南飞。晓来谁染霜林醉？总是离人泪"这样华彩的辞章而拍案叫绝！读了《十二月过尧民歌·别情》，谁不为"见杨柳飞绵滚滚，对桃花醉脸醺醺"这样花间美人般的别情所醉倒！

[中吕] 十二月过尧民歌·别情

王实甫

自别后遥山隐隐，更那堪远水粼粼。
见杨柳飞绵滚滚，对桃花醉脸醺醺。
透内阁香风阵阵，掩重门暮雨纷纷。
怕黄昏忽地①又黄昏，不销魂怎地不销魂。
新啼痕压旧啼痕，断肠人忆断肠人。
今春香肌瘦几分？搂带②宽三寸。

①忽地：表示时间极短。
②搂带：腰带。

> 王实甫之词如花间美人，铺叙委婉，深得骚人之趣，极有佳句，若玉环之出浴华清，绿珠之采莲洛浦。
> ——朱权

迷津指路

王实甫，字德信，大都人，生平不详。《录鬼簿》把他列入"前辈已死名公才人"而位于关汉卿之后，可以推知他与关同时而略晚，元成宗元贞、大德年间（1295—1307）尚在世。贾仲明在追悼他的[凌波仙]词中，约略提到有关他的情况："风月营密匝匝列旌旗，莺花寨明飚飚排剑戟，翠红乡雄赳赳施谋智。作词章，风韵美，士林中等辈伏低。"所谓"风月营""莺花寨"，是艺人官妓聚居的场所，王实甫混迹其间，可见与市民大众十分接近。王实甫创作的杂剧计有十四种。完整保存下来的，除《西厢记》外，还有《破窑记》四折和《芙蓉亭》《贩茶船》各一折，其他剧作均已散佚。

这首曲实际上是由两支小令组成的，即《十二月》与《尧民歌》。前曲句句使用叠字，后曲使用连环句法，贴切自然，表现出作者纯熟的散曲创作技巧。这首曲生动地描写了闺中女子思念远离家乡的心上人的复杂情形，借景抒情，山、水、柳、桃、内阁、重门无不着思念之情，最后描写伤心的泪痕重重，以致身躯瘦损、衣带宽松。一种凄婉动人、发自灵魂深处的情感，经过具体的景物描写和形象的描述，美妙传神地表露出来。

思考练习

1. 本曲创造了怎样的意境？
2. 古语云："女悲春，士悲秋。"结合这首散曲谈谈你的理解。

旧瓶新酒

"黯然销魂者，唯别而已矣。"男女别情是诗词曲赋创作中古老的话题。你认为王实甫是怎样把传统题材写得别有情趣的？

课前热身

经过元明两代的沉寂，词在清代摆脱柔靡的风气，出现了中兴的局面。当时词人云集，高才辈出，词坛绽开了色彩各异的奇葩。独纳兰性德能突破诸公，成为清代最为著名的词人之一。他31岁的短暂一生因词作的杰出成就而获得了永恒的价值。朱祖谋云："八百年来无此作者。"当时盛传："家家争唱《饮水词》，纳兰心事几人知。"《纳兰词》传至国外，朝鲜人谓："谁料晓风残月后，而今重见柳屯田。"可见纳兰性德在词史上的崇高地位。

王国维在《人间词话》中指出："'明月照积雪'、'大江流日夜'、'中天悬明月'、'长河落日圆'，此中境界，可谓千古壮观。求之于词，唯纳兰容若塞上之作，如《长相思》之'夜深千帐灯'，《如梦令》之'万帐穹庐人醉，星影摇摇欲坠'差近之。"王国维的话道出了纳兰性德词的特征。

长相思 纳兰性德

山一程①，水一程。
身向榆关②那畔③行。
夜深千帐④灯。
风一更⑤，雪一更。
聒⑥碎乡心梦不成。
故园⑦无此声⑧。

①程：道程，路程。山一程、水一程，即山长水远也。②榆关：即山海关，古名榆关，明代改今名。③那畔：即山海关的另一边，指身处关外。④帐：军营的帐篷。千帐言军营之多。⑤更（gēng）：旧时一夜分五更，每更大约两小时。风一更、雪一更，即言整夜风雪交加也。⑥聒（guō）：嘈杂搅人。⑦故园：谓京师。⑧此声：指风雪交加的声音。

> 纳兰容若以自然之眼观物，以自然之舌言情……故能真切如此。北宋以来，一人而已。
> ——王国维

> （性德）小令为清一代冠冕，奇情壮采，一往无前。
> ——沈轶刘、富寿荪

迷津指路

纳兰性德（1655—1685），武英殿大学士明珠长子，原名成德，字容若，号楞伽山人，满洲正黄旗人，清初著名词人。他少时聪颖，在书法、绘画、音乐方面均有一定造诣。青年时考中进士，官职一等侍卫，但他无意功名，酷爱读书，喜交名士。他很有艺术天赋，文学造诣很高，诗文俱佳，尤以词著称，有"满洲词人第一"之誉，与朱彝尊、陈维崧并称"清初三大家"。可惜他英年早逝。纳兰性德著有《通志堂集》，附词四卷，后人汇辑成《纳兰词》。其词风哀感凄婉，有南唐后主遗风；悼亡词情真意切，堪称绝调。纳兰性德担任侍卫期间，曾多次跟随康熙出巡。康熙二十一年（1682年）早春，纳兰性德随御驾东巡，去往山海关外盛京（沈阳）。《长相思》就是其在途中写下的一首描写边塞军旅的词。

这首词铅华落尽，有一种天然风韵；格调高雅，有一种高贵气质。上下阕点面结合，内外相衬，虚实相生，情景交融，融细腻情感于雄壮景色之中，显示了高超的艺术创作技巧。由于"乡心"和"故园"没有具体指代，所起的作用只是和眼前的情境相对比，因而其所指和能指就具有了广泛的空间和普遍的意义。这首词既可以理解成思乡词，也可以理解成边塞词，甚至可以理解成爱情词。这正体现了上乘的作品给予我们的那种"一千个读者，有一千个哈姆雷特"的审美效果。

思考练习

1. 如何理解"夜深千帐灯"的艺术效果？
2. 你认为造成主人公不能入睡的真正原因是什么？

旧瓶新酒

冯金伯辑《词苑萃编》："顾梁汾说：容若词，一种凄婉处，令人不能卒读。人言愁我始欲愁。"陈其年（陈维崧）曰："饮水词哀感顽艳，得南唐二主之遗。"结合李煜的词作，谈谈你的看法。

课前热身

1819年，在朋友的聚会上，普希金与克恩初次相遇。二人交谈不多，但克恩的美貌、诗人的才华点燃了两人情感的火花。但那时克恩已经嫁给了一位五十多岁的将军。

在十二月党人的影响下，普希金用诗歌歌颂自由，抨击暴政，揭露农奴主的残酷剥削，因而遭到沙皇的流放，后又在他母亲的领地普斯科夫省米哈伊洛夫斯克村被软禁起来。1825年，克恩前来看望普希金，温润了普希金空寂绝望的心灵。临别时，普希金把《叶甫盖尼·奥涅金》第一章的发表稿赠送给克恩，书中夹着一张叠成四折的信笺，这就是后来闻名遐迩的诗歌《致克恩》。

致 克 恩　　[俄] 普希金

我记得那美妙的瞬间：
你就在我的眼前降临，
如同昙花一现的梦幻，
如同纯真之美的化身。

我为绝望的悲痛所折磨，
我因纷乱的忙碌而不安，
一个温柔的声音总响在耳边，
妩媚的身影总在我梦中盘旋。

岁月流逝。一阵阵迷离的冲动
像风暴把往日的幻想吹散，
我忘却了你那温柔的声音，
也忘却了你天仙般的容颜。

在荒凉的乡间，在囚禁的黑暗中，
我的时光在静静地延伸，
没有崇敬的神明，没有灵感，
没有泪水，没有生命，没有爱情。

我的心终于重又觉醒，
你又在我眼前降临，
如同昙花一现的梦幻，
如同纯真之美的化身。

> 普希金身上隐藏着一切种子和胚胎，这些种子和胚胎后来在我们这些艺术家身上发育成为艺术的一切种类和形式。
> ——冈察洛夫
> 普希金的诗的特征之一，那使他和以前的诗派严格区别的东西，是他的诚恳，他不夸大，不粉饰，不要弄效果，他从没有派给自己一种辉煌的，但却是他从来未经历过的感情，他到处都显示着本然的样子。
> ——别林斯基

心儿在狂喜中跳动，
一切又为它萌生：
有崇敬的神明，有灵感，
有泪水，有生命，也有爱情。

> 无怪当时有人说，读了普希金的诗，俄罗斯人的压抑的感情仿佛才得到了解放。
>
> ——卢永

迷津指路

亚历山大·谢尔盖耶维奇·普希金（1799—1837），俄国伟大的作家。他是贵族家庭出身，1837年在一次阴谋布置的决斗中遇害。普希金从童年开始写诗，其作品除了诗歌以外，主要还有长篇小说《上尉的女儿》《叶甫盖尼·奥涅金》等。普希金在创作活动上备受沙皇政府迫害。他是19世纪俄国浪漫主义文学的主要代表，同时也是现实主义文学的奠基人，被誉为"俄国文学之父""俄国诗歌的太阳"。他创立了俄国民族文学和文学语言，在诗歌、小说、戏剧乃至童话等各个领域都给俄罗斯文学提供了典范，影响遍及全世界。他的创作是全人类的一笔宝贵的精神财富。他也是无数人追逐、崇拜、模仿和研究的对象。

《致克恩》是情诗的典范之作，是普希金写得最美的一首诗。诗的第一、二节写初见克恩时留下的美妙印象，第三、四节写爱情的淡忘和无爱的生活，第五、六节写又一个美妙瞬间的到来和爱的拥有。全诗充盈着爱的狂喜和反抗残酷生活的精神动力。这首诗情感迂回起伏，涵盖了爱情碰撞中迸射的复杂而微妙的火花；语言质朴自然，用明白如话的话语抒写出热烈奔放的诗情；表达回环复沓，在重复和对比中呈现了人性中的大美；比喻贴切自然，具有极强的质感和张力，创造了激越又沉郁凄恻的意境。

思考练习

1. 简述这首诗的抒情特点。
2. 简述普希金在俄国乃至世界文学史上的崇高地位。

旧瓶新酒

结合中外相关的爱情名诗，谈谈中国人在感情表达上与西方人有何不同。

散文小说

课前热身

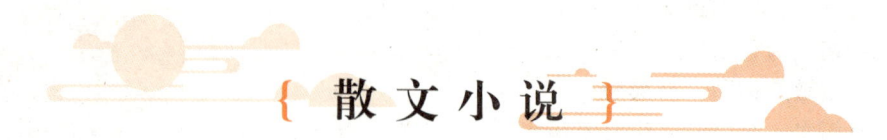

自《红楼梦》诞生之日起,"红学"研究就开始了。对《红楼梦》的主题和人物的研究、作者生平和版本的研究、《红楼梦》与其他古典小说的相互影响的研究等,构成了"红学"研究的主要内容。由于爱好者、研究者众多,"红学"日益成为"显学",其发展大有超越"甲骨学""敦煌学"之势。

其实,《红楼梦》是一个世界文化之谜。第五回是《红楼梦》的总纲,是理解、研究红楼梦的关键。

游幻境指迷十二钗　饮仙醪曲演红楼梦(节选)　曹雪芹

那宝玉刚合上眼,便惚惚的睡去,犹似秦氏在前,遂悠悠荡荡,随了秦氏,至一所在。但见朱栏白石,绿树清溪,真是人迹希逢,飞尘不到。宝玉在梦中欢喜,想道:"这个去处有趣,我就在这里过一生,纵然失了家也愿意,强如天天被父母师傅打呢。"正胡思之间,忽听山后有人作歌曰:

　　春梦随云散,飞花逐水流。
　　寄言众儿女,何必觅闲愁。

宝玉听了是女子的声音。歌声未息,早见那边走出一个人来,蹁跹袅娜,端的与人不同。有赋为证:

方离柳坞①,乍出花房。但行处,鸟惊庭树;将到时,影度回廊。仙袂乍飘兮,闻麝兰之馥郁;荷衣欲动兮,听环佩之铿锵。靥笑春桃兮,云堆翠髻;唇绽樱颗②兮,榴齿③含香。纤腰之楚楚兮,回风舞雪;珠翠之辉辉兮,满额鹅黄。出没花间兮,宜嗔宜喜;徘徊池上兮,若飞若扬。蛾眉颦笑兮,将言而未语;莲步乍移兮,待止而欲行。美彼之良质兮,冰清玉润;美彼之华服兮,闪灼文章。爱彼之貌容兮,香培玉琢;美彼之态度兮,凤翥龙翔。其素若何,

---

①柳坞(wù):柳树形成的屏障。
②唇绽樱颗:嘴唇似樱桃般鲜红饱满。
③榴齿:齿像石榴子般整齐晶莹。

春梅绽雪。其洁若何，秋菊被霜。其静若何，松生空谷。其艳若何，霞映澄塘。其文若何，龙游曲沼。其神若何，月射寒江。应惭西子，实愧王嫱④。奇矣哉，生于孰地，来自何方？信矣乎，瑶池不二，紫府⑤无双。果何人哉？如斯之美也！

　　宝玉见是一个仙姑，喜的忙来作揖问道："神仙姐姐，不知从那里来，如今要往那里去？也不知这是何处，望乞携带携带。"那仙姑笑道："吾居离恨天之上，灌愁海之中，乃放春山遣香洞太虚幻境警幻仙姑是也：司人间之风情月债，掌尘世之女怨男痴。因近来风流冤孽，缠绵于此处，是以前来访察机会，布散相思。今忽与尔相逢，亦非偶然。此离吾境不远，别无他物，仅有自采仙茗一盏，亲酿美酒一瓮，素练魔舞歌姬数人，新填《红楼梦》仙曲十二支，试随吾一游否？"宝玉听说，便忘了秦氏在何处，竟随了仙姑，至一所在，有石牌横建，上书"太虚幻境"四个大字，两边一副对联，乃是：

　　　　假作真时真亦假，无为有处有还无。

　　转过牌坊，便是一座宫门，上面横书四个大字，道是："孽海情天"。又有一副对联，大书云：

　　　　厚地高天，堪叹古今情不尽；
　　　　痴男怨女，可怜风月债难偿。

　　宝玉看了，心下自思道："原来如此。但不知何为'古今之情'，何为'风月之债'？从今倒要领略领略。"宝玉只顾如此一想，不料早把些邪魔招入膏肓了。当下随了仙姑进入二层门内，至两边配殿，皆有匾额对联，一时看不尽许多，惟见有几处写的是："痴情司""结怨司""朝啼司""夜怨司""春感司""秋悲司"。看了，因向仙姑道："敢烦仙姑引我到那各司中游玩游玩，不知可使得？"仙姑道："此各司中皆贮的是普天之下所有的女子过去未来的簿册，尔凡眼尘躯，未便先知的。"宝玉听了，那里肯依，复央之再四。仙姑无奈，说："也罢，就在此司内略随喜随喜⑥罢了。"宝玉喜不自胜，抬头看这司的匾上，乃是"薄命司"三字，两边对联写的是：

　　　　春恨秋悲皆自惹，花容月貌为谁妍。

　　宝玉看了，便知感叹。进入门来，只见有十数个大橱，皆用封条封着。看那封条上，皆是各省的地名。宝玉一心只拣自己的家乡封条看，遂无心看别省的了。只见那边橱上封条上大书七字云："金陵十二钗正册"。宝玉问道："何

④王嫱（qiáng）：王昭君。
⑤紫府：与瑶池同为传说中的仙境，亦称"紫官"。

⑥随喜：佛教用语，谓人行善而愿意参加。后来把去寺庙参观游览也称随喜。

为'金陵十二钗正册'?"警幻道:"即贵省中十二冠首女子之册,故为'正册'。"宝玉道:"常听人说,金陵极大,怎么只十二个女子?如今单我家里,上上下下,就有几百女孩子呢。"警幻冷笑道:"贵省女子固多,不过择其紧要者录之。下边二厨则又次之。余者庸常之辈,则无册可录矣。"宝玉听说,再看下首二厨上,果然写着"金陵十二钗副册",又一个写着"金陵十二钗又副册"。宝玉便伸手先将"又副册"橱门开了,拿出一本册来,揭开一看,只见这首页上画着一幅画,又非人物,也无山水,不过是水墨染的满纸乌云浊雾而已。后有几行字迹,写的是:

霁月难逢,彩云易散⑦。心比天高,身为下贱。
风流灵巧招人怨。寿夭多因毁谤生,多情公子空牵念。

宝玉看了,又见后面画着一簇鲜花,一床破席,也有几句言词,写道是:

　　枉自温柔和顺,空云似桂如兰⑧;
　　堪羡优伶有福,谁知公子无缘。

宝玉看了不解。遂掷下这个,又去开了副册橱门,拿起一本册来,揭开看时,只见画着一株桂花,下面有一池沼,其中水涸泥干,莲枯藕败,后面书云:

　　根并荷花一茎香⑨,平生遭际实堪伤。
　　自从两地生孤木,致使香魂返故乡。

宝玉看了仍不解。便又掷了,再去取"正册"看,只见头一页上便画着两株枯木,木上悬着一围玉带;又有一堆雪,雪下一股金簪。也有四句言词,道是:

　　可叹停机德⑩,堪怜咏絮才⑪。
　　玉带林中挂,金簪雪里埋。

宝玉看了仍不解。待要问时,情知他必不肯泄漏;待要丢下,又不舍。遂又往后看时,只见画着一张弓,弓上挂着香橼⑫。也有一首歌词云:

　　二十年来辨是非,榴花开处照宫闱。
　　三春争及初春景,虎兔相逢大梦归⑬。

后面又画着两人放风筝,一片大海,一只大船,船中有一女子掩面泣涕之状。也有四句写云:

　　才自精明志自高,生于末世运偏消。
　　清明涕送江边望,千里东风一梦遥⑭。

后面又画几缕飞云,一湾逝水。其词曰:

　　富贵又何为,襁褓之间父母违。
　　展眼吊斜晖,湘江水逝楚云飞⑮。

⑦霁:雨过天晴。彩云:即"雯"。这段话是晴雯的判词。

⑧似桂如兰:寓花气袭人。这段话是袭人的判词。

⑨根并荷花一茎香:寓香菱,即英莲。这段话是香菱的判词。下句"自从两地生孤木"是"桂"字,寓夏金桂。

⑩停机德:良好的妇德。东汉乐羊子妻因丈夫求学半途而废,便以割断织机上的绢为比喻,要丈夫继续求取功名,不要中断学业。这里指薛宝钗。⑪咏絮才:指女子才思过人。晋代女诗人谢道韫用"柳絮因风起"来形容大雪纷飞的情景,博得众人的称赞,后遂用"咏絮才"比喻女子有才华。这里指林黛玉。⑫香橼(yuán):香橼树的果实,即枸橼。谐音"元",指元春。⑬虎兔相逢大梦归:暗指元春在寅年卯月死去。这段话是元春的判词。

后面又画着一块美玉，落在泥垢之中。其断语云：
　　　　欲洁何曾洁，云空未必空。
　　　　可怜金玉质，终陷淖泥中⑯。
后面忽见画着个恶狼，追扑一美女，欲啖之意。其书云：
　　　　子系中山狼⑰，得志便猖狂。
　　　　金闺花柳质，一载赴黄粱。
后面便是一所古庙，里面有一美人在内看经独坐。其判云：
　　　　勘破三春景不长，缁衣顿改昔年妆。
　　　　可怜绣户侯门女，独卧青灯古佛旁⑱。
后面便是一片冰山，上面有一只雌凤。其判曰：
　　　　凡鸟偏从末世来⑲，都知爱慕此生才。
　　　　一从二令三人木，哭向金陵事更哀。
后面又是一座荒村野店，有一美人在那里纺绩。其判云：
　　　　势败休云贵，家亡莫论亲。
　　　　偶因济刘氏，巧得遇恩人⑳。
后面又画着一盆茂兰，旁有一位凤冠霞帔的美人。也有判云：
　　　　桃李春风结子完㉑，到头谁似一盆兰。
　　　　如冰水好空相妒，枉与他人作笑谈。
后面又画着高楼大厦，有一美人悬梁自缢。其判云：
　　　　情天情海幻情身，情既相逢必主淫。
　　　　漫言不肖皆荣出，造衅开端实在宁㉒。

宝玉还欲看时，那仙姑知他天分高明，性情颖慧，恐把仙机泄漏，遂掩了卷册，笑向宝玉道："且随我去游玩奇景，何必在此打这闷葫芦！"

宝玉恍恍惚惚，不觉弃了卷册，又随了警幻来至后面。但见珠帘绣幕，画栋雕檐，说不尽那光摇朱户金铺地，雪照琼窗玉作宫。更见仙花馥郁，异草芬芳，真好个所在。又听警幻笑道："你们快出来迎接贵客！"一语未了，只见房中又走出几个仙子来，皆是荷袂蹁跹，羽衣飘舞，姣若春花，媚如秋月。一见了宝玉，都怨谤警幻道："我们不知系何'贵客'，忙的接了出来！姐姐曾说今日今时必有绛珠妹子的生魂前来游玩，故我等久待。何故反引这浊物来污染这清净女儿之境？"

宝玉听如此说，便吓得欲退不能退，果觉自形污秽不

⑭千里东风一梦遥：寄语东风把思乡之梦送往千里之遥的故土。这段话是探春的判词。⑮"富贵"句：这段话是史湘云的判词。⑯"欲洁"句：这段话是妙玉的判词。⑰子系中山狼："子""系"合成一"孙"（孙）字，指迎春的丈夫孙绍祖。"中山狼"：古代寓言里，赵简子在中山打猎，一只狼被赶得走投无路，后因东郭先生掩护得救，但赵简子一走，狼立刻要吃掉东郭先生。这里指迎春凶恶的丈夫。这段话是迎春的判词。⑱"勘破"句：这段话是惜春的判词。⑲凡鸟偏从末世来："凡""鸟"合成"凤"（鳳）字，指王熙凤。这段话是王熙凤的判词。⑳"势败"句：这段话是巧姐的判词。㉑桃李春风结子完："李""完"谐音"李纨"，寓李纨生子后丧偶守寡。这段话是李纨的判词。㉒"情天"句：这段话是秦可卿的判词。

155

堪。警幻忙携住宝玉的手，向众姊妹道："你等不知原委：今日原欲往荣府去接绛珠，适从宁府所过，偶遇宁荣二公之灵，嘱吾云：'吾家自国朝定鼎以来，功名奕世，富贵传流，虽历百年，奈运终数尽，不可挽回者。故遗之子孙虽多，竟无可以继业。其中惟嫡孙宝玉一人，禀性乖张，生性怪谲，虽聪明灵慧，略可望成，无奈吾家运数合终，恐无人规引入正。幸仙姑偶来，万望先以情欲声色等事警其痴顽，或能使彼跳出迷人圈子，然后入于正路，亦吾兄弟之幸矣。'如此嘱吾，故发慈心，引彼至此。先以彼家上中下三等女子之终身册籍，令彼熟玩，尚未觉悟，故引彼再至此处，令其再历饮馔声色之幻，或冀将来一悟，亦未可知也。"

说毕，携了宝玉入室。但闻一缕幽香，竟不知其所焚何物。宝玉遂不禁相问。警幻冷笑道："此香尘世中既无，尔何能知！此香乃系诸名山胜境内初生异卉之精，合各种宝林珠树之油所制，名'群芳髓'。"宝玉听了，自是羡慕而已。大家入座，小丫鬟捧上茶来。宝玉自觉清香异味，纯美非常，因又问何名。警幻道："此茶出在放春山遣香洞，又以仙花灵叶上所带之宿露而烹，此茶名曰'千红一窟'。"宝玉听了，点头称赏。因看房内，瑶琴、宝鼎、古画、新诗，无所不有，更喜窗下亦有唾绒㉓，奁间时渍粉污。壁上也见悬着一副对联，书云：

幽微灵秀地，无可奈何天。

宝玉看毕，无不羡慕。因又请问众仙姑姓名：一名痴梦仙姑，一名钟情大士，一名引愁金女，一名度恨菩提，各各道号不一。少刻，有小丫鬟来调桌安椅，设摆酒馔。真是：琼浆满泛玻璃盏，玉液浓斟琥珀杯。更不用再说那肴馔之盛。宝玉因闻得此酒清香甘冽，异乎寻常，又不禁相问。警幻道："此酒乃以百花之蕊，万木之汁，加以麟髓之醅、凤乳之曲酿成，因名为'万艳同杯'。"宝玉称赏不迭。

饮酒间，又有十二个舞女上来，请问演何词曲。警幻道："就将新制《红楼梦》十二支演上来。"舞女们答应了，便轻敲檀板，款按银筝，听他歌道是：

开辟鸿蒙……

方歌了一句，警幻便说道："此曲不比尘世中所填传奇之曲，必有生旦净末之则㉔，又有南北九宫之限㉕。此或咏叹一人，或感怀一事，偶成一曲，即可谱入管弦。若非个

宝玉"因为懂得，所以慈悲"。
——张爱玲

太虚本义即是最极广大、无以名状的空间——亦即今日科学术语依然承用的"太空"亦即俗言口语中的"天"或"天空"。
——周汝昌

《红楼梦》是"彻头彻尾之悲剧"。然吾人从各方面观之，则世界人生之所以存在，实由吾人类之祖先一时之误谬。
——王国维

㉓唾绒：妇女刺绣时咬断绣线，随口吐出的线绒。

㉔生旦净末之则：各类戏曲角色的表演程式。

㉕南北九宫之限：受南戏（传奇）、北曲（杂剧）九个宫调调式的限制。

中人，不知其中之妙。料尔亦未必深明此调。若不先阅其稿，后听其歌，翻成嚼蜡矣。"说毕，回头命小丫鬟取了《红楼梦》原稿来，递与宝玉。宝玉接来，一面目视其文，一面耳聆其歌曰：

〔红楼梦引子〕开辟鸿蒙，谁为情种？都只为风月情浓。趁着这奈何天，伤怀日，寂寥时，试遣愚衷。因此上，演出这怀金悼玉的《红楼梦》。

〔终身误〕都道是金玉良姻，俺只念木石前盟。空对着，山中高士晶莹雪；终不忘，世外仙姝寂寞林。叹人间，美中不足今方信。纵然是齐眉举案㉖，到底意难平。

〔枉凝眉〕一个是阆苑仙葩㉗，一个是美玉无瑕。若说没奇缘，今生偏又遇着他；若说有奇缘，如何心事终虚化？一个枉自嗟呀，一个空劳牵挂。一个是水中月，一个是镜中花。想眼中能有多少泪珠儿，怎经得秋流到冬，春流到夏！

宝玉听了此曲，散漫无稽，不见得好处；但其声韵凄惋，竟能销魂醉魄。因此也不察其原委，问其来历，就暂以此释闷而已。因又看下道：

〔恨无常〕喜荣华正好，恨无常又到。眼睁睁，把万事全抛。荡悠悠，把芳魂消耗。望家乡，路远山高。故向爹娘梦里相寻告：儿命已入黄泉，天伦呵，须要退步抽身早！

〔分骨肉〕一帆风雨路三千，把骨肉家园齐来抛闪。恐哭损残年，告爹娘，休把儿悬念。自古穷通皆有定，离合岂无缘？从今分两地，各自保平安。奴去也，莫牵连。

〔乐中悲〕襁褓中，父母叹双亡。纵居那绮罗丛，谁知娇养？幸生来，英豪阔大宽宏量，从未将儿女私情略萦心上。好一似，霁月光风耀玉堂。厮配得才貌仙郎，博得个地久天长，准折得幼年时坎坷形状。终久是云散高唐㉘，水涸湘江。这是尘寰中消长数应当，何必枉悲伤！

〔世难容〕气质美如兰，才华馥比仙。天生成孤癖人皆罕。你道是啖肉食腥膻，视绮罗俗厌，却不知太高人愈妒，过洁世同嫌。可叹这，青灯古殿人将老；辜负了，红粉朱楼春色阑。到头来，依旧是风尘肮脏违心愿。好一似，无瑕白玉遭泥陷，又何须，王孙公子叹无缘。

〔喜冤家〕中山狼，无情兽，全不念当日根由。一味的骄奢淫荡贪观媾。觑着那，侯门艳质同蒲柳，作践的，公府千金似下流。叹芳魂艳魄，一载荡悠悠。

〔虚花悟〕将那三春看破，桃红柳绿待如何？把这韶华

㉖齐眉举案：案，古时进食用的短足木盘。后汉人梁鸿的妻子孟光给丈夫做好饭，把端饭的盘子举至齐眉处，表示恭敬。典出《后汉书·梁鸿传》。

㉗阆苑仙葩：仙境中的奇花。此处喻林黛玉。

㉘云散高唐：语出楚国宋玉《高唐赋》。

打灭，觅那清淡天和。说什么，天上夭桃盛，云中杏蕊多。到头来，谁把秋挨过？则看那，白杨村里人呜咽，青枫林下鬼吟哦。更兼着，连天衰草遮坟墓。这的是，昨贫今富人劳碌，春荣秋谢花折磨。似这般，生关死劫谁能躲？闻说道，西方宝树唤婆娑㉙，上结着长生果。

〔聪明累〕机关算尽太聪明，反算了卿卿性命。生前心已碎，死后性空灵。家富人宁，终有个家亡人散各奔腾。枉费了，意悬悬半世心；好一似，荡悠悠三更梦。忽喇喇似大厦倾，昏惨惨似灯将尽。呀！一场欢喜忽悲辛。叹人世，终难定！

〔留余庆〕留余庆，留余庆，忽遇恩人；幸娘亲，幸娘亲，积得阴功。劝人生，济困扶穷，休似俺那爱银钱忘骨肉的狠舅奸兄！正是乘除加减，上有苍穹。

〔晚韶华〕镜里恩情，更那堪梦里功名！那美韶华去之何迅！再休提绣帐鸳衾㉚。只这带珠冠，披凤袄，也抵不了无常性命。虽说是，人生莫受老来贫，也须要阴骘㉛积儿孙。气昂昂头戴簪缨，光灿灿胸悬金印；威赫赫爵禄高登，昏惨惨黄泉路近。问古来将相可还存？也只是虚名儿与后人钦敬。

〔好事终〕画梁春尽落香尘㉜。擅风情，秉月貌，便是败家的根本。箕裘㉝颓堕皆从敬，家事消亡首罪宁。宿孽总因情。

〔收尾·飞鸟各投林〕为官的，家业凋零；富贵的，金银散尽；有恩的，死里逃生；无情的，分明报应；欠命的，命已还；欠泪的，泪已尽；冤冤相报实非轻，分离聚合皆前定。欲知命短问前生，老来富贵也真侥幸。看破的，遁入空门，痴迷的，枉送了性命。好一似食尽鸟投林，落了片白茫茫大地真干净！

歌毕，还要歌副曲。警幻见宝玉甚无趣味，因叹："痴儿竟尚未悟！"那宝玉忙止歌姬不必再唱，自觉朦胧恍惚，告醉求卧。警幻便命撤去残席，送宝玉至一香闺绣阁之中。

㉙婆娑（suō）：指娑罗树，一种产于印度的常绿乔木，相传佛祖释迦牟尼在此树下涅槃。

㉚绣帐鸳衾：锦绣的帐子、被子。这里代指夫妻生活。
㉛阴骘（zhì）：阴德。

㉜画梁春尽落香尘：指秦可卿悬梁自尽。
㉝箕裘：簸箕和皮袍子。这里指代祖先的事业。

> 全书所写，虽不外悲喜之情，聚散之迹，而人物事故，则摆脱旧套，与在先之人情小说甚不同……盖叙述皆存真，闻见悉所亲历，正因写实，转成新鲜……
> ——鲁迅

迷津指路

曹雪芹，生卒年难以确定，名沾，字梦阮，号雪芹、芹圃、芹溪，清代小说家。曹雪芹的曾祖曹玺曾任江宁织造。祖父曹寅做过康熙的伴读和御前侍卫，后任江宁织造，兼任两淮巡盐监察御史，极受康熙宠信。康熙六下江南，其中四次由曹寅负责接驾，并住在曹家。曹寅病故后，其子曹颙、曹頫先后继任江宁织造。曹雪芹自幼在繁华生活中长大。雍正初年，由于封建统治阶级内部政治斗争的牵连，曹家遭受一系列打击，从此一蹶不振、日渐衰微。经历了生活中的重大转折，曹雪芹深感世态炎凉，对封建社会有了更清醒、更深刻的认识。他蔑视权贵，远离官场，过着贫困如洗的艰难日子。晚年，曹雪芹移居北京西郊，生活更加穷苦，"满径蓬蒿""举家食粥"。然而，他却以坚韧不拔的毅力，专心致志地从事《红楼梦》的写作和修订工作。《红楼梦》内容丰富，思想深刻，艺术精湛，把中国古典小说创作推向最高峰，在世界文学发展史上占有十分重要的地位。今传《红楼梦》八十回，后四十回由高鹗（或只是修订者）续书。

本文节选部分是《红楼梦》第五回，通过贾宝玉梦游太虚幻境，利用画册、判词及歌曲的形式，隐喻含蓄地将《红楼梦》众多主要人物和次要人物的发展及结局交代出来。

思考练习

1. "开谈不说《红楼梦》，读尽诗书也枉然。""一曲红楼多少梦？情天情海幻情身。"试举出《红楼梦》塑造的相关悲剧人物，谈谈其悲剧内涵。
2. 请将"金陵十二钗"与相关的红楼曲子相对应。

旧瓶新酒

第五回在《红楼梦》全书中占有何种地位？请阐述《红楼梦》不朽的历史地位和广泛的世界影响。

课前热身

司马迁《史记·伯夷列传》记载:"伯夷、叔齐,孤竹君之二子也。父欲立叔齐。及父卒,叔齐让伯夷。伯夷曰:'父命也。'遂逃走。叔齐亦不肯立而逃之。国人立其中子。于是伯夷、叔齐闻西伯昌善养老,'盍往归焉。'及至,西伯卒。武王载木主,号为文王,东伐纣。伯夷、叔齐叩马(此处鲁迅用"拖")而谏曰:'父死不葬,爰及干戈,可谓孝乎?以臣弑君,可谓仁乎?'左右欲兵之。太公曰:'此义人也('义'有作'异')。'扶而去之。武王已平殷乱,天下宗周,而伯夷、叔齐耻之。义不食周粟,隐于首阳山下,采薇而食之。及饿且死。作歌。其辞曰:'登彼西山兮,采其薇矣。以暴易暴兮,不知其非矣。神农、虞、夏忽焉没兮(以上为禅让者),我安适归矣?于嗟徂矣,命之衰矣!'遂饿死于首阳山。"

鲁迅先生在小说《采薇》中对伯夷、叔齐进行"故事新编",重塑了这两位影响深远的所谓忠臣形象,用全新的视角剥落了伯夷、叔齐神圣的光环,冷嘲热讽中还原了他们精神价值的无意义,直指中国国民的又一劣根性——言行脱离现实,善于转化矛盾,苟延残喘,避实趋虚,精神虚无。

采薇(节选) 鲁迅

"归马于华山之阳"和华山大王小穷奇,都使两位义士对华山害怕,于是从新商量,转身向北,讨着饭,晓行夜宿,终于到了首阳山①。

这确是一座好山。既不高,又不深,没有大树林,不愁虎狼,也不必防强盗,是理想的幽栖之所。两人到山脚下一看,只见新叶嫩碧,土地金黄,野草里开着些红红白白的小花,真是连看看也赏心悦目。他们就满心高兴,用拄杖点着山径,一步一步的挨上去,找到上面突出一片石头,好像岩洞的处所,坐了下来,一面擦着汗,一面喘着气。

这时候,太阳已经西沉,倦鸟归林,啾啾唧唧的叫着,没有上山时候那么清静了,但他们倒觉得也还新鲜,有趣。在铺好羊皮袍,准备就睡之前,叔齐取出两个大饭团,和伯夷吃了一饱。这是沿路讨来的残饭,因为两人曾经议定,"不食周粟",只好进了首阳山之后开始实行,所以当晚把它吃完,从明天起,就要坚守主义,绝不通融了。

他们一早就被乌老鸦闹醒,后来重又睡去,醒来却已是上午时分。伯夷说腰痛腿酸,简直站不起;叔齐只得独自去走走,看可有可吃的东西。他走了一些时,竟发现这山的不高不深,没有虎狼盗贼,固然是其所长,然而因此也有了缺点:下面就是首阳村,所以不但常有砍柴的老人

① 首阳山:据《史记·伯夷列传》裴[马因]《集解》引后汉马融说:"首阳山在河(黄河)东蒲坂,华山之北,河曲之中。"蒲坂故城在今山西永济市境。

或女人，并且有进来玩耍的孩子，可吃的野果子之类，一颗也找不出，大约早被他们摘去了。

他自然就想到茯苓。但山上虽然有松树，却不是古松，都好像根上未必有茯苓；即使有，自己也不带锄头，没有法子想。接着又想到苍术，然而他只见过苍术的根，毫不知道那叶子的形状，又不能把满山的草都拔起来看一看，即使苍术生在眼前，也不能认识。心里一暴躁，满脸发热，就乱抓了一通头皮。

但是他立刻平静了，似乎有了主意，接着就走到松树旁边，摘了一衣兜的松针，又往溪边寻了两块石头，砸下松针外面的青皮，洗过，又细细的砸得好像面饼，另寻一片很薄的石片，拿着回到石洞去了。

"三弟，有什么捞儿②没有？我是肚子饿得咕噜咕噜响了好半天了。"伯夷一望见他，就问。

"大哥，什么也没有。试试这玩意儿罢。"

他就近拾了两块石头，支起石片来，放上松针面，聚些枯枝，在下面生了火。实在是许多工夫，才听得湿的松针面有些吱吱作响，可也发出一点清香，引得他们俩咽口水。叔齐高兴得微笑起来了，这是姜太公做八十五岁生日的时候，他去拜寿，在寿筵上听来的方法。

发香之后，就发泡，眼见它渐渐的干下去，正是一块糕。叔齐用皮袍袖子裹着手，把石片笑嘻嘻的端到伯夷的面前。伯夷一面吹，一面掰，终于掰下一角来，连忙塞进嘴里去。

他愈嚼，就愈皱眉，直着脖子咽了几咽，倒哇的一声吐出来了，诉苦似的看着叔齐道：

"苦……粗……"

这时候，叔齐真好像落在深潭里，什么希望也没有了。抖抖的也掰了一角，咀嚼起来，可真也毫没有可吃的样子：苦……粗……

叔齐一下子失了锐气，坐倒了，垂了头。然而还在想，挣扎的想，仿佛是在爬出一个深潭去。爬着爬着，只向前。终于似乎自己变了孩子，还是孤竹君的世子，坐在保姆的膝上了。这保姆是乡下人，在和他讲故事：黄帝打蚩尤，大禹捉无支祁，还有乡下人荒年吃薇菜。

他又记得了自己问过薇菜的样子，而且山上正见过这东西。他忽然觉得有了气力，立刻站起身，跨进草丛，一路寻过去。

---

② 捞儿：也作"落儿"。北方方言，意为物质收益。这里指可吃的东西。

《故事新编》里的全部作品，"是神话、传说及史实的演义"。
——鲁迅

果然，这东西倒不算少，走不到一里路，就摘了半衣兜。他还是在溪水里洗了一洗，这才拿回来；还是用那烙过松针面的石片，来烤薇菜。叶子变成暗绿，熟了。但这回再不敢先去敬他的大哥了，撮起一株来，放在自己的嘴里，闭着眼睛，只是嚼。

"怎么样？"伯夷焦急的问。

"鲜的！"

两人就笑嘻嘻的来尝烤薇菜；伯夷多吃了两撮，因为他是大哥。

他们从此天天采薇菜。先前是叔齐一个人去采，伯夷煮；后来伯夷觉得身体健壮了一些，也出去采了。做法也多起来：薇汤，薇羹，薇酱，清炖薇，原汤焖薇芽，生晒嫩薇叶……

然而近地的薇菜，却渐渐的采完，虽然留着根，一时也很难生长，每天非走远路不可了。搬了几回家，后来还是一样的结果。而且新住处也逐渐的难找了起来，因为既要薇菜多，又要溪水近，这样的便当之处，在首阳山上实在也不可多得的。叔齐怕伯夷年纪太大了，一不小心会中风，便竭力劝他安坐在家里，仍旧单是担任煮，让自己独自去采薇。

伯夷逊让了一番之后，倒也应允了，从此就较为安闲自在，然而首阳山上是有人迹的，他没事做，脾气又有些改变，从沉默成了多话，便不免和孩子去搭讪，和樵夫去扳谈。也许是因为一时高兴，或者有人叫他老乞丐的缘故罢，他竟说出了他们俩原是辽西的孤竹君的儿子，他老大，那一个是老三。父亲在日原是说要传位给老三的，一到死后，老三却一定向他让。他遵父命，省得麻烦，逃走了。不料老三也逃走了。两人在路上遇见，便一同来找西伯——文王，进了养老堂。又不料现在的周王竟"以臣弑君"起来，所以只好不食周粟，逃上首阳山，吃野菜活命……等到叔齐知道，怪他多嘴的时候，已经传播开去，没法挽救了。但也不敢怎么埋怨他；只在心里想：父亲不肯把位传给他，可也不能不说很有些眼力。

叔齐的预料也并不错：这结果坏得很，不但村里时常讲到他们的事，也常有特地上山来看他们的人。有的当他们名人，有的当他们怪物，有的当他们古董。甚至于跟着看怎样采，围着看怎样吃，指手画脚，问长问短，令人头昏。而且对付还须谦虚，倘使略不小心，皱一皱眉，就难

《故事新编》
"或为神性之人，或为古英雄，其奇才异能神勇为凡人所不及"。
——鲁迅

鲁迅的小说《故事新编》更是打破了生活原始状态的自然逻辑，创造出一个古与今，人、神、鬼在变形中交融的世界。
——钱理群

免有人说是"发脾气"。

不过舆论还是好的方面多。后来连小姐太太,也有几个人来看了,回家去都摇头,说是"不好看",上了一个大当。

终于还引动了首阳村的第一等高人小丙君③。他原是妲己的舅公的干女婿,做着祭酒④,因为知道天命有归,便带着五十车行李和八百个奴婢,来投明主了。可惜已在会师盟津的前几天,兵马事忙,来不及好好的安插,便留下他四十车货物和七百五十个奴婢,另外给予两顷首阳山下的肥田,叫他在村里研究八卦学。他也喜欢弄文学,村中都是文盲,不懂得文学概论,气闷已久,便叫家丁打轿,找那两个老头子,谈谈文学去了;尤其是诗歌,因为他也是诗人,已经做好一本诗集子。

然而谈过之后,他一上轿就摇头,回了家,竟至于很有些气愤。他以为那两个家伙是谈不来诗歌的。第一,是穷:谋生之不暇,怎么做得出好诗?第二,是"有所为",失了诗的"敦厚";第三,是有议论,失了诗的"温柔"。⑤尤其可议的是他们的品格,通体都是矛盾。于是他大义凛然的斩钉截铁的说道:"'普天之下,莫非王土'⑥,难道他们在吃的薇,不是我们圣上的吗!"

这时候,伯夷和叔齐也在一天一天的瘦下去了。这并非为了忙于应酬,因为参观者倒在逐渐的减少。所苦的是薇菜也已经逐渐的减少,每天要找一捧,总得费许多力,走许多路。

然而祸不单行。掉在井里面的时候,上面偏又来了一块大石头。

有一天,他们俩正在吃烤薇菜,不容易找,所以这午餐已在下午了。忽然走来了一个二十来岁的女人,先前是没有见过的,看她模样,好像是阔人家里的婢女。

"您吃饭吗?"她问。

叔齐仰起脸来,连忙赔笑,点点头。

"这是什么玩意儿呀?"她又问。

"薇。"伯夷说。

"怎么吃着这样的玩意儿的呀?"

"因为我们是不食周粟……"

伯夷刚刚说出口,叔齐赶紧使一个眼色,但那女人好像聪明得很,已经懂得了。她冷笑了一下,于是大义凛然的斩钉截铁的说道:"'普天之下,莫非王土',你们在吃的

③小丙君:作者虚拟的人名。

④祭酒:古代飨宴时,先由一个年长的人以酒沃地祭神,故尊称年高有德者为祭酒。汉魏以后,用为官名,如博士祭酒、国子祭酒等。

⑤"敦厚""温柔":语出《礼记·经解》:"孔子曰:温柔敦厚,诗教也。"据孔颖达疏说,所谓"温柔敦厚"就是"依违讽谏,不指切事情"的意思;这一直成为我国封建时代文学创作和批评的一种准则。⑥普天之下,莫非王土:语见《诗经·小雅·北山》,"普"原作"溥"。

薇，难道不是我们圣上的吗！"⑦

伯夷和叔齐听得清清楚楚，到了末一句，就好像一个大霹雳，震得他们发昏；待到清醒过来，那丫头已经不见了。薇，自然是不吃，也吃不下去了，而且连看看也害羞，连要去搬开它，也抬不起手来，觉得仿佛有好几百斤重。

樵夫偶然发见了伯夷和叔齐都缩做一团，死在山背后的石洞里，是大约这之后的二十天。并没有烂，虽然因为瘦，但也可见死的并不久；老羊皮袍却没有垫着，不知道弄到那里去了。这消息一传到村子里，又哄动了一大批来看的人，来来往往，一直闹到夜。结果是有几个多事的人，就地用黄土把他们埋起来，还商量立一块石碑，刻上几个字，给后来好做古迹。

然而合村里没有人能写字，只好去求小丙君。

然而小丙君不肯写。

"他们不配我来写，"他说，"都是昏蛋。跑到养老堂里来，倒也罢了，可又不肯超然；跑到首阳山里来，倒也罢了，可是还要做诗；做诗倒也罢了，可是还要发感慨，不肯安分守己，'为艺术而艺术'。你瞧，这样的诗，可是有永久性的：上那西山呀采它的薇菜，强盗来代强盗呀不知道这的不对。神农虞夏一下子过去了，我又那里去呢？唉唉死罢，命里注定的晦气！"

"你瞧，这是什么话？温柔敦厚的才是诗。他们的东西，却不但'怨'，简直'骂'了。没有花，只有刺，尚且不可，何况只有骂。即使放开文学不谈，他们撇下祖业，也不是什么孝子，到这里又讥讪朝政，更不像一个良民……我不写！……"

文盲们不大懂得他的议论，但看见声势汹汹，知道一定是反对的意思，也只好作罢了。伯夷和叔齐的丧事，就这样的算是告了一段落。

然而夏夜纳凉的时候，有时还谈起他们的事情来。有人说是老死的，有人说是病死的，有人说是给抢羊皮袍子的强盗杀死的。后来又有人说其实恐怕是故意饿死的，因为他从小丙君府上的丫头阿金姐⑧那里听来：这之前的十多天，她曾经上山去奚落他们了几句，傻瓜总是脾气大，大约就生气了，绝了食撒赖，可是撒赖只落得一个自己死。

于是许多人就非常佩服阿金姐，说她很聪明，但也有些人怪她太刻薄。

阿金姐却并不以为伯夷叔齐的死掉，是和她有关系的。

⑦关于伯夷、叔齐由于一个女人的话而最后饿死的事，蜀汉谯周《古史考》中记有如下的传说："伯夷、叔齐者，殷之末世，孤竹君之二子也。隐于首阳山，采薇而食之。野有妇人谓之曰：'子义不食周粟，此亦周之草木也。'于是饿死。"（按《古史考》今不传，这里是根据清代章宗源辑本，在清代孙星衍所编《平津馆丛书》中）

⑧阿金姐：作者虚拟的人名。

自然，她上山去开了几句玩笑，是事实，不过这仅仅是玩笑。那两个傻瓜发脾气，因此不吃薇菜了，也是事实，不过并没有死，倒招来了很大的运气。

"老天爷的心肠是顶好的，"她说，"他看见他们的撒赖，快要饿死了，就吩咐母鹿，用它的奶去喂他们。您瞧，这不是顶好的福气吗？用不着种地，用不着砍柴，只要坐着，就天天有鹿奶自己送到你嘴里来。可是贱骨头不识抬举，那老三，他叫什么呀，得步进步，喝鹿奶还不够了。他喝着鹿奶，心里想，'这鹿有这么胖，杀它来吃，味道一定是不坏的。'一面就慢慢的伸开臂膊，要去拿石片。可不知道鹿是通灵的东西，它已经知道了人的心思，立刻一溜烟逃走了。老天爷也讨厌他们的贪嘴，叫母鹿从此不要去。⑨您瞧，他们还不只好饿死吗？那里是为了我的话，倒是为了自己的贪心，贪嘴呵！……"

听到这故事的人们，临末都深深的叹一口气，不知怎的，连自己的肩膀也觉得轻松不少了。即使有时还会想起伯夷叔齐来，但恍恍忽忽，好像看见他们蹲在石壁下，正在张开白胡子的大口，拼命的吃鹿肉。

一九三五年十二月作

⑨关于鹿奶的传说，汉代刘向《列士传》中有如下的记载："伯夷，殷时辽东孤竹君之子也，与弟叔齐俱让驿位而归于国。见武王伐纣，以为不义，遂隐于首阳之山，不食周粟，以微（薇）菜为粮。时有王摩子往难之曰：'虽不食我周粟，而食我周木，何也？'伯夷兄弟遂绝食，七日，天遣白鹿乳之。迳由数日，叔齐腹中私曰：'得此鹿完[口敢]之，岂不快哉！'于是鹿知其心，不复来下。伯夷兄弟，俱饿死也。"（按：《列士传》今不传，这是从《[王周]玉集》卷十二所引转录。《[王周]玉集》，辑者不详。宋代郑樵《通志·艺文略》著录二十卷，现存残本二卷，在清代黎庶昌所编《古逸丛书》中）

迷津指路

鲁迅（1881—1936），原名周樟寿，后改名周树人，原字豫山，后改为豫才，浙江绍兴人，文学家、思想家、革命家，中国现代文学的奠基人。1902年，鲁迅赴日本留学，入仙台医学专科学院学医，后弃医从文；1909年8月回国从教；1918年任《新青年》编辑，并在《新青年》上发表了第一篇白话小说《狂人日记》，抨击家族制度和封建礼教；后陆续发表《孔乙己》《药》《阿Q正传》等杰作，出版小说集《呐喊》。同时，他还创作了大量杂文，借此来唤醒民众。其文章被称为"时代的匕首"。鲁迅曾领导青年建莽原社、未名社，主编《莽原》，但终因积劳成疾于1936年10月19日在上海病逝。现有《鲁迅译文集》十卷、《鲁迅全集》十六卷，被译成英、日、俄、西、法、德、阿拉伯等五十多种文字，影响广泛。鲁迅是中国新文化运动的旗手，对民主革命和现代文学做出了巨大贡献，为世人留下了宝贵的文化遗产。

《故事新编》是鲁迅小说的又一个后人难以企及的高峰。钱理群曾这样评价这部作品："鲁迅的小说《故事新编》更是打破了生活原始状态的自然逻辑，创造出一个古与今，人、神、鬼在变形中交融的世界。"《采薇》是其中的第四篇，写于1935年12月。

思考练习

1. 鲁迅先生是怎样活用典故的？
2. 简述鲁迅精神的现实意义。

旧瓶新酒

马克思说，"一切神话都是在想象中和通过想象以征服自然力，支配自然力，把自然力形象化"，它是"通过人民的幻想，用一种不自觉的艺术方式加工过的自然和社会形式本身"。联系本文谈谈你的理解。

> **课前热身**
>
> 《围城》从"围城"这个比喻开始，淋漓尽致地表现了人类的"围城"困境："结婚仿佛金漆的鸟笼，笼子外面的鸟想住进去，笼内的鸟想飞出来；所以结而离，离而结，没有了局。"又说像被围困的城堡，"城外的人想冲进去，城里的人想逃出来"。进而言之，"围城"困境是贯串于人生各个层次的，其象征意义超越婚姻层次，而形成多声部的共鸣。有的评论者指出，钱锺书揭穿了追求终极理想、终极目的的虚妄，这就有可能使追求的过程不再仅仅成为一种手段，而使它本身的重要意义得以被认识和承认，使我们明白追求与希望的无止境，不再堕入虚无。

围城（节选） 钱锺书

据说"女朋友"就是"情人"的学名，说起来庄严些，正像玫瑰在生物学上叫"蔷薇科木本复叶植物"，或者休妻的法律术语是"协议离婚"。方鸿渐陪苏小姐在香港玩了两天，才明白女朋友跟情人事实上决然不同。苏小姐是最理想的女朋友，有头脑，有身份，态度相貌算得上大家闺秀，和她同上饭馆戏院并不失自己的面子。他们俩虽然十分亲密，方鸿渐自信对她的情谊到此而止，好比两条平行的直线，无论彼此距离怎么近，拉得怎么长，终合不拢来成为一体。只有九龙上岸前看她害羞脸红的一刹那，心忽然软得没力量跳跃，以后便没有这个感觉。他发现苏小姐有不少小孩子脾气，她会顽皮，会娇痴，这是他一向没想到的。可是不知怎样，他老觉得这种小姐儿腔跟苏小姐不顶配。并非因为她年龄大了；她比鲍小姐大不了多少，并且当着心爱的男人，每个女人都有返老还童的绝技。只能说是品格上的不相宜；譬如小猫打圈儿追自己的尾巴，我们看着好玩儿，而小狗也追寻过去地回头跟着那短尾巴橛乱转，就风趣减少了。那几个一路同船的学生看小方才去了鲍小姐，早换上苏小姐，对他打趣个不亦乐乎。

苏小姐做人极大方；船到上海前那五六天里，一个字没提到鲍小姐。她待人接物也温和了许多。方鸿渐并未向她谈情说爱，除掉上船下船走跳板时扶她一把，也没拉过她手。可是苏小姐偶然的举动，好像和他有比求婚、订婚、新婚更深远悠久的关系。她的平淡，更使鸿渐疑惧，觉得这是爱情超热烈的安稳，仿佛飓风后的海洋波平浪静，而底下随时潜伏着汹涌翻腾的力量。香港开船以后，他和苏小姐同在甲板上吃香港买的水果。他吃水蜜桃，耐心地撕

皮，还说："桃子为什么不生得像香蕉，剥皮多容易！或者干脆像苹果，用手帕擦一擦，就能连皮吃。"苏小姐剥几个鲜荔枝吃了，不再吃什么，愿意替他剥桃子，他无论如何不答应。桃子吃完，他两脸两手都挂了幌子，苏小姐看着他笑。他怕桃子汁弄脏裤子，只伸小指头到袋里去勾手帕，勾了两次，好容易拉出来，正在擦手，苏小姐声音含着惊怕嫌恶道："啊哟！你的手帕怎么那么脏！真亏你——咦！这东西擦不得嘴，拿我的去，拿去，别推，我最不喜欢推。"

方鸿渐涨红脸，接苏小姐的手帕，在嘴上浮着抹了抹，说："我买了一打新手帕上船，给船上洗衣服的人丢了一半。我因为这小东西容易遗失，他们洗得又慢，只好自己洗。这两天上岸玩儿，没工夫洗，所有的手帕都脏了，回头洗去。你这块手帕，也让我洗了还你。"

苏小姐道："谁要你洗？你洗也不会干净！我看你的手帕根本就没洗干净，上面的油腻斑点，怕还是马赛一路来留下的纪念。不知道你怎么洗的。"说时，吃吃笑了。

等一会，两人下去。苏小姐捡一块自己的手帕给方鸿渐道："你暂时用着，你的手帕交给我去洗。"方鸿渐慌得连说："没有这个道理！"苏小姐努嘴道："你真不爽气！这有什么大了不得？快给我。"鸿渐没法，回房舱拿了一团皱手帕出来，求饶恕似的说："我自己会洗呀！脏得很，你看了要嫌的。"苏小姐夺过来，摇头道："你这人怎么邋遢到这个地步。你就把这东西擦苹果吃么？"方鸿渐为这事整天惶恐不安，向苏小姐谢了又谢，反给她说"婆婆妈妈"。明天，他替苏小姐搬帆布椅子，用了些力，衬衫上迸脱两个纽子，苏小姐笑他"小胖子"，叫他回头把衬衫换下来交给她钉纽子。他抗议无用，苏小姐说什么就要什么，他只好服从她善意的独裁。

方鸿渐看大势不佳，起了恐慌。洗手帕，补袜子，缝纽扣，都是太太对丈夫尽的小义务。自己凭什么享受这些权利呢？享受了丈夫的权利当然正名定分，该是她的丈夫，否则她为什么肯尽这些义务呢？难道自己言动有可以给她误认为丈夫的地方么？想到这里，方鸿渐毛骨悚然。假使订婚戒指是落入圈套的象征，纽扣也是扣留不放的预兆。自己得留点儿神！幸而明后天就到上海，以后便没有这样接近的机会，危险可以减少。可是这一两天内，他和苏小姐在一起，不是怕袜子忽然磨穿了洞，就是担心什么地方的纽子脱了线。他知道苏小姐的效劳是不好随便领情的；她每钉一个纽扣或补一个洞，自己良心上就增一分向她求婚的责任。

中日关系一天坏似一天，船上无线电的报告使他们忧虑。八月九日下午，船到上海，侥幸战事并没发生。苏小姐把地址给方鸿渐，要他去玩。他满嘴答应，回老乡望了父母，一定到上海来拜访她。苏小姐的哥哥上船来接，方鸿渐躲不了，苏小姐把他向她哥哥介绍。她哥哥把鸿渐打量一下，极客气地拉手道："久仰！久仰！"鸿渐心里想，糟了！糟了！这一介绍就算经她家庭代表审定批准做候补女婿了！同时奇怪她哥哥说"久仰"，准是苏小姐从前常向她家里人说起自己了，又有些高兴。他辞了苏氏兄妹去检点行李，走不到几步，回头看见哥哥对妹妹笑，妹妹红了脸，又像喜欢，又像生气，知道在讲自己。一阵不好意思。忽然碰见他兄弟鹏图，原来上二等找他去了，苏小姐海关有熟人，行李免查放行。方氏兄弟还等着检查呢，苏小姐特来跟鸿渐拉手叮嘱"再会"。鹏图问是谁，鸿渐说姓苏。鹏图道："咳，就是法国的博士，报上见过的。"鸿渐冷笑一声，鄙视女人们的虚荣。草草把查过的箱子理好，叫了汽车准备到周经理家去住一夜，明天回乡。鹏图在什么银行里做行员，这两天风声不好，忙着搬仓库，所以半路下车去了。鸿渐叫他打个电报到家里，告诉明天搭第几班火车。鹏图觉得这钱浪费得无谓，只打了个长途电话。

他丈人丈母见他，欢喜得了不得。他送丈人一根在锡兰买的象牙柄藤手杖，送爱打牌而信佛的丈母一只法国货女人手提袋和两张锡兰的贝叶，送他十五六岁的小舅子一支德国货自来水笔。丈母又想到死去五年的女儿，伤心落泪道："淑英假如活着，你今天留洋博士回来，她才高兴呢！"周经理哽着嗓子说他太太老糊涂了，怎么今天快乐日子讲那些话。鸿渐脸上严肃沉郁，可是满心惭愧，因为这四年里他从未想起那位未婚妻，出洋时丈人给他做纪念的那张未婚妻大照相，也搁在箱子底，不知褪了颜色没有。他想赎罪补过，反正明天搭十一点半特别快车，来得及去万国公墓一次，便说："我原想明天一早上她的坟。"周经理夫妇对鸿渐的感想更好了。周太太领他去看今晚睡的屋子，就是淑英生前的房。梳妆桌子上并放两张照相：一张是淑英的遗容，一张是自己的博士照。方鸿渐看着发呆，觉得也陪淑英双双死了，萧条黯淡，不胜身后魂归之感。

> 在这本书里，我想写现代中国某一部分社会、某一类人物。写这类人，我没忘记他们是人类，只是人类，具有无毛两足动物的基本根性。
> ——钱锺书

吃晚饭时，丈人知道鸿渐下半年职业尚无着落，安慰他说："这不成问题。我想你还是在上海或南京找个事，北平形势凶险，你去不得。你回家两个礼拜，就出来住在我这儿。我银行里为你挂个名，你白天去走走，晚上教教我儿子。一面找机会。好不好？你行李也不必带走，天气这样热，回家反正得穿中国衣服。"鸿渐真心感激，谢了丈人。丈母提起他婚事，问他有女朋友没有。他忙说没有。丈人说："我知道你不会有。你老太爷家教好，你做人规矩，不会闹什么自由恋爱，自由恋爱没有一个好结果的。"

丈母道："鸿渐这样老实，是找不到女人的。让我为他留心做个媒罢。"

丈人道："你又来了！他老太爷、老太太怕不会做主。咱们管不着。"

丈母道："鸿渐出洋花的是咱们的钱，他娶媳妇，当然不能撇开咱们周家。鸿渐，对不对？你将来新太太，一定要做我的干女儿。我这话说在你耳里，不要有了新亲，把旧亲忘个干净！这种没良心的人我见得多了。"

鸿渐只好苦笑道："放心，决不会。"心里对苏小姐影子说："听听！你肯拜这位太太做干妈么？亏得我不要娶你。"他小舅子好像接着他心上的话说："鸿渐哥，有个姓苏的女留学生，你认识她么？"方鸿渐惊骇得几乎饭碗脱手，想美国的行为心理学家只证明"思想是不出声的语言"，这小子的招风耳朵是什么构造，怎么心头无声的密语全给他听到！他还没有回答，丈人说："是啊！我忘了——效成，你去拿那张报来——我收到你的照相，就教文书科王主任起个稿子去登报。我知道你不爱出风头，可是这是有面子的事，不必隐瞒。"最后几句话是因为鸿渐变了脸色而说的。

丈母道："这话对。赔了这许多本钱，为什么不体面一下！"

鸿渐已经羞愤得脸红了，到小舅子把报拿来，接过一看，夹耳根、连脖子、经背脊红下去直到脚跟。那张是七月初的《沪报》，教育消息栏里印着两张小照，铜版模糊，很像乩坛上拍的鬼魂照相。前面一张照的新闻说，政务院参事苏鸿业女公子文纨在里昂大学得博士回国。后面那张照的新闻字数要多一倍，说本埠商界闻人点金银行总经理周厚卿快婿方鸿渐，由周君资送出洋深造，留学英国伦敦、法国巴黎、德国柏林各大学，精研政治、经济、历史、社会等科，莫不成绩优良，名列前茅，顷由德国克莱登大学授哲学博士，将赴各国游历考察，秋凉回国，闻各大机关正争相礼聘云。鸿渐恨不能把报一撕两半，把那王什么主任的喉咙扼着，看还挤得出多少开履历用的肉麻公式。怪不得苏小姐哥哥见面了要说"久仰"，怪不得鹏图听说姓苏便知道是留学博士。当时还笑她俗套呢！自己这段新闻才是登极加冕的恶俗，臭气熏得读者要按住鼻子。况且人家是真正的博士，自己算什么？在船上从没跟苏小姐谈起学位的事，她看到这新闻会断定自己吹牛骗人。德国哪里有克莱登大学？写信时含混地说得了学位，丈人看信从德国寄出，武断是个德国大学，给内行人知道，岂不笑歪了嘴？自己就成了骗子，从此无面目见人！

周太太看方鸿渐捧报老遮着脸，笑对丈夫说："你瞧鸿渐多得意，那条新闻看了几遍不放手。"

效成顽皮道："鸿渐哥在仔细认那位苏文纨，想娶她来代替姐姐呢。"

方鸿渐忍不住道："别胡说！"好容易克制自己，没把报纸掷在地下，没让羞愤露在脸上，可是嗓子都沙了。

周氏夫妇看鸿渐笑容全无，脸色发白，有点奇怪，忽然彼此做个眼色，似乎了解鸿渐的心理，异口同声骂效成道："你这孩子该打。大人讲话，谁要你来插嘴？鸿渐哥今天才回来，当然想起你姐姐，心上不快活。你说笑话也得有个分寸，以后不许你开口——鸿渐，我们知道你天性生得厚，小孩子胡说，不用理他。"鸿渐脸又泛红，效成骨朵了嘴，心里怨道："别装假！你有本领一辈子不娶老婆。我不稀罕你的笔，拿回去得了。"

方鸿渐到房睡觉的时候，发现淑英的照相不在桌子上了，想是丈母怕自己对物思人，伤心失眠，特来拿走的。下船不过六七个钟点，可是船上的一切已如隔世。上岸时的兴奋，都蒸发了，觉得懦弱、渺小，职业不容易找，恋爱不容易成就。理想中的留学回国，好像地面的水，化气升上天空，又变雨回到地面，一世的人都望着、说着。现在万里回乡，祖国的人海里，泡沫也没起一个——不，承那王主任笔下吹嘘，自己也被吹成一个大肥皂泡，未破时五光十色，经不起人一搠就不知去向。他靠纱窗望出去。满天的星又密又忙，它们声息全无，而看来只觉得天上热闹。一梳月亮像形容未长成的女孩子，但见人已不羞缩，光明和轮廓都清新刻露，渐渐可烘衬夜景。小园草地里的小虫琐琐屑屑地在夜谈。不知哪里的蛙群齐心协力地干号，像声浪给火煮得发沸。几星萤火优游来去，不像飞行，像在厚密的空气里飘浮；月光不到的阴黑处，一点萤火忽明，像夏夜的一只微绿的小眼睛。这景色是鸿渐出国前看惯的，可是这时候见了，忽然心挤紧作痛，眼酸得要流泪。他才领会到生命的美善、回国的快乐，《沪报》上的新闻和纱窗外的嗡嗡蚊声一样不足介怀。鸿渐舒服地叹口气，又打个大呵欠。

方鸿渐在本县火车站，方老先生、鸿渐的三弟凤仪，还有七八个堂房叔伯兄弟和方老先生的朋友们，都在月台上迎接。他十分过意不去，一个个上前招呼，说："这样大热天，真对不住！"看父亲胡子又花白了好些，说："爸爸，你何必来呢！"

方豚翁把手里的折扇给鸿渐道："你们西装朋友是不用这老古董的，可是总比拿草帽扇好些。"又看儿子坐的是二等车，夸奖他道："这孩子不错！他回国船坐二等，我以为他火车一定坐头等，他还是坐二等车，不志高气满，改变本色，他已经懂做人的道理了。"大家也附和赞美一阵。前簇后拥，出了查票口，忽然一个戴蓝眼镜穿西装的人拉住鸿渐道："请别动！照个相。"鸿渐莫名其妙，正要问他缘故，只听得照相机咯嗒声，蓝眼镜放松手，原来迎面还有一个人把快镜对着自己。蓝眼镜一面掏名片说："方博士昨天回到祖国的？"拿快镜的人走来了，也掏出张名片，鸿渐一瞧，是本县两张地方日报的记者。那两位记者都说："今天方博士舟车劳顿，明天早晨到府聆教。"便转身向方老先生恭维，陪着一路出车站。凤仪对鸿渐笑道："大哥，你是本县的名人了。"鸿渐虽然嫌那两位记者口口声声叫"方博士"，刺耳得很，但看人家这样郑重地当自己是一尊人物，身心庞然膨胀，人格伟大了好些。他才知道住在小地方的便宜，只恨今天没换身比较新的西装，没拿根手杖，手里又挥着大折扇，满脸的汗，照相怕不会好。

到家见过母亲和两位弟媳妇，把带回来的礼物送了。母亲笑说："是要出洋的，学得这样周到，女人用的东西都会买了。"

父亲道："鹏图昨天电话里说起一位苏小姐，是怎么一回事？"方鸿渐恼道："不过是同坐一条船，全没有什么。鹏图总——喜欢多嘴。"他本要骂鹏图好搬是非，但当着鹏图太太的面，所以没讲出来。父亲道："你的婚事也该上劲了，两个兄弟都早娶了媳妇，孩子都有了。做媒的有好几起，可是，你现在不用我们这种老厌物来替你做主了。苏鸿业呢，人倒有点名望，从前好像做过几任实缺官——"鸿渐暗想，为什么可爱的女孩子全有父亲呢？她孤独的一个人可以藏匿在心里温存，拖泥带水地牵上了父亲、叔父、兄弟之类，这女孩子就不伶俐洒脱，心里不便窝藏她了，她的可爱里也就掺和渣滓了。许多人谈婚姻，语气仿佛是同性恋爱，不是看中女孩子本人，是羡慕她的老子或她的哥哥。

母亲道："我不赞成！官小姐是娶不得的，要你服侍她，她不会服侍你。并且娶媳妇要同乡人才好，外县人脾气总有点不合式，你娶了不受用。这位苏小姐是留学生，年龄怕不小了。"她那两位中学没毕业，而且本县生长的媳妇都有赞和的表情。

父亲道："人家不但留学，而且是博士呢。所以我怕鸿渐吃不消她。"——好像苏小姐是砖石一类的硬东西，非鸵鸟或者火鸡的胃消化不掉的。

母亲不服气道："咱们鸿渐也是个博士，不输给她，为什么配不过她？"

父亲捻着胡子笑道："鸿渐，这道理你娘不会懂了——女人念了几句书最难驾驭。男人非比她高一层，不能和她平等匹配。所以大学毕业生才娶中学女生，留学生娶大学女生。女人留洋得了博士，只有洋人才敢娶她，否则男人至少是双料博士。鸿渐，我这话没说错罢？这跟'嫁女必须胜吾家，娶妇必须不若吾家'一个道理。"

母亲道："做媒的几起里，许家的二女儿最好，回头我给你看照相。"

方鸿渐想这事严重了。生平最恨小城市的摩登姑娘，落伍的时髦，乡气的都市化，活像那第一套中国裁缝仿制的西装，把做样子的外国人旧衣服上两方补丁，也照式在衣袖和裤子上做了。现在不必抗议，过几天向上海溜之大吉。方老先生又说，接风的人很多，天气太热，叫鸿渐小心别贪嘴，亲近的尊长家里都得去拜访一下，自己的包车让给他坐，等天气稍凉，亲带他到祖父坟上行礼。方老太太说，明天叫裁缝来做他的纺绸大褂和里衣裤，凤仪有两件大褂，暂时借一件穿了出门拜客。吃晚饭的时候，有方老太太亲手做的煎鳝鱼丝、酱鸡翅、西瓜煨鸡、酒煮虾，都是大儿子爱吃的乡味。方老太太挑好的送到他饭碗上，

说:"我想你在外国四年可怜,什么都没得吃!"大家都笑说她又来了,在外国不吃东西,岂不饿死。她道:"我就不懂洋鬼子怎样活的!什么面包、牛奶,送给我都不要吃。"鸿渐忽然觉得,在这种家庭空气里,战争是不可相信的事,好比光天化日之下没人想到有鬼。父亲母亲的计划和希望,丝毫没为意外事故留个余地。看他们这样稳定地支配着未来,自己也胆壮起来,想上海的局势也许会和缓,战事不会发生,真发生了也可以置之不理。

> 《围城》深层的意蕴,在于这里没有一个英雄,所就有的人物都是盲目的寻梦者,是为命运玩弄的失败者。
> ——钱理群

迷津指路

《围城》被称为"学者小说"。书中对特定的社会人生和历史文化进行反思,以诙谐幽默的讽刺描绘社会和人生,挖掘人物灵魂,显示了作者驾驭语言的深厚功底。节选部分以留学归国的方鸿渐的生活道路的一个片段为主要线索,将西方文明和中国传统文化的碰撞展示在人们的面前。由于思想的敏锐和深邃,作者对世态人情省察得清楚而透彻,对那些不同身份的人物的心机和拙劣的伪装,用笔如刀,犀利挖苦,绝不留情。《围城》一书讽刺幽默、揶揄诙谐,显示了作者独特的艺术风格。

思考练习

1. 仔细阅读本文,谈谈方鸿渐是如何对待爱情和生活的。
2. 本文的讽刺特征表现在哪些方面?

旧瓶新酒

观看《围城》电视剧的片段,并联系《围城》的主题,查阅有关资料,进行一次讨论。

课前热身

天才人物常常只在某一特殊领域中做出杰出贡献，但他们早年的智力水平一般也很高。一般来说，"天才儿童"不仅智力水平高，而且在某一特定领域亦优于一般儿童。科学家们常争执，个人成就间的差异有多大成分是由遗传造成的，而不是教育和机遇的结果。不过人们普遍认为，天才与遗传和环境两者有关。天赋潜力能否开花结果，至少在某种程度上取决于机会和训练。

读了张爱玲的《天才梦》，你认为该如何界定天才？艺术领域的天才和勤奋之间是什么关系？张爱玲是20世纪三四十年代上海红极一时的才女，她是不是天才？

天 才 梦　张爱玲

我是一个古怪的女孩，从小被目为天才，除了发展我的天才外别无生存的目标。然而，当童年的狂想逐渐褪色的时候，我发现我除了天才的梦之外一无所有——所有的只是天才的乖僻缺点。世人原谅瓦格涅的疏狂，可是他们不会原谅我。

加上一点美国式的宣传，也许我会被誉为神童。我三岁时能背诵唐诗。我还记得摇摇摆摆地立在一个满清遗老的藤椅前朗吟"商女不知亡国恨，隔江犹唱后庭花"，眼看着他的泪珠滚下来。七岁时我写了第一部小说，一个家庭悲剧。遇到笔画复杂的字，我常常跑去问厨子怎样写。第二部小说是关于一个失恋自杀的女郎。我母亲批评说：如果她要自杀，她决不会从上海乘火车到西湖去自溺。可是我因为西湖诗意的背景，终于固执地保存了这一点。

我仅有的课外读物是《西游记》与少量的童话，但我的思想并不为它们所束缚。八岁那年，我尝试过一篇类似乌托邦的小说，题名《快乐村》。快乐村人是一好战的高原民族，因克服苗人有功，蒙中国皇帝特许，免征赋税，并予自治权。所以快乐村是一个与外界隔绝的大家庭，自耕自织，保存着部落时代的活泼文化。

我特地将半打练习簿缝在一起，预期一本洋洋大作，然而不久我就对这伟大的题材失去了兴趣。现在我仍旧保存着我所绘的插画多帧，介绍这种理想社会的服务、建筑、室内装修，包括图书馆、"演武厅"、巧克力店、屋顶花园。公共餐室是荷花池里的一座凉亭。我不记得那里有没有电影院与社会主义——虽然缺少这两样文明产物，他们似乎也过得很好。

> 张爱玲的文体自成一格，对散文语言及题材的开拓确有新境，她首先是个文体家，然后才是小说家、剧作家。
> ——周芬伶

文学，人类情感的载体

九岁时，我踌躇着不知道应当选择音乐或美术作我终生的事业。看了一场描写穷困的画家的影片后，我哭了一场，决定做一个钢琴家，在富丽堂皇的音乐厅里演奏。对于色彩、音符、字眼，我极为敏感。当我弹奏钢琴时，我想象那八个音符有不同的个性，穿戴了鲜艳的衣帽携手舞蹈。我学写文章，爱用色彩浓厚、音韵铿锵的字眼，如"珠灰""黄昏""婉妙""splendour""melancholy"，因此常犯了堆砌的毛病。直到现在，我仍然爱看《聊斋志异》与俗气的巴黎时装报告，便是为了这种有吸引力的字眼。

　　在学校里我得到自由发展。我的自信心日益坚强，直到我十六岁时，我母亲从法国回来，将她睽违多年的女儿研究了一下。

　　"我懊悔从前小心看护你的伤寒症，"她告诉我，"我宁愿看你死，不愿看你活着使你自己处处受痛苦。"我发现我不会削苹果，经过艰苦的努力我才学会补袜子。我怕上理发店，怕见客，怕给裁缝试衣裳。许多人尝试过教我织绒线，可是没有一个成功。在一间房里住了两年，问我电铃在哪儿我还茫然。我天天乘黄包车上医院去打针，接连三个月，仍然不认识那条路。总而言之，在现实的社会里，我等于一个废物。

　　我母亲给我两年的时间学习适应环境。她教我煮饭；用肥皂粉洗衣；练习行路的姿势；看人的眼色；点灯后记得拉上窗帘；照镜子研究面部神态；如果没有幽默天才，千万别说笑话。

　　在待人接物的常识方面，我显露惊人的愚笨。我的两年计划是一个失败的试验。除了使我的思想失去均衡外，我母亲的沉痛警告没有给我任何的影响。

　　生活的艺术，有一部分我不是不能领略。我懂得怎么看"七月巧云"，听苏格兰兵吹 bagpipe，享受微风中的藤椅，吃盐水花生，欣赏雨夜的霓虹灯，从双层公共汽车上伸出手摘树巅的绿叶。在没有人与人交接的场合，我充满了生命的欢悦。可是我一天也不能克服这种咬啮性的小烦恼，生命是一袭华美的袍，爬满了蚤子。

《天才梦》既是张爱玲"少作"的压卷之作，也是成熟的开篇之作，它成为进入张爱玲精神世界的一扇门。
——宋家宏

张爱玲的散文要和张爱玲的小说放在一起来谈，方才有味。
——吴福辉

迷津指路

张爱玲（1920—1995），原名张煐，原籍河北丰润，生于上海。1943年，她的小说处女作《沉香屑》（第一炉香、第二炉香）被周瘦鹃发表在《紫罗兰》杂志上。随后，她又接连发表了《倾城之恋》《金锁记》等代表作。此后的三四年是她创作的丰收期，小说、诗歌等文学作品多发表于《天地》《万象》等杂志上。1949年，她以笔名梁京在上海《亦报》上发表小说。1950年，张爱玲参加上海第一届文代会。1952年，张爱玲移居香港，在美国新闻处工作。1955年，张爱玲旅居美国，后在加州大学中文研究中心从事翻译和小说考证工作，过着"隐居"生活。1995年9月8日，她被发现死于美国洛杉矶公寓。

张爱玲的创作开拓了现代文学的题材领域。这些作品既以中国古典小说为根底，又突出运用了西方现代派心理描写技巧，并将二者融合于一体，形成颇具特色的个人风格。她的主要作品有小说集《传奇》和散文集《流言》。张爱玲写作《天才梦》时年仅20岁，这个青春年少的女孩一登上文坛便不同凡响。其文章构思奇特、幽默生动而文采斐然，洋溢着一种蓬勃的生命力。

思考练习

1. 你认为创造性的工作主要依赖天才还是勤奋？
2. 你认为张爱玲的自我描述真实客观吗？试着给自己写一篇自传。

旧瓶新酒

天才就意味着精神和心灵的痛苦。天才就意味着享受事业成功的快乐。你更认同哪一种说法？

课前热身

弗朗西斯·培根有一句众所周知的名言：知识就是力量。培根还有一句名言，虽然鲜为人知，也很少被人引用，但它同样精彩。这句名言是："一个人成功的价值，并不在于他做出了某些令人惊讶的发明（尽管这些发明是有用的），而在于他在大自然的原野上燃起一点星火。"我们可以把这句话理解为：一个人成功不在于他发现、掌握了知识，而在于他把这些知识传播开来。发明固然伟大，发明的传播更加伟大。如果说知识是推动社会进步的显性力量的话，那么情商和美德就是促进社会和谐发展的隐性力量。从这个意义上讲，发现和传播知识固然重要，但如何发现和怎样传播知识更加重要。

培根散文选[①]　　［英］培根

[①] 节选自培根著、曹明伦译《培根论说文集》，北京燕山出版社2008年版。

【论读书】

读书足以怡情，足以博彩，足以长才。其怡情也，最见于独处幽居之时；其博彩也，最见于高谈阔论之中；其长才也，最见于处世判事之际。

练达之士虽能分别处理细事或一一判别枝节，然纵观统筹、全局策划，则舍好学深思者莫属。读书费时过多易惰，文采藻饰太盛则矫，全凭条文断事乃学究故态。

读书补天然之不足，经验又补读书之不足，盖天生才干犹如自然花草，读书然后知如何修剪移接；而书中所示，如不以经验范之，则又大而无当。

有一技之长者鄙读书，无知者羡读书，唯明智之士用读书，然书并不以用处告人，用书之智不在书中，而在书外，全凭观察得之。

读书时不可存心诘难作者，不可尽信书上所言，亦不可只为寻章摘句，而应推敲细思。

书有可浅尝者，有可吞食者，少数则须咀嚼消化。换言之，有只须读其部分者，有只须大体涉猎者，少数则须全读，读时须全神贯注，孜孜不倦。书亦可请人代读，取其所作摘要，但只限题材较次或价值不高者，否则书经提炼犹如水经蒸馏，淡而无味矣。

读书使人充实，讨论使人机智，笔记使人准确。因此不常做笔记者须记忆特强，不常讨论者须天生聪颖，不常读书者须欺世有术，始能无知而显有知。

读史使人明智，读诗使人灵秀，数学使人周密，科学使人深刻，伦理学使人庄重，逻辑修辞之学使人善辩；凡有所学，皆成性格。

　　人之才智但有滞碍，无不可读适当之书使之顺畅，一如身体百病，皆可借相宜之运动除之。滚球利睾肾，射箭利胸肺，慢步利肠胃，骑术利头脑，诸如此类。如智力不集中，可令读数学，盖演题须全神贯注，稍有分散即须重演；如不能辨异，可令读经院哲学，盖是辈皆吹毛求疵之人；如不善求同，不善以一物阐证另一物，可令读律师之案卷。如此头脑中凡有缺陷，皆有特药可医。

【论　美】

　　德行犹如宝石，朴素最美；其于人也：则有德者但须形体悦目，不必面貌俊秀，与其貌美，不若气度恢宏。

　　人不尽知：绝色无大德也；一如自然劳碌终日，但求无过，而无力制成上品。因此美男子有才而无壮志，重行而不重德。但亦不尽然。罗马大帝奥古斯提与泰特思，法王菲律浦，英王爱德华四世，古雅典之亚西拜提斯，波斯之伊斯迈帝，皆有宏图壮志而又为当时最美之人也。

　　美不在颜色艳丽而在面目端正，又不尽在面目端正而在举止文雅合度。美之极致，非图画所能表，乍见所能识。举凡最美之人，其部位比例，必有异于常人之处。阿贝尔与杜勒皆画家也，其画人像也，一则按照几何学之比例，一则集众脸形之长于一身，二者谁更不智，实难断言，窃以为此等画像除画家本人外，恐无人喜爱也。余不否认画像之美可以超绝尘寰，但此美必为神笔，而非可依规矩得之者，乐师之谱成名曲亦莫不皆然。人面如逐部细察，往往一无是处，观其整体则光彩夺目。

　　美之要素既在于举止，则年长美过年少亦无足怪。古人云："美者秋日亦美。"年少而著美名，率由宽假，盖鉴其年事之少，而补其形体之不足也。美者犹如夏日蔬果，易腐难存；要之，年少而美者常无行，年长而美者不免面有惭色。虽然，但须托体得人，则德行因美而益彰，恶行见美而愈愧。

> 培根是"英国唯物主义和整个现代实验科学的真正始祖"。
> ——马克思

迷津指路

弗朗西斯·培根（1561—1626），英国哲学家、思想家、作家和科学家。培根的实验科学对西方乃至世界的科学技术的发展都起到了非常大的推动作用。综观培根一生，他天资卓绝，勤奋好学，从小志存高远，在学术上有伟大的抱负，并且为此奋斗一生，最终实现了自己的理想。其在改造旧的学术思想，创建新的科学方法，从而促进人类科学发展方面树立了丰碑。他在逻辑学、美学、教育学方面也提出了许多思想。培根著有《新工具》《论说随笔文集》等。这两篇随笔精短隽永，结构严密，行文紧凑，对求知、美德的论述充满智慧，文字深刻老练、沉稳有力，警句格言、至理名言俯拾即是。

思考练习

1. "读史使人明智，读诗使人聪慧，演算使人精密，哲理使人深刻，伦理学使人有修养，逻辑修辞使人善辩。总之，'知识能塑造人的性格'。"知识真的能塑造人的性格吗？
2. 如何把美的形貌与美的德行结合起来？

旧瓶新酒

组织一次讨论会，谈谈你对"知识就是力量"的看法。

诗乐欣赏

课前热身

从某种意义上来说，文学表现手法是需要曲谱与之相谐的，正所谓"诗言志，歌永言，声依永，律和声"。《扬州慢》的曲谱是姜夔自己制作的，因而更能体现词的文学表现手法与音乐表现艺术完美和谐的特点。这首词无论是歌词还是曲谱，都巧夺天工、自然和谐。如此精湛的艺术手法博得了一代词学大师王国维的称赞："古今词人格调之高，无如白石。"

扬 州 慢[①] 姜夔

淳熙丙申至日[②]，予过维扬[③]。夜雪初霁，荠麦弥望[④]。入其城，则四顾萧条，寒水自碧。暮色渐起，戍角[⑤]悲吟。予怀怆然，感慨今昔，因自度此曲。千岩老人[⑥]以为有《黍离》之悲也。

淮左[⑦]名都，竹西佳处，解鞍少驻初程。过春风十里，尽荠麦青青。自胡马、窥江去后[⑧]，废池乔木[⑨]，犹厌言兵。渐黄昏，清角吹寒[⑩]，都在空城。

杜郎俊赏，算而今、重到须惊。纵豆蔻词工，青楼梦好，难赋深情。二十四桥仍在，波心荡、冷月无声。念桥边，红药[⑪]年年，知为谁生。

《疆村丛书》本《白石道人歌曲》卷五

[①]此调为姜夔自度曲，后人多用以抒发怀古之思。又名《郎州慢》，上下阕，九十八字，平韵。[②]淳熙丙申：淳熙三年（1176年）。至日：冬至。[③]维扬：指扬州。[④]荠麦：荠菜和麦苗。弥望：满眼。[⑤]戍角：军营中的号角。[⑥]千岩老人：南宋诗人萧德藻，字东夫，号千岩老人。[⑦]淮左：淮东。扬州是宋代淮南东路的首府，故称"淮左名都"。[⑧]胡马、窥江：指1161年金主完颜亮南侵，攻破扬州，直抵长江边的瓜洲渡，到淳熙三年姜夔过扬州已十六年。[⑨]废池：废毁的池台。乔木：残存的古树。二者都是乱后余物，表明城中荒芜，人烟萧条。[⑩]渐：向，到。清角：凄清的号角声。[⑪]红药：芍药。

白石词疏影、暗香、扬州慢、一萼红、琵琶仙、探春、八归、淡黄柳等曲，不惟清空，又且骚雅，读之使人神观飞越。

——张炎

"犹厌言兵"的"厌"字，写得极其传神。意谓扬州遭兵火后，荒废的池沼、尚存的大树，至今仍厌恶谈论战事。"无数伤乱语，他人累千百言，亦此韵味。"

——陈廷焯

迷津指路

姜夔（1154—1221），字尧章，别号白石道人，又号石帚，饶州鄱阳（今江西鄱阳县）人，南宋词人。他少年孤贫，屡试不第，终生未仕，一生转徙江湖；早有文名，颇受杨万里、范成大、辛弃疾等人推赏，以清客身份与张鎡等名公臣卿往来。今存其词八十多首，多为记游、咏物和抒写个人身世及离别相思之作，偶然也流露出对时事的感慨。其词情意真挚，格律严密，语言华美，风格清幽冷峻，有以瘦硬清刚之笔调矫婉约词媚无力之意。姜夔上承周邦彦，下开吴文英、张炎一派，是格律派的代表作家，对后世影响较大。其代表作有《白石道人歌曲》《白石道人诗集》《诗说》《绛帖平》《续书谱》和琴曲《古怨》等。

姜夔有十七首自度曲，《扬州慢》是写得最早的一首。上阕纪行，下阕志感。时届岁暮，"春风十里"用杜牧诗，使人联想到当年楼阁参差、珠帘掩映的"春风十里扬州路"的盛况。"过春风十里"同"尽荠麦青青"对举，正是词序中所说的"黍离之悲"。词的下阕即从杜牧身上落笔，把杜牧的诗作为历史背景，以昔日扬州的繁华同眼前战后的衰败相比，以抒今昔之感，同时也借以自述心情。面对屡经兵火的扬州，纵有满怀风情也不能不为伤离之感所淹没了。可以说艳语写哀情是此词的一个特点。

思考练习

1. 本词是如何实现形式和内容、诗歌与音韵完美统一的？
2. 列举现代流行音乐的一些作品，思考姜夔的《扬州慢》对现代音乐歌词写作的启迪意义。

旧瓶新酒

本词曾附有自度曲，可惜长期受文学与音乐分隔研究的限制，对这首词的评析研究多局限于文学方面。请通过网络搜寻《扬州慢》曲谱并加以演唱，深刻体会其精湛的文学和音乐艺术手法的运用。

课前热身

李叔同编作的乐歌作品广为知识分子喜爱，像《送别》《忆儿时》《梦》《西湖》等。特别是《送别》，先后被电影《早春二月》《城南旧事》选作插曲或主题歌，成为一个历史时期中国知识分子思想感情的象征。

送别 李叔同

长亭外，古道边，芳草碧连天。晚风拂柳笛声残，夕阳山外山。

天之涯，地之角，知交半零落。一觚浊酒尽馀欢，今宵别梦寒。

> 传统文化精神如同遗传基因一般构成了李叔同文化性格的血肉精气，并熔铸出他由中而外、外洋内中的现代儒学知识分子的文化性格特征。
> ——曹布拉

迷津指路

李叔同（1880—1942），又名李息霜、李岸、李良，谱名文涛，幼名成蹊，学名广侯，字息霜，别号漱筒，祖籍浙江平湖，生于天津。他是向中国传播西方音乐的先驱，所创作的《送别》历经几十年传唱不衰，成为经典名曲。同时，他是中国话剧的开拓者之一，在音乐、书法、绘画和戏剧方面都颇有造诣，先后培养出了名画家丰子恺、音乐家刘质平等一批文化名人。李叔同后来剃度为僧，法名演音，号弘一，晚号晚晴老人。他苦心向佛，过午不食，精研律学，弘扬佛法，普度众生出苦海，被佛门弟子奉为律宗第十一代世祖。他为世人留下了咀嚼不尽的精神财富，是中国绚丽至极归于平淡的典型人物。

《送别》歌词意象空灵，诗味浓郁，意蕴丰赡，深婉绵邈。聚散离合本是人之常情，也是古典诗词常见的写作题材。作者通过"送别"这一人生旅途常见的特写，对人间送别情景进行了高度提炼和概括，契合了种种人生经历的人的情感体验，引发了广泛的共鸣。在凄迷的音乐中，其言近旨远的象征意义更加感人。

思考练习

1. 简述《送别》的意境。
2. 《送别》对传统文化和西方音乐有何借鉴？

旧瓶新酒

请通过网络搜寻《送别》曲谱并加以演唱，深刻体会其非凡的艺术魅力。

课前热身

有人只知道《当你老了》这首诗是感动了人们一个多世纪的爱情绝唱，却不知在它的背后隐藏着凄凉的爱情悲剧。当初，叶芝爱上了毛德·冈，如同惊鸿一瞥，使他战栗不已。但造化弄人，他和毛德·冈之间有缘无分。惊喜和孤寂、希冀和悲凉伴随了诗人人生的征程。"诗人不幸诗歌幸"，让诗人痛苦无望的爱情擦亮了他心灵深处的激情之花，让他的灵魂在诗歌中得到了净化和升华。

叶芝一直等待并追求着爱情，即使他的意中人早已是别人的妻子。在已经死去丈夫的毛德·冈再次拒绝了自己的求婚后，叶芝终于停止了这种无望的念头。但事实上，叶芝还是无法忘记毛德·冈。在他生命的最后几个月，他还给毛德·冈写信，约她出来喝茶，但还是被她拒绝了。而且，毛德·冈还坚决拒绝参加他的葬礼。对爱情终生执着，却又无法得到回报，这是人生不堪的悲剧和残缺美。叶芝的一生多像《蒹葭》的主人公，所追求的梦想总是可望而不可即。然而，人生的意义就在追求的过程，无论得到与否，只要认真地活着，生命就会放射出耀眼的光芒。"只有一个人爱你那朝圣者的灵魂，爱你衰老了的脸上痛苦的皱纹"，这样的爱情倾诉已经超越了情感和生命本身，获得了恒久的价值。

当你老了[1]

[爱] 叶芝

当你老了，头白了，睡意昏沉，
炉火旁打盹，请取下这部诗歌，
慢慢读，回想你过去眼神的柔和，
回想它们昔日浓重的阴影；

多少人爱你青春欢畅的时辰，
爱慕你的美丽，假意或真心，
只有一个人爱你那朝圣者的灵魂，
爱你衰老了的脸上痛苦的皱纹；

垂下头来，在红光闪耀的炉子旁，
凄然地轻轻诉说那爱情的消逝，
在头顶的山上它缓缓踱着步子，
在一群星星中间隐藏着脸庞。

[1] 选自袁可嘉等选编的《外国现代派作品选（A卷）》，北京燕山出版社2006年版。

> 毛德·冈"颀长而高贵，面庞和胸房/像盛开的苹果花儿一样鲜艳芬芳"。
> ——叶芝
> 在他的岁月的监狱里，教给自由人如何赞誉。
> ——奥登

迷津指路

威廉·巴特勒·叶芝（1865—1939），亦译"叶慈""耶茨"，爱尔兰诗人、剧作家、著名的神秘主义者，"爱尔兰文艺复兴运动"的领袖，艾比剧院的创建者之一。叶芝早年的创作具有浪漫主义的华丽风格，善于营造梦幻般的氛围。进入不惑之年后，在现代主义诗人庞德等人的影响下，尤其是在参与爱尔兰民族主义政治运动的切身体验的影响下，叶芝的创作风格发生了比较激烈的变化，更加趋近现代主义。叶芝曾于1923年获得诺贝尔文学奖，获奖的理由是"以其高度艺术化且洋溢着灵感的诗作表达了整个民族的灵魂"。1934年，他和拉迪亚德·吉卜林共同获得古腾堡诗歌奖。其主要诗集有《苇间风》《塔楼》《责任》《三月的满月》等。

《当你老了》是叶芝流传最广的一首爱情诗。诗歌采用第二人称的视角，虚拟了一位暮年的老人，在炉火旁回忆曾经的爱情，让时光来见证某种爱情的深度（爱你那朝圣者的灵魂）和长度（爱你衰老了的脸上痛苦的皱纹），字字句句其实都是主人公不可遏止的情感的内心独白。诗歌语言朴素含蓄，没有热烈的宣泄，只有平静的倾诉，调子舒缓深沉，呈现出一种深刻的悲剧美。配乐朗诵该诗，更能体会其震撼人心的静穆。

思考练习

1. 这首诗为什么能够突破不同国家、不同语言的局限，获得全世界人民广泛的情感共鸣？
2. 给这首诗配乐并朗诵。

旧瓶新酒

我国自古有"国家不幸诗人幸，诗人不幸诗歌幸"之说。面对着断裂残缺的人生，伟大的哲学让我们平静地接受，而伟大的艺术却让我们动情地欣赏——欣赏这种残缺之美。当诗人以审美的眼光来看待自己的不幸与痛苦时，方能获得恒久的艺术魅力。结合叶芝的《当你老了》，谈谈你是如何看待残缺之美与文学人生的关系的。

礼仪，人类交际的准则

礼仪，人类交际的准则……

1983年7月，著名史学大师钱穆先生向美国学者邓尔麟谈及中国文化的特点以及中西文化的区别时，认为"礼"是中国传统文化的核心。邓尔麟认为钱穆先生所论十分精彩，是为之上了"一堂中国文化课"。

中国文化是由中国士人在许多世纪中培养起来的，而中国的士人是相当具有世界性的。与欧洲的文人不同的是，中国士人不管来自何方，都有一个共同的文化。在西方人看来，文化与区域相连，各地的风俗和语言标志着各种文化。但对中国人来说，文化是宇宙性的，所谓乡俗、风情和方言只代表某一地区。要理解这一区别必须理解"礼"这个概念。

在西方语言中没有"礼"的同义词。它是中国人的一切习俗行为的准则，标志着中国的特殊性。正因为西语中没有"礼"这个概念，西方只是用风俗之差异来区分文化，似乎文化只是其影响所及地区各种风俗习惯的总和。如果了解中国各地的风俗，就会发现各地的风俗差异很大。然而，无论在哪儿，"礼"都是一样的。"礼"是一个家庭的准则，管理着生死婚嫁等一切家务和外事。同样，"礼"也是一个政府的准则，统辖着一切内务和外交。要理解中国文化非如此不可，因为中国文化不同于风俗习惯。

钱先生最后对邓尔麟说："要了解中国文化，必须站到更高来看到中国之心。中国的核心思想就是'礼'。"

中国号称"礼仪之邦"，因为"礼"在国家社会生活中举足轻重。

礼是社会一切活动的准则。儒家认为，人的活动应该符合"德"，要体现仁、义、文、行、忠、信的要求。为此，根据德的行为要求，制定为一套规范，称之为"礼"。在社会生活中，礼是衡量是非曲直的标准，是诸事之本。《礼记·曲礼》说："道德仁义，非礼不成。教训正俗，非礼不备。分争辨讼，非礼不决。君臣、上下、父子、兄弟，非礼不定。宦学事师，非礼不亲。班朝治军，莅官行法，非礼威严来行。祷祠祭祀，供给鬼神，非礼不诚不庄。"道德为万事之本，仁义为群行之大。人要施行道德仁义四事，不用礼则无由得成。要通过教人师法，训说义理，来端正其乡风民俗，不得其礼就不能备具。争讼之事，不用礼则难以决断。君臣、上下、父子、兄弟等的上下、先后之位，也必须根据礼才能确定。从师学习仕官与六艺之事，没有礼就不能亲近。班朝治军，莅官行法，只有用礼才有威严可行。祷祠祭祀，供给鬼神，也只有依礼而行才能诚意敬。

礼的内涵是如此丰富，礼的力量渗透到人与人、家庭、统治的方方面面。因此，尽管中国是礼仪之邦，但是没有人可以用"一言以蔽之"的方法给"礼"下一个定义。我们可以借助于与礼仪有关的篇章来窥见礼仪之一斑。礼仪故事部分选录了《燕昭王求贤》《西行漫记》和《安娜·卡列尼娜》。

《燕昭王求贤》体现了战国政治生活中讲求诚信之礼以及燕昭王求取贤才之事。燕国在战国七雄中相对弱小，经历国内纷争后，太子平即位，就是燕昭王。他立志使燕国强大起来，下决心物色治国的人才。他降低自己的身份向老臣郭隗求教，并拿出丰厚的礼物来招揽人才，希望将来凭借他们的力量报仇。郭隗先用类比说明要吸引各类人才，为君主者的所作所为就是礼贤下士；然后用"千金市

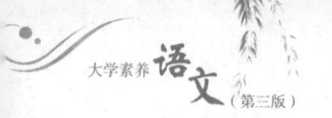

骨"的故事建议燕昭王诚信求士会取得良效。燕王终于筑宫并以郭隗为师，引来大量人才为燕国服务，最终报仇雪耻。

现代社会，一个称呼就体现了礼的内涵。《西行漫记》中记载了这样一则故事：美国记者埃德加·斯诺独行来到苏区，西方文化与战时特殊的苏区文化撞在了一起，产生了些许意想不到而有趣的摩擦。一个简单的称呼，就显示了礼仪文明的隔阂与消融。称呼的改变仿佛一把神奇的钥匙，迅即打开了横在西方人与东方小战士之间的门。从斯诺的这一段记述中，我们真切地感受到革命根据地人民（即使是小孩）人性的觉悟，即作为一个革命同志的尊严感。一个称谓事小，可是在这些孩子看来，它是对人尊重的体现。既尊重自己，又尊重他人，这反映了一种真正平等的人际关系。"同志"这至尊至贵的称谓，是志同道合的象征，凝聚的是共同的目标和感情，更是革命队伍中人与人的关系的本质概括。斯诺从他们身上感受到了生机勃勃的精神。

在西方，礼仪在贵族生活中有较鲜明的体现。如《安娜·卡列尼娜》舞会一场中，安娜身着黑丝绒衣裳，吸引了伏伦斯基的目光，而精心打扮得像玫瑰花一般的吉娣却受到了冷落，小说戏剧性的一幕也是之后跌宕起伏的情节展开所必不可少的。通过吉娣的眼睛，小说道出了安娜与伏伦斯基初见时的兴奋与掩饰以及伏伦斯基的顺从和惶恐。吉娣看到这般情形时产生了恐惧感。在吉娣的心目中，整个舞会，整个世界，都笼罩着一片迷雾。只有她所受的严格的教养在支持她的精神，使她还能照规矩行动，也就是跳舞、回答、说话，甚至微笑，这是当时贵族社交场合所必需的。深爱并期待着伏伦斯基的吉娣几近崩溃，另一方面，沉湎于爱情惊喜与慌乱中的安娜与伏伦斯基表面上矜持于贵族礼俗，实质上安娜的心已被点燃了。最后她仓促离开，逃离要破溃的道德与礼俗。

礼仪探源部分选录了《礼记·哀公问第二十七》和《礼治秩序》。

《礼记·哀公问第二十七》体现了礼的统治秩序和国家典制的哲学思考。上半篇问礼，讲礼的重要性。礼是事天地、辨君臣、分长幼、别男女父子兄弟的重要准则。孔子从"古之君子"说起，批评了"今之君子"不从礼。下半篇问政，从政讲到人伦婚姻，以礼为轴心系统论述。当被问及"人道谁为大"时，孔子认为"政为大""政者正也"，对为政之道提出了系统论述：君为正，则百姓从政。这其中"夫妇别，父子亲，君臣严"正是最主要的，从爱与敬出发，事之以礼，是政之本。因为婚姻的重要性，所以要从礼；为政先礼，礼为政之本；在具体事宜上，敬妻、敬子、敬身（自身），三位一体，相辅相成，不可偏废，并从己出发，再推及他人他物，那样政就顺了。孔子最后探讨了敬身、成亲、成身的具体做法。总之，礼是天地之则，为政要先礼，具体到婚姻、夫妇、父子等更要遵循礼的准则。

同样体现礼与统治秩序的《礼治秩序》认为，西洋是法治的社会。（法治是人依法而治，但并非没有人的因素）乡土社会是个没有法律（国家权力所维持的规则）的社会，是个礼治（人治）的社会。礼治社会并不是文质彬彬的。礼是社会公认的合式的行为规范。法律是靠国家权力来推行的，礼的维持则依靠传统。传统是社会所积累的经验，文化也是一种传统。在乡土社会中，传统的重要性和效力比现代社会更甚，依照做就有福，不依照做就会出毛病。人们对于传统有敬畏感，礼的推行是从教化中养成了个人的敬畏之感，使人服膺，人服礼是主动的。礼治的可能性必须以传统可以有效地应付生活问题为前提。

　　无论在中西方，社会生活、人际交往都离不开礼仪，由此产生的故事也层出不穷。这些故事显示了一个社会的主体在交往处事时要遵循的原则，既体现出文化的内涵，又昭示着文明达到的高度。

礼仪故事

课前热身

雁门太守行

李贺

黑云压城城欲摧，甲光向日金鳞开。
角声满天秋色里，塞上燕脂凝夜紫。
半卷红旗临易水，霜重鼓寒声不起。
报君黄金台上意，提携玉龙为君死。

诗中"黄金台"出自《战国策·燕策》，载燕昭王求士，筑高台，置黄金于其上，广招天下人才。人才对于一个人成就大业非常重要，而求贤若渴、礼贤下士的人在中国历史上不计其数。曹操《短歌行》中吟"青青子衿，悠悠我心。但为君故，沉吟至今。呦呦鹿鸣，食野之苹。我有嘉宾，鼓瑟吹笙。……山不厌高，海不厌深。周公吐哺，天下归心"，就是希望有大量人才为己所用。从周公一饭而三吐哺、刘备三顾茅庐诚请诸葛亮，到龚自珍愿天公"不拘一格降人才"等，都表达了尊礼重士的愿望和行迹。只有尊重人才、推崇人才、优待人才，才能云集才俊、集思广益、凝聚力量、成就伟业。汉高祖刘邦之所以能一统天下，最关键的是他能够招徕人才且善于驾驭人才。正如刘邦自己说的："夫运筹策于帷幄之中，决胜于千里之外，吾不如子房；镇国家、抚百姓、给馈饷、不绝粮道，吾不如萧何；连百万之军，战必胜，攻必取，吾不如韩信。三人者，皆人杰也。吾能用之，此吾所以有天下也。"（《汉书·高帝纪》）

燕昭王求贤[①]（节选）

燕昭王收破燕后，即位，卑身厚币，以招贤者，欲将以报仇。故往见郭隗先生曰："齐因孤国之乱而袭破燕，孤极知燕小力少，不足以报。然得贤士与共国，以雪先王之耻，孤之愿也。敢问以国报仇者奈何？"郭隗先生对曰："帝者与师处，王者与友处，霸者与臣处，亡国与役处。屈指而事之，北面而受学，则百己者至；先趋而后息，先问而后默，则十己者至；人趋己趋，则若己者至；凭几据杖，眄视指使，则厮役之人至；若恣睢奋击，呴籍叱咄，则徒隶之人至矣。此古服道致士之法也。王诚博选国中之贤者，而朝其门下，天下闻王朝其贤臣，天下之士，必趋于燕矣。"昭王曰："寡人将谁朝而可？"郭隗先生曰："臣闻古之君人，有以千金求千里马者，三年不能得。涓人言于君曰：'请求之。'君遣之。三月，得千里马。马已死，买其

[①] 节选自《战国策·燕策一》，原名《燕昭王收破燕后即位》。

骨五百金，反以报君。君大怒曰：'所求者生马，安事死马，而捐五百金？'涓人对曰：'死马且买之五百金，况生马乎？天下必以王为能市马。马今至矣！'于是不能期年，千里之马至者三。今王诚欲致士，先从隗始。隗且见事，况贤于隗者乎？岂远千里哉！"

于是昭王为隗筑宫而师之。乐毅自魏往，邹衍自齐往，剧辛自赵往，士争凑燕。燕王吊死问生，与百姓同其甘苦。二十八年，燕国殷富，士卒乐佚轻战。于是遂以乐毅为上将军，与秦、楚、三晋合谋以伐齐。齐兵败，闵王出走于外。燕兵独追北，入至临淄，尽取齐宝，烧其宫室宗庙。齐城之不下者，唯独莒、即墨。

> 千金市骨今何有，士或不价五羖皮。
> ——黄庭坚
>
> 三品席珍虚鹿币，千金市骨上燕台。
> ——程善之

迷津指路

自从孟尝君被撤了相位以后，齐闵王又和楚、魏两国一起灭了宋国，于是更加骄横起来。他一心想兼并列国，自己来当天子。这样一来，列国诸侯对他都不满意，特别是齐国北面的燕国，受到齐国的欺负，更想找机会报仇。燕国在战国七雄中比较弱小，长期默默无闻，未能参与逐鹿中原、争夺天下的斗争。燕王哙（音kuài）（公元前315年）听信他人的蛊惑，贪图让贤的虚名，稀里糊涂地把君位禅让给相国子之。子之这个人原本就"贵重主断"，一朝权在手，更加不可一世，把燕国搞得"大乱"。"哙与子之国，百姓弗戴，诸侯弗与。"（《战国策·齐策二》）将军市被与太子平谋攻子之，失败。齐国趁机起兵攻打燕国，五十日攻下燕国。燕王哙身死，子之被擒后处醢刑而死，燕国差点被灭掉。由于齐军过于残暴，结果"燕人畔"（《孟子·公孙丑下》），迫使齐军不得不撤退。另一说法是后来燕国军民把太子平立为国君，奋起反抗，把齐国军队赶了出去。

太子平即位，就是燕昭王。他立志使燕国强大起来，下决心物色治国的人才，可是没找到合适的人。有人提醒他，老臣郭隗（音wěi）挺有见识，不如去找他商量一下。于是就有了"燕昭王收破燕后即位"之事。

思考练习

1. 燕昭王的举动体现了中国古代"礼"的哪几个方面？
2. 燕昭王为郭隗专门建造房屋，并拜他为师，这与"千金市骨"的故事有何联系？
3. 谈谈燕昭王求贤的故事对现代社会的启示。

旧瓶新酒

课后查阅相关典籍，看看类似于《燕昭王求贤》这样的礼仪故事有多少。

课前热身

初次见面说"久仰";好久不见说"久违";等候客人用"恭候";客人来到称"光临";未及欢迎说"失迎";起身做别称"告辞";看望别人称"拜访";请人别送用"留步";出门送客说"慢走";与客道别说"再来";请人休息称"节劳";对方不适说"欠安";陪伴朋友用"奉陪";中途告辞用"失陪";求人解答用"请教";盼人指点用"赐教";欢迎购买用"惠顾";请人受礼说"笑纳";请人帮助说"劳教";求人方便说"借光";托人办事用"拜托";麻烦别人说"打扰";向人祝贺说"恭喜";赞人见解称"高见";对方来信称"惠书";赠人书画题"惠存";尊称老师为"恩师";称人学生为"高足";老人年龄说"高寿";女士年龄称"芳龄";平辈年龄问"贵庚";打听姓名用"贵姓";称人夫妇为"伉俪";称人女儿为"千金"。

以上是典型的中国人的礼貌用语。如果一个外国人在问候中国人时能用"贵姓",而非"你叫什么名字"这类话语,则会因共同的文化心理而拉近彼此的距离。美国记者埃德加·斯诺在延安时就遇到了类似的事情。

西行漫记[①](节选)

[美] 埃德加·斯诺

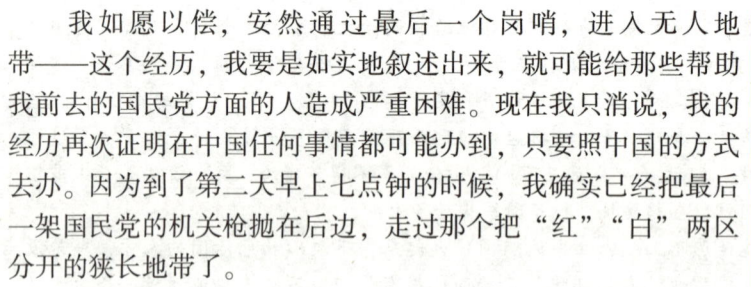

我如愿以偿,安然通过最后一个岗哨,进入无人地带——这个经历,我要是如实地叙述出来,就可能给那些帮助我前去的国民党方面的人造成严重困难。现在我只消说,我的经历再次证明在中国任何事情都可能办到,只要照中国的方式去办。因为到了第二天早上七点钟的时候,我确实已经把最后一架国民党的机关枪抛在后边,走过那个把"红""白"两区分开的狭长地带了。

跟着我的,只有一个骡夫,他是我在延安雇来的。他答应把我简单的行李——铺盖卷、一点儿吃的、两架相机和二十四卷胶片,运到红军游击队的第一个前哨。我不知道他本人是赤匪还是白匪,不过他的样子的确像个土匪。几年以来,这一带反复被那两种颜色的军队交替控制,所以他很可能不是做过赤匪就是做过白匪——也许两者都做过。我决定最好是不要问莽撞的问题,只是乖乖地跟着他走,希望一切顺利。

我们沿着一条弯弯曲曲的小溪走了四个小时,一路没有见着一个人影。那里根本没有路,只有小溪的溪床,两边岩壁高耸,溪水就在中间湍急地流过,在岩壁上面就是险峻的黄土山。要结果掉一个过分好奇的洋鬼子,这是一个好去处。使我惴惴不安的一个因素,是那个骡夫对我的牛皮鞋子多次表示羡慕。

"到啦!"他突然转过头来大声说。这里,岩壁终于消失,

---

① 节选自埃德加·斯诺的《西行漫记》,董乐山译,生活·读书·新知三联书店1979年版。

一个狭小的山谷展现在我们面前，山谷里一片绿油油的麦苗。"我们到啦！"我放下了心，朝着他的前面望去，看见一座小山的山边有一个黄土村落，缕缕青烟从村里那些高大的泥烟囱里袅袅上升，那些烟囱像长长的手指一样竖立在峭壁的面前。几分钟之后，我们就到了那里。

一个年轻的农民，头上包着一条白毛巾，腰间插着一支左轮手枪，从村里走出来，惊愕地望着我，问我是谁，到那里去干什么？"我是个美国记者，"我说，"我要见这里的贫民会主席。"他面无表情地看着我，回答说："Hai p'a！"

我过去听到中国人说"Hai p'a"就只有一个意思："我害怕！"我心里想，如果他感到害怕，那我该感到怎么样呢？但是，他神色泰然自若，看来他的话不是这个意思。他回过头来问那骡夫我是什么人。

那骡夫把我说过的话重说了一遍，还添枝加叶地说了些他自己的话。我放心地看到那位青年农民的脸色和缓下来了。这时我发现他确实是个长得很英俊的小伙子，皮肤黝黑发亮，牙齿整齐洁白。他好像同中国其他地方的胆怯的农民不属于一个族类。他那双炯炯有神的快乐的眼睛含着一种挑战的神情，他还有一定的吓人气派。他的手慢慢地从枪柄上移开，脸上露出了笑容。

"我就是你要见的人，"他说，"我就是主席。请进来喝口热茶吧。"

这些陕西山区的居民有自己的方言，尽是发音含混的口语，但是他们懂得"白话"——中国的官话，他们自己的话有一大部分是外地人很容易听懂的。我同那位主席又做了几次谈话的努力之后，他渐渐地现出能够领会的神情，我们的谈话就有了顺利的进展。不过在我们的谈话当中，偶尔又会出现Hai p'a一词。我一时顾不上问他到底害怕什么。等到我最后问清这个问题时，我这才发现陕西山区方言中的 Hai p'a 等于官话中的 pu chihtao（不知道）。这个发现使我感到很满意。

我坐在铺着炕毡的炕上，向我的主人进一步谈到我自己和我的计划。过了不久，他就显得没有什么疑虑了。我想去县政府所在地安塞，当时我以为苏维埃主席毛泽东就在那里。问他能不能给我找一个向导和一个骡夫。

他答应说，没有问题，没有问题，不过我不能在大热天赶路。太阳已经升到当空，天确实是非常热，我看上去很疲倦，再说，我吃了东西没有呢？说实在呢，我饿极了，因此我不再跟他客气，接受了他的邀请，第一次同一个"赤匪"一道吃

饭。我的骡夫急于回延安去，我把钱付了给他，跟他告别。这也是我同白色世界的最后一个联系环节告别，从此要有许多星期不跟它发生接触。我已破釜沉舟，决心跨进红区了。

我现在已经完全落入刘龙火先生（我后来知道这就是那位青年农民的姓名）的掌握之中，也同样落在他的那些外貌强悍的同志的掌握之中，他们开始从附近的窑洞里陆续过来。他们穿着同样的装束，带着同样的武器，好奇地看着我，听见我说话的怪腔怪调，都呵呵大笑。

刘龙火拿烟、酒、茶来招待我，向我提出无数的问题。他和他的朋友们非常好奇地翻看我的照相机、鞋子、毛袜、我的布短裤的质料，不时发出赞美的声音；对于我的卡其布衬衫的拉链，更是赞不绝口。总的印象似乎是：我的行头不论看起来是多么可笑，显然非常实用。我不知道"共产主义"在实践上对这班人意味着什么，我准备眼看我的这些东西很快地被"共产"——但是当然没有发生这种事情。我几乎可以肯定，我受到严密检查的目的（比你在其他边境所受到的海关检查要愉快得多）是为了要证实他们以前的一种看法：洋鬼子不可思议。

不到一个小时，他们端来了一大盘炒鸡蛋，还有蒸卷、小米饭、一些白菜和少量烤猪肉。我的主人为饭菜简单而表示歉意；我则为我的食量不同寻常而表示歉意。其实后面这一点完全没有必要，因为我必须飞快运用我的一双筷子，才能赶上贫民会的那些好汉呢。

龙火告诉我，说安塞离那里不过"几步路"，尽管我不大放心，但是除了照他说等一等以外，没有其他办法。等到一个年轻的向导和骡夫终于到来的时候，已经过了下午四点钟了。临走时，我想把饭钱付给刘先生，可是他愤然拒绝了。

"你是一位外国客人，"他解释说，"而且你是来找我们的毛主席的。再说，你的钱也没有用处。"他对我手里拿着的纸币瞟了一眼，问道："你没有苏区的钱吗？"听我回答说没有，他就数了共值一元钱的苏区纸币说："这个你拿去，你路上会用得着的。"我拿一元国民党的钱和刘先生交换，他接受了；我再一次向他道谢，然后跟在我的向导和骡夫后边爬上山道。

"好啊，"我一边气喘喘地爬山，一边对自己说，"到现在为止，一切顺利。"我已闯进了红色大门。这件事多么简单！

但是在我的前面等待着我的是一场险遭不测的事件，以致后来谣传我被土匪绑架杀掉了。其实，土匪早已在那寂静的黄土山壁后边跟踪着我了——只不过不是赤匪而是白匪而已。

…………

但是这时突然出现了一个清瘦的青年军官，他长着一脸黑色大胡子。他走上前来，用温和文雅的口气向我招呼："哈啰，你想找什么人吗？"他是用英语讲的！

我马上就知道了他就是周恩来，那个"鼎鼎大名"的红军指挥员，他曾经是个教会学校的高才生。这时如何接待我的问题终于决定了。

我和周恩来谈了几分钟，向他说明了我的身份以后，他就替我安排在百家坪过夜，叫我在第二天早晨到他设在附近的一个村庄里的司令部去。

我坐下来和驻扎在这里的交通处的一部分人员一起吃饭，见到了十几个宿在百家坪的青年。他们有些人是游击队学校的教员，一个是无线电报务员，有几个是红军军官。我们吃的有炖鸡、不发酵的保麸馒头、白菜、小米和我放量大吃的马铃薯。可是像平常一样，除了热开水之外，没有别的喝的，而开水又烫得不能进口。因此我口渴得要命。

饭是由两个态度冷淡的孩子侍候的，确切地说是由他们端来的，他们穿着大了好几号的制服，戴着红军八角帽，帽舌很长，不断掉下来遮住他们的眼睛。他们最初不高兴地看着我，可是在几分钟后，我就想法惹起了其中一个孩子的友善的微笑。这使我胆子大了一些，他从我身边走过时，我就招呼他："喂，给我们拿点冷水来。"那个孩子压根儿不理我。几分钟后，我又招呼另外一个孩子，结果也是一样。

这时我发现戴着厚玻璃近视眼镜的交通处长李克农在笑我。他扯扯我的袖子，对我说："你可以叫他'小鬼'，或者可以叫他'同志'，可是，你不能叫他'喂'。这里什么人都是同志。这些孩子是少年先锋队员，他们是革命者，所以自愿到这里来帮忙。他们不是佣仆。他们是未来的红军战士。"

正好这个时候，冷水来了。

"谢谢你——同志！"我道歉说。

那个少年先锋队员大胆地看着我。"不要紧，"他说，"你不用为了这样一件事情感谢一个同志！"

我想，这些孩子真了不起。我从来没有在中国儿童中间看到过这样高度的个人自尊。可是，这第一次遭遇不过是少年先锋队以后要使我感到意外的一系列事情的开端而已，因为我深入苏区以后，我就会在这些脸颊红彤彤的"红小鬼"——情绪愉快、精神饱满而且忠心耿耿——的身上发现一种令人惊异的青年运动所表现的生气勃勃的精神。

第二天早晨护送我到周恩来的司令部去的，就是列宁儿童团的一个团员。司令部原来是一个不怕轰炸的小屋，四面围着许多同样的小屋，农民都若无其事地住在那里，尽管他们是处在战区中间，而且他们中间还有个东路红军司令。我心里不由得想，红军能够这样不惹人注目地开进一个地方，是不是红军受到农民欢迎的原因？附近驻扎一些军队似乎一点儿也没有破坏农村的宁静。

蒋介石悬赏八万元要周恩来的首级，可是在周恩来的司令部门前，只有一个哨兵。我到了屋子里以后看到里面很干净，陈设非常简单。土炕上挂的一顶蚊帐，是唯一可以看到的奢侈品。炕头放着两只铁制的文件箱，一张木制的小炕桌当作办公桌。哨兵向他报告我的到来的时候，周恩来正伏案在看电报。

"我接到报告，说你是一个可靠的新闻记者，对中国人民是友好的，并且说可以信任你会如实报道，"周恩来说，"我们知道这一些就够了。你不是共产主义者，这对于我们是没有关系的。任何一个新闻记者要来苏区访问，我们都欢迎。不许新闻记者到苏区来的，不是我们，是国民党。你见到什么，都可以报道，我们要给你一切帮助来考察苏区。"

给我这样自由活动的诚意，我是有一点儿惊奇和怀疑的。我原来以为即使允许我到苏区去旅行，对于拍照、收集材料或访问谈话等总会对我加以一定的限制的。他的话听起来太理想了；总归有什么地方会出毛病的……

关于我的"报告"，显然来自共产党在西安的秘密总部。共产党同中国的所有重要城市，包括上海、汉口、南京、天津等处，都有无线电的交通。他们在白区城市内的无线电台虽然经常被破获，国民党要想长期切断他们与红区的通信联系，却从来没有成功过。据周恩来告诉我，自从红军用白军那里缴获的设备成立了无线电通信部门之后，他们的密码从来没有给国民党破译过。

周恩来的无线电台设在离开他的司令部不远。他靠了这个电台和苏区里所有各个重要的地方、各个战线都保持联系。他甚至和总司令朱德直接通信，那时朱德的部队驻扎在西南数百英里外的川藏边境。在西北的苏区临时首都保安有一个无线电学校，大约有九十个学生正在那里受无线电工程的训练。他们每天收听南京、上海和东京的广播，把新闻供给苏区的报纸。

周恩来盘腿坐在小炕桌前，把无线电报推开一边——据他说，其中大多数是对面山西省黄河沿岸红军东线各地驻军的报告。他动手替我起草一个旅程。写完以后，他交给我一张纸，开列着为时共需九十二天的旅程中的各个项目。

"这是我个人的建议，"他说，"但是你是否愿意遵照，那完全是你自己的事情。我认为，你会觉得这次旅行是非常有趣的。"

但需要九十二天！而且几乎一半的日子要花在路上。那里究竟有什么可以看呢？难道红区有这样辽阔吗？我嘴里没有作声，但是心里对这旅程是有保留的。可是，实际结果是，我花的时间比他所建议的还长得多，随后我还舍不得离开，因为我看到的太少了。

周恩来答应让我骑马到延安去，有三天的路程，并且给我安排好第二天早晨就动身，因为我可以跟着回到临时首都去的一部分通信部队同行。我听说毛泽东和苏区其他干部都在那里，周恩来同意打一个电报给他们，告诉他们我就要来到。

我一边和周恩来谈话，一边深感兴趣地观察着他，因为在中国，像其他许多红军领袖一样，他是一个传奇式的人物。他个子清瘦，中等身材，骨骼小而结实，尽管胡子又长又黑，外表上仍不脱孩子气，又大又深的眼睛富于热情。他确乎有一种吸引力，似乎是羞怯、个人的魅力和领袖的自信的奇怪混合的产物。他讲英语有点迟缓，但相当准确。他对我说已有五年不讲英语了，这使我感到惊讶。

我从周恩来的一位以前的同学那里，从外国人称为中国"国民革命"的一九二五到一九二七年的大革命时代中与他共事的国民党人士那里，了解到一些关于周恩来的情况。但是从周恩来自己身上，我后来还了解到更多的情况。他使我感兴趣还有一个特别的原因。他显然是中国人中间最罕见的一种人，一个行动同知识和信仰完全一致的纯粹知识分子。他是一个书生出身的造反者。

> 如果说我确曾写过一些对中国有益的东西，那仅仅是因为我倾听了中国人民诉说他们切身的情况。这就是真理所在。我尽量如实地、坦率地把我所听到的写了出来。我相信，我同中国人交谈，就像谈家常一样，我同中国人一样都属于同一个家庭——人类大家庭。
> ——埃德加·斯诺

迷津指路

埃德加·斯诺（1905—1972），美国著名记者和作家，出生于美国密苏里州堪萨斯城，1926年进入密苏里大学新闻学院学习，1928年来到中国。"九一八"事变后，斯诺亲赴前线采访，写下了一批颇有影响的有关中国抗日战争的报道。他撰写的《红星照耀中国》问世后，引起了轰动。这本书不带任何政治偏见和党派色彩，是斯诺通过亲自采访获得第一手资料而写成的，因而得到了中国人民和世界人民的信任。抗战期间，斯诺作为中国人民的朋友，把中国的事业当作自己的事业，组织、发起、宣传"工合"运动，支持中国的战时经济，如实报道中国抗战情况，开展大量的国际宣传，极大地支持了中国的反侵略战争。他把一生最宝贵的年华献给了中国人民的解放事业，以自己的行动在中美两国人民之间架起了一座友谊的桥梁。

思考练习

1. 概括本文中中美文化差异在礼仪上的体现。
2. 谈谈本文描写周恩来的艺术特色。

旧瓶新酒

请用身边的例子谈谈称谓的故事。

课前热身

"幸福的家庭家家相似,不幸的家庭各个不同。"这句耳熟能详的话语出自俄国伟大作家列夫·托尔斯泰的小说《安娜·卡列尼娜》。爱情与婚姻是各个时代、不同民族共同关注的主题。根据小说《安娜·卡列尼娜》改编的电影曾几度被搬上银幕,成为不同国籍的艺术家们纷纷演绎的经典。本文选取了《安娜·卡列尼娜》中的舞会一节。欧洲的舞会是上流社会人士进行交际的一个重要场合,舞会是展现绅士和淑女的礼仪修养的一个重要侧面。

安娜·卡列尼娜[①]（节选）

[俄] 列夫·托尔斯泰

当吉娣同母亲踏上灯火辉煌,摆满鲜花,两边站着脸上搽粉、身穿红色长袍的仆人的大楼梯时,舞会刚刚开始。大厅里传来窸窣声,像蜂房里发出来一样均匀。当他们站在楼梯口,在两旁摆有盆花的镜子前整理头发和服饰时,听到乐队开始演奏第一支华尔兹的准确而清晰的提琴声。一个穿便服的小老头,在另一面镜子前整理了一下斑白的鬓发,身上散发出香水的气味,在楼梯上碰到她们,让了路,显然在欣赏他不认识的吉娣。一个没有胡子的青年——被谢尔巴茨基老公爵称为"花花公子"的上流社会青年——穿着一件领口特别大的背心,一路上整理着雪白的领带,向她们鞠躬,走过去之后,又回来请吉娣跳卡德里尔舞。第一圈卡德里尔舞她已经答应了伏伦斯基,所以她只能答应同那位青年跳第二圈。一个军官正在扣手套纽子,在门口让了路,摸摸小胡子,欣赏着像玫瑰花一般娇艳的吉娣。

在服饰、发式和参加舞会前的全部准备工作上,吉娣煞费苦心,很花了一番工夫,不过她现在穿着一身玫瑰红衬裙打底、上面饰有花纹复杂的网纱衣裳,那么轻盈洒脱地走进舞厅,仿佛这一切都没有费过她和她的家里人什么心思,仿佛她生下来就带着网纱、花边和高高的头发,头上还戴着一朵有两片叶子的玫瑰花。

走进舞厅之前,老公爵夫人想替她拉拉好卷起来的腰带,吉娣稍稍避开了。她觉得身上的一切已经很雅致完美,用不着再整理什么了。

今天是吉娣一生中幸福的日子。她的衣服没有一处不合身,花边披肩没有滑下,玫瑰花结没有压皱,也没有脱落,粉红色高跟鞋没有夹脚,穿着觉得舒服。浅黄色假髻服帖地裹在她的小脑袋上,就像她自己的头发一样。她的

[①] 节选自列夫·托尔斯泰的《安娜·卡列尼娜》,草婴译,上海译文出版社1982年版。

长手套上的三颗纽扣都扣上了，一个也没有松开，手套紧裹住她的手，把她小手的轮廓显露得清清楚楚。系着肖像颈饰的黑丝绒带子，特别雅致地绕着她的脖子。这条带子实在美，吉娣在家里对着镜子照照脖子，觉得它十分逗人喜爱。别的东西也许还有美中不足之处，但这条丝绒带子真是完美无缺。吉娣在舞厅里对镜子瞧了一眼，也忍不住微微一笑。吉娣裸露的肩膀和手臂使人产生一种大理石般凉快的感觉，她自己特别欣赏。她的眼睛闪闪发亮，她的樱唇因为意识到自己的魅力而忍不住浮起笑意。吉娣还没有走进舞厅，走进那群满身都是网纱、丝带、花边和鲜花，正在等待人家来邀舞的妇女，就有人来请她跳华尔兹。来请的不是别人，而是最杰出的舞伴、舞蹈明星、著名舞蹈教练、舞会司仪、身材匀称的已婚美男子科尔松斯基。他同巴宁伯爵夫人跳了第一圈华尔兹，刚刚把她放下，就环顾了一下他的学生，也就是几对开始跳舞的男女。他一看见吉娣进来，就以那种舞蹈教练特有的洒脱步伐飞奔到她面前，鞠了一躬，也不问她是不是愿意，就伸出手去搂住她的细腰。她向周围望了一下，想把扇子交给什么人。女主人就笑眯眯地把扇子接了过去。

"太好了，您来得很准时，"他揽住她的腰，对她说，"迟到可是一种坏作风。"

她把左手搭在他的肩上。她那双穿着粉红皮鞋的小脚，就按着音乐的节拍，敏捷、轻盈而整齐地在光滑的镶花地板上转动起来。

"同您跳华尔兹简直是一种享受。"他在跳华尔兹开头的慢步舞时对她说。"好极了，多么轻快，多么合拍。"他对她说。他对所有的好舞伴几乎都是这样说的。

她听了他的恭维话，嫣然一笑，搂着打他的肩膀上面望出去，继续环顾整个舞厅。她不是一个初次参加跳舞的姑娘，在她眼里，舞池里的脸不会汇成光怪陆离的一片。她也不是一个经常出入舞会的老手，对所有的脸都熟识得有点腻烦。她介于两者之间，她很兴奋，但还能冷静地观察周围的一切。她看见舞厅的左角聚集着社交界的精华。那边有放肆地大袒胸的美人丽蒂，她是科尔松斯基的妻子；那边有女主人；那边有秃头亮光光的克利文，凡是社交界精华荟萃的地方总有他的份；小伙子们都往那边望，但不敢走拢去；吉娣还看见斯基华在那边，接着她又看到了穿黑丝绒衣裳的安娜的优美身材和头部。还有他也在那边。

吉娣自从拒绝列文求婚的那天晚上起，就没有再见过他。吉娣锐利的眼睛立刻认出他来，甚至发觉他在看她。

"怎么样，再跳一圈吗？您累不累？"科尔松斯基稍微有点气喘，说。

"不了，谢谢您。"

"把您送到哪儿去呀？"

"卡列宁夫人好像在这儿……您把我送到她那儿去吧。"

"遵命。"

于是科尔松斯基就放慢步子跳着华尔兹，一直向舞厅左角人群那边跳去，嘴里说着法语："对不起，太太们！"他在花边、网纱、丝带的海洋中转来转去，没有触动谁的帽饰上的一根羽毛。最后他把他的舞伴急剧地旋转了一圈，转得她那双穿着绣花长筒丝袜的纤长腿子露了出来，她的裙子展开得像一把大扇子，遮住了克里文的膝盖。科尔松斯基鞠了个躬，整了整敞开的衣服的胸襟，伸出手想把她领到安娜跟前去。吉娣飞红了脸，把裙裾从克里文膝盖上拉开。她稍微有点晕眩，向周围环顾了一下，找寻着安娜。安娜并没有像吉娣所渴望的那样穿紫色衣裳，却穿了一件黑丝绒的敞胸连衫裙，露出她那像老象牙雕成的丰满的肩膀和胸脯，以及圆圆的胳膊和短小的手。她整件衣裳都镶满威尼斯花边。她的头上，在她天然的乌黑头发中间插着一束小小的紫罗兰，而在钉有白色花边的黑腰带上也插着同样的花束。她的发式并没有什么引人注目的地方。引人注目的是那些老从后颈和鬓角里露出来的一圈圈倔强的鬈发，这使她愈加妩媚动人。在她那仿佛象牙雕成的健美脖子上挂着一串珍珠。

吉娣每天看见安娜，爱慕她，想象她总是穿着紫色衣裳。可是现在看见她穿着黑衣裳，才发觉以前并没有真正领会她的全部魅力。吉娣现在看到了她这副意料不到的全新模样，才懂得安娜不能穿紫衣裳，她的魅力在于她这个人总是比服装更引人注目，装饰在她身上从来不引人注意。她身上那件钉着华丽花边的黑衣裳是不显眼的。这只是一个镜框，引人注目的是她这个人：单纯、自然、雅致、快乐而充满生气。

她像平时一样挺直身子站着。当吉娣走近他们这一伙时，安娜正微微侧着头同主人谈话。

"不，我不会过分责备的，"她正在回答他什么问题，"虽然我不明白。"她耸耸肩膀继续说。然后像老大姐对待小妹妹那样和蔼地微笑着，转身招呼吉娣。她用女性的急促目光扫了一眼吉娣的服装，轻微到难以察觉，却能为吉娣所领会地点了点头，对她的服饰和美丽表示赞赏。"你们跳舞跳到这个大厅里来了！"她添了一句。

"这位是我最忠实的舞伴之一，"科尔松斯基对他初次见面的安娜说，"公爵小姐使这次舞会增光不少。安娜·阿尔卡迪耶夫娜，您跳一个华尔兹吧！"他弯了弯腰说。

"你们认识吗？"主人问。

"我们什么人不认识啊？我们两口子就像一对白狼，人人都认识我们，"科尔松斯基回答，"跳一个华尔兹吧，安娜·阿尔卡迪耶夫娜。"

"要能不跳，我就不跳。"她说。

"今天您非跳不可。"科尔松斯基回答。

这时伏伦斯基走了过来。

"啊，既然今天非跳不可，那就来吧。"她没有理睬伏伦斯基的鞠躬，说。接着就敏捷地把手搭在科尔松斯基的肩上。

"她为什么看见他有点不高兴啊？"吉娣察觉安娜故意不理伏伦斯基的鞠躬，心里想。伏伦斯基走到吉娣面前，向她提起第一圈卡德里尔舞，并且因为这一阵没有机会去看她而表示歉意。吉娣一面欣赏安娜跳华尔兹的翩翩舞姿，一面听伏伦斯基说话。她等着他邀请她跳华尔兹，可是他没有邀请。她纳闷地瞧了他一眼。他脸红了，慌忙请她跳华尔兹，可是他刚搂住她的细腰，迈出第一步，音乐就突然停止了。吉娣瞧了瞧他那同她挨得很近的脸。她这含情脉脉却没有得到反应的一瞥，到好久以后，甚至过了好几年，还使她感到难堪的羞辱，一直刺痛着她的心。

"对不起，对不起！跳华尔兹，跳华尔兹了！"科尔松斯基在大厅的另一头叫道。他抓住最先遇见的一位小姐，就同她跳了起来。

伏伦斯基同吉娣跳了几个华尔兹。跳完华尔兹，吉娣走到母亲跟前，刚刚同诺德斯顿伯爵夫人说了几句话，伏伦斯基就又来邀请她跳第一圈卡德里尔舞。在跳卡德里尔舞时，他们没有说过什么重要的话，只断断续续地谈到科尔松斯基夫妇，他戏称他们是一对可爱的四十岁孩子，还谈到未来的公共剧场。只有一次，当他问起列文是不是还在这里，并且说他很喜欢他时，才真正触动了她的心。不过，吉娣在跳卡德里尔舞时并没抱多大希望。她心情激动地等待着跳玛祖卡舞。她认为到跳玛祖卡舞时情况就清楚了。在跳卡德里尔舞时，他没有约请她跳玛祖卡舞，这一点倒没有使她不安。她相信，他准会像在过去几次舞会上那样同她跳玛祖卡舞的，因此她谢绝了五个约舞的男人，说她已经答应别人了。整个舞会，直到最后一圈卡德里尔舞，对吉娣来说，就像一个充满欢乐的色彩、音响和动作的美妙梦境。她只有在过度疲劳、要求休息的时候，才停止跳舞。但当她同一个推脱不掉的讨厌青年跳最后一圈卡德里尔舞时，她碰巧做了伏伦斯基和安娜的对舞者。自从舞会开始以来，她没有同安娜在一起过，这会儿忽然看见安娜又换了一种意料不到的崭新模样。吉娣看见她脸上现出那种她自己常常出现的由于成功而兴奋的神色。她看出安娜因为人家对她倾倒而陶醉。她懂得这种感情，知道它的特征，并且在安娜身上看到了。她看到了安娜眼睛里闪烁的光辉，看到了不由自主地洋溢在她嘴唇上的幸福和兴奋的微笑，以及她那优雅、准确和轻盈的动作。

"是谁使她这样陶醉呀？"她问自己，"是大家还是一个人呢？"同她跳舞的青年话说到一半中断了，却怎么也接不上来。她没有去帮那个青年摆脱窘态，表面上服从科尔松斯基得意扬扬的洪亮口令。科尔松斯基一会儿叫大家围成一个大圈子，一会儿叫大家排成一排。她仔细观察，她的心越来越揪紧了。"不，使她陶醉的不是众人的欣赏，而是一个人的拜倒。这个人是谁呢？难道就是他吗？"

…………

诺德斯顿伯爵夫人找到了同她跳玛祖卡舞的科尔松斯基，叫他去请吉娣跳舞。

吉娣跳了第一圈，算她走运的是她不用说话，因为科尔松斯基一直在奔走忙碌，指挥他所负责的舞会。伏伦斯基同安娜几乎就坐在她对面。吉娣用她锐利的眼睛望着他们，当大家跳到一处的时候，她又就近看他们。她越看越相信她的不幸是确定无疑的了。她看到他们在人头济济的大厅里旁若无人。而在伏伦斯基一向都很泰然自若的脸上，她看到了那种使她惊奇的困惑和顺从的表情，就像一条伶俐的狗做了错事一样。

安娜微笑着，而她的微笑也传染给了他。她若有所思，他也变得严肃起来。一种超自然的力量把吉娣的目光引到安娜脸上。安娜穿着朴素的黑衣裳是迷人的，她那双戴着手镯的丰满胳膊是迷人的，她那挂着一串珍珠的脖子是迷

人的,她那蓬松的鬈发是迷人的,她那小巧的手脚的轻盈优美的动作是迷人的,她那生气勃勃的美丽的脸是迷人的,但在她的迷人之中却包含着一种极其残酷的东西。

吉娣对她比以前更加叹赏,同时心里也越发痛苦。吉娣觉得自己在精神上垮了,这从她的脸色上也看得出来。当伏伦斯基在跳玛祖卡舞碰见她时,他竟没有立刻认出她来——她变得太厉害了。

"这个舞会真热闹哇!"伏伦斯基对吉娣说,纯粹是为了应酬一下。

"是啊。"吉娣回答。

玛祖卡舞跳到一半,大家重复着科尔松斯基想出来的复杂花样。这时,安娜走到圆圈中央,挑了两个男人,又把一位太太和吉娣叫到跟前。吉娣走到她身边,恐惧地望着她。安娜眯缝着眼睛对她瞧瞧,握了握她的手,微微一笑,就转过身去,同另一位太太快乐地谈起话来。

"是的,她身上有一种与众不同的像魔鬼般媚人的东西。"吉娣自言自语。

安娜不愿留下来吃晚饭,主人来挽留她。

"好了,安娜·阿尔卡迪耶夫娜,"科尔松斯基用燕尾服袖子挽住她裸露的胳膊说,"我还想来一场科奇里翁舞呢!那才美啦!"

科尔松斯基慢慢移动脚步,竭力想把安娜拉过去。主人赞许地微笑着。

"不,我不能留下来。"安娜笑盈盈地回答。尽管她脸上浮着笑意,科尔松斯基和主人从她坚定的语气中还是听得出没法子把她留住。

"不了,说实在的,我到莫斯科,在你们这个舞会上跳的舞,比在彼得堡整整一个冬天跳的还要多呢,"安娜回头望望站在她旁边的伏伦斯基,说,"动身以前我要休息一下。"

"您明天一定要走吗?"伏伦斯基问。

"是的,我想走,"安娜回答,仿佛对他大胆的询问感到惊奇。不过,当她说这句话的时候,她的眼神和微笑中闪动的难以克制的光辉,像火一样燃烧着他的全身。

安娜没有留下来吃饭,就走了。

> 这是一部尽善尽美的艺术杰作,现代欧洲文学中没有一部同类的东西可以和它相比!
> ——陀思妥耶夫斯基
>
> 托尔斯泰在自己的作品里能提出这么多重大的问题,能达到这样大的艺术力量,使他的作品在世界文学中占了一个第一流的位子。
> ——列宁

迷津指路

在世界文学的巍巍群山中，堪与莎士比亚、歌德、巴尔扎克这几座高峰比肩而立的俄国作家当首推列夫·托尔斯泰。托尔斯泰是一位有思想的艺术家，也是一位博学的艺术大师。他的作品展现的社会画面之广阔，蕴含的思想之丰饶，融会的艺术、语言、哲学、历史、民俗乃至自然科学等各种知识之广博，常常令人望而兴叹。《安娜·卡列尼娜》是他的一部既美不胜收又博大精深的巨著。

选文以吉娣的视角描写舞会的发生、发展与高潮、结束，写出了各色人物的表现，特别是安娜与伏伦斯基的微妙情感，并丰富细腻地展现了吉娣起伏变化、跌宕多姿的心理。

托尔斯泰对《安娜·卡列尼娜》的构思始于1870年，而到1873年他才开始动笔。这是他一生中精神困顿的时期。最初，托尔斯泰想写一个上流社会已婚妇女失足的故事，但随着写作的深入，原来的构思不断被修改。小说的初步创作仅用了五十天时间便得以完成，然而托尔斯泰很不满意，他又花费了数十倍的时间来不断修正，前后经过十二次大的改动，直至四年之后，《安娜·卡列尼娜》才正式出版。这时，小说废弃的手稿高达一米多！"全部都应当改写，再改写"，这是托尔斯泰经常挂在嘴边的一句话。显然，《安娜·卡列尼娜》与其说是写出来的，不如说是改出来的。

正是在作者近乎苛刻的追求中，小说的重心有了巨大的转移，安娜由最初构思中的"失了足的女人"（她趣味恶劣、卖弄风情、品行不端），变成了一个品格高雅、敢于追求真正的爱情与幸福的"叛女"，从而成为世界文学中最具反抗精神的女性之一。

《安娜·卡列尼娜》通过安娜追求爱情而失败的悲剧以及列文在农村面临危机而进行改革与探索这两条线索，描绘了俄国从莫斯科到外省乡村广阔而丰富多彩的图景，先后描写了一百五十多个人物，是一部社会百科全书式的作品。小说艺术上最突出的特点是首次成功地采用了两条平行线索互相对照、相辅相成的"拱门式"结构，并在心理描写上细致入微、精妙绝伦。小说中那大段的人物内心独白无疑都是现实主义描写的典范。

作者对现实的思考是以家庭婚姻为基本单位而展开的，至少涉及了四种婚姻或爱情答案：卡列宁夫妇，安娜和伏伦斯基，奥布朗斯基夫妇，列文与吉娣。每一个答案都意味着罪恶和灾难。安娜是唯一经历了两种不同婚姻（爱情）形式的人物。在作者所赋予的安娜的性格中，激情和活力是其基本的内涵。正是这种压抑不住的活力使美貌纯洁的吉娣相形见绌；正是这种被唤醒的激情使她与卡列宁的婚姻，甚至彼得堡习以为常的社交生活，甚至包括孩子谢辽沙都黯然失色。

思考练习

1. 选文体现18世纪俄国上流社会礼仪的情节有哪些？
2. 选文以吉娣的视角来写安娜与伏伦斯基的感情发展，你认为这样的写法有什么优点？
3. 谈谈选文的语言。

旧瓶新酒

1. 以21世纪的眼光看，你认为安娜是个怎样的女人？
2. 以鲁迅的《伤逝》或易卜生的《玩偶之家》为例，谈谈现代社会中，当爱情与婚姻发生冲突时，社会与个人的表现是怎样的。

礼仪探源

课前热身

在中国古代，礼仪所涉及的范围十分广泛，渗透于社会生活的各个方面。从社会到家庭，从宫廷到民间，直至人们在日常生活中的言谈话语、行为举止、衣食住行、待人接物、人际关系，等等，无一不遵循着礼仪的规定。因此，古人便把礼仪奉为一种道德标准和行为规范，并世代相袭，共同遵守。与此同时，统治者也利用礼仪来维护自己的特权和地位，所以礼仪又包含了尊卑贵贱的等第观念，并在此基础上形成一套制度。

新文化运动之所以反对"礼教"，是因为"封建礼教"吃人。礼仪到这时已严重禁锢了人的自然发展，成为统治者的得力工具。但是，早期的礼仪则为提高人的道德修养水平奠定了有力的基础。

礼记·哀公问第二十七[①]

哀公问于孔子曰："大礼何如？君子之言礼，何其尊也？"孔子曰："丘也小人，不足以知礼。"君曰："否。吾子言之也！"孔子曰："丘闻之，民之所由生，礼为大，非礼无以节事天地之神也，非礼无以辨君臣上下长幼之位也，非礼无以别男女父子兄弟之亲，婚姻疏数之交也。君子以此之为尊敬然。然后以其所能教百姓，不废其会节。有成事，然后治其雕镂文章黼黻[②]以嗣。其顺之，然后言其丧算，备其鼎俎，设其豕腊，修其宗庙，岁时以敬祭祀，以序宗族，即安其居，节丑其衣服，卑其宫室，车不雕几，器不刻镂，食不贰味，以与民同利。昔之君子之行礼者如此。"

公曰："今之君子胡莫行之也？"孔子曰："今之君子好实无厌，淫德不倦，荒怠傲慢，固民是尽，午其众以伐有道，求得当欲，不以其所。昔之用民者由前，今之用民者由后，今之君子莫为礼也。"

孔子侍坐于哀公。哀公曰："敢问人道谁为大？"孔子愀然作色而对曰："君之及此言也，百姓之德也，固臣敢无辞而对？人道政为大。"

公曰："敢问何谓为政？"孔子对曰："政者正也。君为正，则百姓从政矣。君之所为，百姓之所从也。君所不为，百姓何从？"公曰："敢问为政如之何？"孔子对曰："夫妇

[①] 选自吕友仁、吕咏梅译注的《礼记全译孝经全译》，贵州人民出版社2009年版。

[②] 黼黻：泛指礼服上所绣的华美花纹，借指辞藻，华美的文辞。

别，父子亲，君臣严，三者正，则庶物从之矣。"公曰："寡人虽无似也，愿离所以行三言之道，可得闻乎？"孔子对曰："古之为政，爱人为大。所以治爱人，礼为大。所以治礼，敬为大。敬之至矣，大昏为大。大昏至矣！大昏既至，冕而亲迎，敬之也。亲之也者，亲之也。是故君子兴敬为亲，舍敬是遗亲也。弗爱不亲，弗敬不正。爱与敬，其政之本与！"

公曰："寡人愿有言然。冕而亲迎，不已重乎？"孔子愀然作色而对曰："合二姓之好，以继先圣之后，以为天地宗庙社稷之主，君何谓已重乎？"公曰："寡人固。不固，焉得闻此言也？寡人欲问，不得其辞，请少进。"孔子曰："天地不合，万物不生。大昏，万世之嗣也，君何谓已重焉！"

孔子遂言曰："内以治宗庙之礼，足以配天地之神明。出以治直言之礼，足以立上下之敬。物耻足以振之，国耻足以兴之。为政先礼，礼其政之本与！"

孔子遂言曰："昔三代明王之政，必敬其妻子也有道。妻也者亲之主也，敢不敬与？子也者亲之后也，敢不敬与？君子无不敬也，敬身为大。身也者亲之枝也，敢不敬与？不能敬其身，是伤其亲。伤其亲是伤其本。伤其本枝从而亡。三者百姓之象也。身以及身，子以及子，妃以及妃，君行此三者，则忾乎天下矣，大王之道也。如此，则国家顺矣。"公曰："敢问何谓敬身？"孔子对曰："君子过言则民作辞，过动则民作则。君子言不过辞，动不过则，百姓不命而敬恭。如是则能敬其身；能敬其身，则能成其亲矣。"公曰："敢问何谓成亲？"孔子对曰："君子也者人之成名也。百姓归之名，谓之君子之子，是使其亲为君子也，是为成其亲之名也已。"孔子遂言曰："古之为政，爱人为大。不能爱人，不能有其身。不能有其身，不能安土。不能安土，不能乐天。不能乐天，不能成其身。"

公曰："敢问何谓成身？"孔子对曰："不过乎物。"公曰："敢问君子何贵乎天道也？"孔子对曰："贵其不已，如日月东西相从而不已也，是天道也。不闭其久，是天道也。无为而物成，是天道也。已成而明，是天道也。"

公曰："寡人蠢愚冥烦，子志之心也！"孔子蹴然辟席而对曰："仁人不过乎物，孝子不过乎物。是故仁人之事亲也如事天。事天如事亲，是故孝子成身。"公曰："寡人既闻此言也，无如后罪何！"孔子对曰："君之及此言也，是臣之福之。"

> 礼仪，人类交际的准则

子曰：为政以德，譬如北辰，居其所而众星共之。
——《论语》
君事臣以礼，臣事君以忠。
——《论语》

迷津指路

《礼记》与《仪礼》《周礼》合称"三礼",对中国文化产生了深远的影响,各个时代的人都从中寻找思想资源。在"三礼"中,《礼记》后来居上,成为礼学大宗,并有取代《仪礼》《周礼》之势。《礼记》多格言妙语,文字生动,富有哲理,所以受到广泛欢迎。《礼记》共四十九篇,内容庞杂,主要记载和论述先秦的礼制和礼仪,解释《仪礼》,记录孔子和弟子等的问答,记述修身做人的准则。

《礼记》是战国至秦汉年间儒家学者解释说明经书《仪礼》的文章选集,是一部儒家思想的资料汇编。《礼记》的作者不止一人,写作时间也有先有后,历来盛行的说法是此书乃西汉戴圣所辑。戴圣,字次君,西汉梁人,戴德(世称大戴)之弟之子,世称小戴,西汉宣帝时为博士,官至九江太守。他曾以博士身份讲论《五经》于石渠阁,为当时著名的儒臣。

选文中上半篇问礼,讲礼的重要性。下半篇问政,从政讲到人伦婚姻,以礼为轴心系统论述。

思考练习

1. 归纳选文中"礼"的思想。
2. 孔子"政"的思想是什么?
3. 联系选文内容,对应现实,谈谈你的体会。

旧瓶新酒

礼与政辨证。根据选文中孔子谈论政治的内容,谈谈你对政治的理解。

课前热身

"土"字的基本意义是指泥土，乡下人离不了泥土，因为在乡下住，种地是最普遍的谋生方法。中华民族确实与土有着深厚的感情，从半坡、河姆渡开始粟稻种植，中国社会就一直沉浸在与世无争的小农经济之中，农业成为维系社会的经济支柱。在农业为主的社会中，"土"成为与文化紧密联系的东西。

上面这段话出自社会学家费孝通的《乡土中国》（1948年）。这本堪称中国社会学经典的著作影响深远，至今仍嘉惠后人，引领探究中国传统社会的特质，发掘中华文化的深刻内涵。如"差序格局"这个观点认为：中国传统社会结构不是一捆捆的柴，而是像石头丢入水中在水面形成的一圈圈的波纹，每个人都是圆心，而波纹波及的范围也会依据时间、地点的不同而变化。另外，书中"礼治秩序""长老统治"这些精髓，是研究中国文化模式怎样从中国农业和农村生活中产生出来的独特观点。《礼治秩序》是《乡土中国》之第八篇，且看文中怎样进行阐释。

礼仪，人类交际的准则……

礼治秩序 费孝通

普通常有以"人治"和"法治"相对称，而且认为西洋是法治的社会，我们是"人治"的社会。其实这个对称的说法并不很清楚的。法治的意思并不是说法律本身能统治，能维持社会秩序，而是说社会上人和人的关系是根据法律来维持的。法律还得靠权力来支持，还得靠人来执行，法治其实是"人依法而治"，并非没有人的因素。

现代论法理的学者中有些极重视人的因素。他们注意到在应用法律于实际情形时，必须经过法官对于法律条文的解释。法官的解释的对象虽则是法律条文，但是决定解释内容的却包含很多因素，法官个人的偏见，甚至是否有胃病，以及社会的舆论都是极重要的。于是他们认为法律不过是法官的判决。这自是片面的说法，因为法官并不能任意下判决的，他的判决至少也须被认为是根据法律的，但是这种看法也告诉我们所谓法治绝不能缺乏人的因素了。

这样说来，人治和法治有什么区别呢？如果人治是法治的对面，意思应当是"不依法律的统治"了。统治如果是指社会秩序的维护，我们很难想象一个社会的秩序可以不必靠什么力量就可以维持，人和人的关系可以不根据什么规定而自行配合的。如果不根据法律，根据什么呢？望文生义地说来，人治好像是指有权力的人任凭一己的好恶来规定社会上人和人的关系的意思。我很怀疑这种"人治"是可能发生的。如果共同生活的人们，相互的行为、权利和义务，没有一定规范可守，

209

依着统治者好恶来决定。而好恶也无法预测的话，社会必然会混乱，人们会不知道怎样行动，那是不可能的，因之也说不上"治"了。

所谓人治和法治之别，不在人和法这两个字上，而是在维持秩序的所用的力量，和所根据的规范的性质。

乡土社会秩序的维持，有很多方面和现代社会秩序的维持是不相同的。可是所不同的并不是说乡土社会是"无法无天"，或者说"无需规律"。的确有些人这样想过。返璞归真的老子觉得只要把社区的范围缩小，在鸡犬相闻而不相往来的小国寡民的社会里，社会秩序无需外力来维持，单凭每个人的本能或良知，就能相安无事了。这种想法也并不限于老子。就是在现代交通之下，全世界的经济已密切相关到成为一体时，美国还有大多数人信奉着古典经济学里的自由竞争的理想，反对用人为的"计划"和"统制"来维持经济秩序，而认为在自由竞争下，冥冥之中，自有一双看不见的手，会为人们理出一个合于道德的经济秩序来的。不论在社会、政治、经济各个范围中，都有认为"无政府"是最理想的状态，当然所谓"无政府"绝不是等于"混乱"，而是一种"秩序"，一种不需规律的秩序，一种自动的秩序，是"无治而治"的社会。

可是乡土社会并不是这种社会，我们可以说这是个"无法"的社会，假如我们把法律限于以国家权力所维持的规则，但是"无法"并不影响这社会的秩序，因为乡土社会是"礼治"的社会。

让我先说明，礼治社会并不是指文质彬彬，像《镜花缘》里所描写的君子，一般的社会，礼并不带有"文明"或是"慈善"或是"见了人点个头"、不穷凶极恶的意思。礼也可以杀人，可以很"野蛮"。譬如在印度有些地方，丈夫死了，妻子得在葬礼里被别人用火烧死，这是礼。又好像在缅甸有些地方，一个人成年时，一定要去杀几个人头回来，才能完成为成年礼而举行的仪式。我们在旧小说里也常读到杀了人来祭旗，那是军礼。——礼的内容在现代标准看去，可能是很残酷的。残酷与否并非合礼与否的问题。"子贡欲去告朔之饩羊。子曰：'赐也！尔爱其羊，我爱其礼。'"恻隐之心并没有使孔子同意于取消相当残忍的行为。

礼是社会公认合式的行为规范。合于礼的就是说这些行为是做得对的，对是合式的意思。如果单从行为规范一点说，本和法律无异，法律也是一种行为规范。礼和法不相同的地方是维持规范的力量。法律是靠国家的权力来推行的。"国家"是指政治的权力，在现代国家没有形成前，部落也是政治权力。而礼却不需要这有形的权力机构来维持。维持礼这种规范的是传统。

传统是社会所累积的经验。行为规范的目的是在配合人们的行为以完成社会的任务，社会的任务是在满足社会中各分子的生活需要。人们要满足需要必须相互合作，并且采取有效技术，向环境获取资源。这套方法并不是由每个人自行设计，或临时聚集了若干人加以规划的。人们有学习的能力，上一代所试验出来有效的结果，可以教给下一代。这样一代一代地累积出一套帮助人们生活的方法。从每个人说，在他出生之前，已经有人替他准备下怎样去应付人生道上所可能发生的问题了。他只要"学而时习之"就可以享受满足需要的愉快了。

文化本来就是传统，不论哪一个社会，绝不会没有传统的。衣食住行种种最基本的事务，我们并不要事事费心思，那是因为我们托祖宗之福，——有着可以遵守的成法。但是在乡土社会中，传统的重要性比了现代社会更甚。那是因为在乡土社会里传统的效力更大。

乡土社会是安土重迁的，生于斯、长于斯、死于斯的社会。不但是人口流动很小，而且人们所取给资源的土地也很少变动。在这种不分秦汉、代代如是的环境里，个人不但可以信任自己的经验，而且同样可以信任若祖若父的经验。一个在乡土社会里种田的老农所遇着的只是四季的转换，而不是时代变更。一年一度，周而复始。前人所用来解决生活问题的方案，尽可抄袭来作自己生活的指南。愈是经过前代生活中证明有效的，也愈值得保守。于是"言必尧舜"，好古是生活的保障了。

我自己在抗战时，疏散在昆明乡下，初生的孩子，整天啼哭不定，找不到医生，只有请教房东老太太。她一听哭声就知道牙根上生了"假牙"，是一种寄生苗，吃奶时就会发痛，不吃奶又饿。她不慌不忙地要我们用咸菜和蓝青布去擦孩子的嘴腔。一两天果然好了。这地方有这种病，每个孩子都发生，也因之每个母亲都知道怎样治，那是有效的经验。只要环境不变，没有新的细菌侵入，这套不必讲学理的应付方法，总是有效的。既有效也敢不必问理由了。

像这一类的传统，不必知之，只要照办，生活就能得到保障的办法，自然会随之发生一套价值。我们说"灵验"，就是说含有一种不可知的魔力在后面。依照着做就有福，不依照了就会出毛病，于是人们对于传统有了敬畏之感了。

如果我们在行为和目的之间的关系不加推究，只按着规定的方法做，而且对于规定的方法带着不这样做就会有不幸的信念时，这套行为也就成了我们普通所谓"仪式"了。礼是按着仪式做的意思。礼字本是从豊从示。豊是一种祭器，示是指一种仪式。

礼并不是靠一个外在的权力来推行的，而是从教化中养成了个人的敬畏之感，使人服膺；人服礼是主动的。礼是可以为人所好的，所谓"富而好礼"。孔子很重视服礼的主动性，在下面一段话里说得很清楚：

颜渊问仁。子曰："克己复礼为仁。一日克己复礼，天下归仁焉。为仁由己，而由人乎哉？"颜渊曰："请问其目。"子曰："非礼勿视，非礼勿听，非礼勿言，非礼勿动。"颜渊曰："回虽不敏，请事斯语矣。"

这显然是和法律不同了，甚至不同于普通所谓道德。法律是从外限制人的，不守法所得到的罚是由特定的权力所加之于个人的。人可以逃避法网，逃得脱还可以自己骄傲、得意。道德是社会舆论所维持的，做了不道德的事，见不得人，那是不好；受人吐弃，是耻。礼则有甚于道德：如果失礼，不但不好，而且不对、不合、不成。这是个人习惯所维持的。十目所视，十手所指的，即使在没有人的地方也会不能自已。曾子易箦是一个很好的例子。礼是合式的路子，是经教化过程而成为主动性的服膺于传统的习惯。

礼治在表面看去好像是人们行为不受规律拘束而自动形成的秩序。其实自动的说法是不确，只是主动的服于成规罢了。孔子一再的用"克"字，用"约"字来形容礼的养成，可见礼治并不是离开社会，由于本能或天意所构成的秩序了。

礼治的可能必须以传统可以有效地应付生活问题为前提。乡土社会满足了这前提，因之它的秩序可以礼来维持。在一个变迁很快的社会，传统的效力是无法保证的。尽管一种生活的方法在过去是怎样有效，如果环境一改变，谁也不能再依着老法子去应付新的问题了。所应付的问题如果要由团体合作的时候，就得大家接受个同意的办法，要保证大家在规定的办法下合作应付共同问题，就得有个力量来控制各个人了。这其实就是法律，也就是所谓"法治"。

法治和礼治是发生在两种不同的社会情态中。这里所谓礼治也许就是普通所谓人治，但是礼治一词不会像人治一词那样容易引起误解，以致有人觉得社会秩序是可以由个人好恶来维持的了。礼治和这种个人好恶的统治相差很远，因为礼是传

西洋的社会有些像我们在田里捆柴。每一根柴在整个挑里都属于一定的捆、扎、把。我们的格局不是一捆一捆扎清楚的柴，而是好像把一块石头丢在水面上所发生的一圈圈推出去的波纹。每个人都是他社会影响所推出去的圈子的中心。被圈子的波纹所推及的就发生联系。每个人在某一时间某一地点所动用的圈子是不一定相同的。

——费孝通

统，是整个社会历史在维持这种秩序。礼治社会并不能在变迁很快的时代中出现的，这是乡土社会的特色。

迷津指路

在文化领域，一直都有这样的难题存在：一是对本民族文化的定位，二是对民族文化和外来文化关系的理解。回顾中国文化发展的历程，不难发现有这样两种截然相反的观点：一种观点主张接受西方文化，甚至全盘西化；另一种观点坚守传统文化的精髓血脉，反对西方文化的侵袭。在全球一体化的现实背景下，很多人力图创造第三条道路，实现中国传统文化和西方文化或者说是外来文化的整合，如牟宗三先生对中西哲学的整合研究。但是，也有一股庞大的势力认为文化冲突无可避免，如塞缪尔·亨廷顿著有《文明的冲突与世界秩序的重建》。对此，费孝通先生文化自觉的观点可以说是第三条道路的有益尝试。费孝通先生作为一代学人的典范，在几十年的学术生涯中孜孜以求，为建立中国化的社会学倾尽一生心力，著作等身，学问深厚。

费孝通（1910—2005）是享誉海内外的社会学家、人类学家，我国现代社会学和人类学的创始人，生于江苏吴江。父亲费璞安曾作为政府派的公费留学生东渡日本，专攻教育，学成回国后即开办新学。母亲杨纫兰是当时为数不多的接受了西式教育的知识女性之一。费孝通1930年进入燕京大学社会学系，攻读社会学专业，立下了认识中国社会的远大志向。1933年，他考入清华大学，师从俄籍教授史禄国，攻读人类学。1935年，他与新婚妻子在蜜月中同赴广西大瑶山进行社会调查。在调查途中，他误踏虎阱，腰腿受伤，妻子在寻人救援途中不幸溺水身亡。他在获救后疗伤期间根据瑶山调查所得资料，整理出版了《花蓝瑶社会组织》。1936年，费孝通负笈英伦，在伦敦大学经济政治学院马林诺斯基门下学习社会人类学。在马林诺斯基的指导下，费孝通完成并出版了专著《江村经济》，获得博士学位。《江村经济》一书被誉为"人类学实地调查和理论工作发展中的一个里程碑"，是国际人类学界的经典之作。

思考练习

1. "子贡欲去告朔之饩羊。子曰：'赐也！尔爱其羊，我爱其礼。'"你怎么理解孔子的话？
2. "法治"与"礼治"的区别是什么？
3. 乡土中国"礼治"社会的性质、特点、表现是什么？
4. 结合现代生活实际，谈谈你的学习心得。

旧瓶新酒

1. 联系所学课文，谈谈你对"法治"与"人治"这两个概念的认识。
2. 观察现实生活中的礼仪现象，写一篇不少于1500字的论文。

表演，人类娱乐的舞台

自人类诞生之日起，表演就是十分重要的艺术表达和娱乐消遣方式。人类在自我发展的历史舞台上尽情勾画与推演着表演艺术的进程。从鸿蒙初辟时期的原始舞蹈到世人皆知的百老汇剧作，从古希腊酒神节上初见端倪的剧作表演到中国民间意蕴丰富的戏曲曲艺，从幽默的即兴喜剧到高雅的交响音乐，从电影表演的斑斓绽放到电视综艺的日渐丰饶，表演百花园中群芳争艳、姹紫嫣红。

具体说来，表演艺术是演员以虚构人物的身份出现，运用自己的情感和言语、声音、表情、动作，在一定的时间与空间内，向观众呈现角色形象的艺术。它以人物语言和动作表情符号塑造形象、传达情绪、展现情感，进而表现生活。流动乐音和精准动作能直接地、充分地表现人的情感和情绪的轨迹。可以说，表演艺术是一种创造性劳动，同时也是高级的反射活动，它涉及哲学、美学、心理学、社会学、艺术学、传播学、系统论、信息论等诸多学科。比较有代表性的表演样式有戏剧、影视、戏曲、曲艺、歌舞等。

表演的第一要素为"艺术符号"，即外在的动作、声音、表情等符号，是表演艺术的物质媒介；第二要素为"艺术形象"，即生动而美妙的音乐形象与动作形象，依赖表演者的创作；第三要素为"艺术意蕴"，即在表达人的内心情感时反映社会生活，具有深邃蕴藉的意蕴。

中国现代文学的奠基者鲁迅先生说，"人类最好是彼此不隔膜，相关心。然而最平正的道路，却只有用文艺来沟通"。表演艺术作为精神文明和非物质财富，属于全世界、全人类共有。充分了解表演艺术的发展历程、艺术特点、分支流派以及代表作品、内蕴价值，对表演艺术的传承、交流和发展建设，以及促进文化艺术事业的繁荣和提高都有着积极意义。

本篇以表演为专题，章节设置和内容选定从影视欣赏、戏剧大观、戏曲精粹三个层面切入展开，所选内容皆为三种表演式样中的上乘之作。

影视艺术是以影视技术为手段，以画面和声音为媒介，在荧屏运动的时空里创造形象，再现和反映生活的一门艺术。影视欣赏部分力求以对影视作品的分析、鉴赏来实现对影视艺术的综合把握。这部分选录的电影作品是李安导演的《理智与情感》。

《理智与情感》的导演李安在简·奥斯汀创作出同名小说两百年后将之搬上银幕，并且寻找到了东西方文化的契合点。电影采用了独特的叙事手法，将两条爱情副线倒叙或补叙到两条平行的爱情主线中，每个人物都在理智和情感的碰撞中找寻自我和真爱。

戏剧的表现形式十分丰富，主要有话剧、歌剧、音乐剧、舞剧等。不同文化所产生的戏剧形式具有独特的传统和程式，譬如中国传统戏曲、西方戏剧、日本能乐、印度梵剧等，皆独具韵味与特色。戏剧大观部分选录了曹禺的《日出》、莎士比亚的《李尔王》。

《日出》的作者曹禺说，"我求的是一点希望，一线光明。人毕竟是要活着的，并且应该幸福地活着。腐肉挖去，新的细胞会生出来。我们要有新的血，新的生命"。作者刻写了社会的丑恶。作品呈现出一种严峻而残酷的真实，具有积极的社会意义。

莎士比亚在《李尔王》中，以同情、博爱的笔触描写了王室家族的权力争夺和李尔王的命运起伏，塑造了一系列崭新的人物形象，批判了伪善的人伦关系，肯定了人文主义理想。

戏曲是中国传统的戏剧形式，与希腊悲喜剧、印度梵剧并列为世界三大古老戏剧文化。其以唱、念、做、打的综合表演为中心戏剧形式，包含文学、音乐、舞蹈、美术、武术、杂技等各种表演艺术因素，具有综合性、虚拟性、程式性等特点。我国约有三百六十多种戏曲。戏曲精粹部分选录了京剧《贵妃醉酒》、越剧《梁山伯与祝英台》、黄梅戏《女驸马》、川剧《情探》。

京剧《贵妃醉酒》凝聚着京剧文化的美学思想精髓，是梅派经典剧目。它以旦角应工的歌舞表演体式传达出了独特的艺术精神和审美韵味。京剧表演大师梅兰芳集表演艺术家、歌唱家和舞蹈家于一身，精心改进了唱腔唱词和舞台动作，赋予此剧新的思想内涵，即透过杨贵妃的唱白，充分表达出深宫女性深受压迫、倍感孤独的况遇。

《梁山伯与祝英台》是越剧的经典剧目，其发展经历了古典与现代两个阶段。温婉高雅的古典风格、细腻柔美的唱腔加上令人荡气回肠的爱情故事，使得剧目充满大气之美、纯净之美、高贵之美。

黄梅戏《女驸马》的剧情颇具传奇色彩。全剧唱腔优美婉转、清朗明快，表情达意清新细致、质朴无华。唱词上以快人快语、诙谐逗趣见长；音乐上语势自然、朴素大方。《女驸马》的广为流传，大大促进了黄梅戏的传播和发展。

川剧《情探》是近代戏曲精品之一，在四川境内广为流传，具有庞大的受众群体。剧作矛盾冲突尖锐、情节生动、感人至深，唱、讲、做、舞俱佳。全剧美丑关系结构可分为三个层次，美丑对立的缘起和发展、丑毁灭美、美对丑的彻底否定和超越。

总体来说，本篇以宏观梳理表演艺术中影视、戏剧、戏曲的发展为经，以精选的优秀中外作品为纬，以坚持实践性、工具性、审美性，彰显典范性、经典性、高雅性为原则，力求体现出表演艺术的精彩之处和艺术风貌，提高大学生对表演艺术的分析和鉴赏能力，提升大学生对文化精髓的传承力度和传承意识，进而提升大学生整体的语文素养和人文素养。

影视欣赏

课前热身

在好莱坞电影中，我们越来越多地看到中国文化的痕迹——汉语、汉字、功夫等。好莱坞在接受着中国，尊重着中国，中国文化也日益变得流行和时尚。而这一切，都是与进军好莱坞的华人电影工作者的不懈努力分不开的。华裔影人不断走向世界，李小龙、成龙、唐季礼、吴宇森、巩俐等人即代表。其中唯一能够成功执导西方名著改编而成的电影，并能把东方文化融入其中的就只有好莱坞黑马——多面手李安，他的《理智与情感》等电影带有浓厚的人文色彩和艺术气息。

李安站在东西文化的交叉审视点上，力求在不同的文化内找到符合自己表达诉求的角度。这使他的影片具有了独特视角和开阔视野，能够在全球化的时代里发现文化的不可替代性。《理智与情感》上映后，获得了金熊奖、金像奖、金球奖等多个国际电影奖项。面对荣誉，李安认为，"这部影片只是把我前三部做熟的东西用英文古装戏再做一遍"。

理智与情感

诺兰庄园的主人亨利·达什伍德去世了，按照家族财产不能分割的传统，其遗产由他与前妻所生的儿子约翰继承。而他现在的妻子和三个女儿埃莉诺、玛丽安以及玛格丽特只能得到很少的一点生活费用，并且被迫搬迁。在妻子芬妮的极力主张下，约翰逐步把四个女人赶出了庄园。芬妮的弟弟爱德华来庄园小住，爱上了三姐妹中的大姐埃莉诺，但很快被看出苗头的芬妮拆散。芬妮想让弟弟娶一个门当户对的富家女。

四个女人租了约翰爵士的小屋居住，爵士的岳母夏洛特喜欢这三姐妹，并试图把一个有钱的单身贵族布兰登上校介绍给埃莉诺，而布兰登却爱上了二妹玛丽安。在一次风雨中，玛丽安扭伤了脚踝，一个英俊的陌生男士主动帮忙，把玛丽安抱回家中，玛丽安爱上了这个叫约翰·卫勒比的年轻人。布兰登还是对玛丽安紧追不放，特意召开了一次庄园聚会。但在会上，一封来自伦敦的信让布兰登立即飞马离去。第二天，卫勒比突然来向玛丽安辞行，言辞闪烁，玛丽安十分伤心。

在夏洛特处，一个叫露茜的女孩告诉埃莉诺，她和爱德华已经私订终身有五年之久了。埃莉诺暗自伤心之际还是不忘替她保守秘密。夏洛特看玛丽安伤心，决定带几个

> 影片在各地上映时，很多人可能都有这种体验，觉得好像是在看自己民族的故事一样。人的爱憎、喜怒哀乐可能会因文化的不同而表现为不同的方式，但是来自不同文化的故事可以打动不同的人群，除了文化普遍性，最能打动人心的应该是情感了。
> ——马克·卡曾斯

女孩子到伦敦去。玛丽安见到了卫勒比,却得知他要和盖小姐结婚,玛丽安悲恸欲绝。夏洛特和布兰登告诉她们,卫勒比因为即将破产,而只能和身价5万英镑的盖小姐结合,在此之前还把布兰登的私生女遗弃了。但布兰登也以绅士的态度表明,卫勒比对玛丽安还是真心喜欢的。

爱德华来找埃莉诺,却遇到了露茜,一时很是尴尬,只能托词出门。芬妮对爱德华和露茜的婚事十分不满,但爱德华信守诺言,放弃所有遗产,还是要对露茜负责。布兰登来找埃莉诺,愿意为爱德华和露茜尽力,委托埃莉诺转告。埃莉诺明知会把爱人送入别人的怀抱,还是如实转告了爱德华。一对伤心姐妹回到了布兰登的庄园,玛丽安到山上远望卫勒比的庄园,在大雨中昏倒,布兰登把她抱回家中。染上热病的玛丽安终于有所好转,布兰登已经连夜把她的母亲接来看她,玛丽安被布兰登深深感动了。

埃莉诺还在为爱德华伤心,而爱德华却出现在她面前。原来,露茜和爱德华的弟弟一见钟情,爱德华也正好得以回到埃莉诺身边,埃莉诺被这个突然的结果弄得当场大哭。最后,有情人终成眷属,两姐妹同时举行了婚礼。远方的山坡上,卫勒比调转马头疾奔而去。"你实践了你的承诺,这比什么都重要",埃莉诺对爱德华说。

> 诚然,以影评家的立场来看,他的叙事手法十分保守,出自好莱坞传统,但他却能掌握住全片的节奏,先抑而后扬,有始有终。
> ——巴里·利特曼
>
> 观众观看电影,仿佛参与了故事的进展,感受了时间的流逝,亲历了人物的体验,从而产生同化作用。
> ——索尼亚·利文斯通

迷津指路

本片改编自英国作家简·奥斯汀(1775—1817)的同名小说。导演李安,1954年生于中国台湾,代表作品有以家庭为主要表现对象、描写现代社会与传统中国文化冲突和碰撞的"父亲三部曲"(《推手》《喜宴》《饮食男女》)及《卧虎藏龙》等。

所获奖项:1995年纽约影评人协会最佳导演奖、最佳编剧奖;1995年美国评论协会奖最佳影片奖、最佳女演员奖;1995年洛杉矶影评人协会最佳编剧奖;1996年奥斯卡最佳编剧奖;1996年金球奖最佳电影奖、最佳编剧奖;1996年英国学院最佳电影奖、最佳女演员奖、最佳女配角奖;1996年柏林国际电影节金熊奖。

思考练习

1. 影片中体现了怎样的东方文化?
2. 影片是如何平衡原著给定结局与现代人的价值观的?
3. 影片是如何借助场景的视觉象征来表现埃莉诺和玛丽安的不同性格的?

旧瓶新酒

关于本片,李安曾说,"我觉得严格来讲,应该翻译成《知性与感性》,知性包括感性,它并非只限于一个理性、一个感性的截然二面,而是知性里面感性的讨论"。请鉴赏影片后谈谈你对这段话的理解。

表演，人类娱乐的舞台

戏剧大观

课前热身

"日出"这个文学意象由来已久，既有传统诗词中"日出三竿春雾消""日出江花红胜火""日出东方隈"的诗意言说，又有现当代名家笔下"泰山日出""海上日出""飞机上观日出"的独特表达。

中国古时计时，一天分为十二时辰，每个时辰约两小时。"日出"时分是十二时辰中的第四个时辰，地支命名为卯时，也就是五至七时。曹禺于1935年创作了话剧《日出》，积极地、鲜明地表明了自己的创作意图和态度。《日出》描摹的是"日之将出"前的情景，作品以身陷泥淖、难见光明的陈白露等人的遭遇控诉了"损不足以奉有余"的社会，表达出对"日出"将现、光明和希望即将到来的肯定。这里，"日出"象征着黑白颠倒、腐朽黑暗的社会必将被充满光明的社会所代替。曹禺自称，希望"平地轰起一声巨雷，把这群盘踞在地面上的魑魅魍魉去个糜烂"，"我写出了希望，一种令人兴奋的希望；我暗示出一个伟大的未来"。

日出[①]（节选）　曹禺

黄省三　（胆小地）李……李先生。

李石清　怎么？（吃了一惊）是你！

黄省三　是，是，李先生。

李石清　又是你，谁叫你到这儿来找我的？

黄省三　（无力地）饿，家里的孩子大人没有饭吃。

李石清　（冷冷地）你到这儿就有饭吃么？这是旅馆，不是粥厂。

黄省三　李，李先生，可当的都当干净了。我实在没有法子，不然，我绝不敢再找到这儿来麻烦您。

李石清　（烦恶地）咻，我跟你是亲戚？是老朋友？或者我欠你的，我从前占过你的便宜？你这一趟一趟地，我走哪儿你跟哪儿，你这算怎么回事？

黄省三　（苦笑，很凄凉地）您说哪儿的话，我都配不上。李先生，我在银行里一个月才用您十三块来钱，我这儿实在是无亲无故，您辞了我之后，我在哪儿找事去？银行现在不要我等于不叫我活着。

[①] 节选自曹禺《日出》第四幕，人民文学出版社2010年版。《日出》可以称为中国现代戏剧史上优秀的现实主义力作。全剧共四幕，其时间分别为黎明、黄昏、午夜、凌晨。作者在《日出》开篇引述了老子《道德经》中语——"天之道损有余而补不足，人之道则不然——损不足以奉有余"。剧作以20世纪30年代的都市天津为背景，以"交际花"陈白露的华丽客厅和翠喜所在的三等妓院"宝和下处"为具体地点，以陈白露和方达生为串线人物，展示了"有余"和"不足"两个社会阶层完全不同的生存状态，实现了对"损不足以奉有余"的社会的揭露。

李石清 （烦厌地）照你这么说，银行就不能辞人啦。银行用了你，就算给你保了险，你一辈子就可以吃上银行啦，嗯？

黄省三 （又卷弄他的围巾）不，不，不是，李先生，我……我，我知道银行待我不错，我不是不领情。可是……您是没有瞅见我家里那一堆孩子，活蹦乱跳的孩子，我得每天找东西给他们吃。银行辞了我，没有进款，没有米，他们都饿得直叫。并且房钱有一个半月没有付，眼看着就没有房子住。（嗳嚅地）李先生，您没有瞅见我那一堆孩子，我实在没有路走，我只好对他们——哭。

李石清 可是谁叫你们一大堆一大堆养呢？

黄省三 李先生，我在银行没做过一件错事。我总天亮就去上班，夜晚才回来，我一天干到晚，李先生——

李石清 （不耐烦）得了，得了，我知道你是个好人，你是安分守己的。可是难道不知道现在市面萧条，经济恐慌？我跟你说过多少遍，银行要裁员减薪，我并不是没有预先警告你！

黄省三 （踌躇地）李先生，银行现在不是还盖着大楼，银行里面还添人，添了新人。

李石清 那你管不着！那是银行的政策，要繁荣市面。至于裁了你，又添了新人，我想你做了这些年的事，你难道这点世故还不明白？

黄省三 我……我明白，李先生。（很凄楚地）我知道我身后面没有人挺住腰。

李石清 那就得了。

黄省三 不过我当初想，上天不负苦心人，苦干也许能补救我这个缺点。

李石清 所以银行才留你四五年，不然你会等到现在？

黄省三 （乞求）可是，李先生，我求求您，您行行好。我求您跟潘经理说说，只求他老人家再让我回去。就是再累一点，再加点工作，就是累死我，我也心甘情愿的。

李石清 你这个人真麻烦。经理会管你这样的事？你们这样的人，就是这点毛病。总把自己看得太重，换句话，就是太自私。你想潘经理这样忙，会管你这样小的事？不过，奇怪，你干了三四年，就一点存蓄也没有？

黄省三 （苦笑）存蓄？一个月十三块来钱，养一大家子人？存蓄？

李石清 我不是说你的薪水。从薪水里，自然是挤不出油水来。可是——在别的地方，你难道没有得到一点的好处？

黄省三　没有，我做事凭心，李先生。

李石清　我说——你没有从笔墨纸张里找出点好处？

黄省三　天地良心，我没有，您可以问庶务刘去。

李石清　哼，你这个傻子，这时候你还讲良心！怪不得你现在这么可怜了。好吧，你走吧。

黄省三　（着慌）可是，李先生——

李石清　有机会，再说吧。（挥挥手）现在是毫无办法。你走吧。

黄省三　李先生，您不能——

李石清　并且，我告诉你，你以后再要狗似的老跟着我，我到哪儿，你到哪儿，我就不跟你这么客气了。

黄省三　李先生，那么，事还是一点办法也没有？

李石清　快走吧！回头，一大堆太太小姐们进来，看到你跑到这儿找我，这算是怎么回事？

黄省三　好啦！（泪汪汪的，低下头）李先生，真对不起您老人家。（苦笑）一趟一趟地来麻烦您，我走啦。

李石清　你看你这个麻烦劲儿，走就走得啦。

黄省三　（长长地叹一口气，走了两步，忽然跑回来，沉痛地）可是，您叫我到哪儿去？您叫我到哪儿去？我没有家，我拉下脸跟你说吧，我的女人都跟我散了，没有饭吃，她一个人受不了这样的苦，她跟人跑了。家里有三个孩子，等着我要饭吃。我现在口袋里只有两毛钱，我身上又有病，（咳嗽）我整天地咳嗽！李先生，您叫我回到哪儿去？您叫我回到哪儿去？

李石清　（可怜他，但又厌恶他的软弱）你愿意上哪儿去就上哪儿去吧。我跟你讲，我不是不想周济你，但是这个善门不能开，我不能为你先开了例。

黄省三　我没有求您周济我，我只求您赏给我点事情做。我为着我这群孩子，我得活着！

李石清　（想了想，翻着白眼）其实，事情很多，就看你愿意不愿意做。

黄省三　（燃着了一线希望）真的？

李石清　第一，你可以出去拉洋车去。

黄省三　（失望）我……我拉不动，（咳嗽）您知道我有病。医生说我这边的肺已经（咳）——靠不住了。

李石清　哦，那你还可以到街上要——

黄省三 （脸红，不安）李先生，我也是个念过书的人，我实在有点——

李石清 你还有点叫不出口，是么？那么你还有一条路走，这条路最容易，最痛快，——你可以到人家家里去（看见黄的嘴喃喃着）——对，你猜得对。

黄省三 哦，您说，（嘴唇颤动）您说，要我去——（只见唇动，听不见声音）

李石清 你大声说出来，这怕什么？"偷！""偷！"这有什么做不得，有钱的人的钱可以从人家手里大把地抢，你没有胆子，你怎么不能偷？

黄省三 李先生，真的，我急的时候也这么想过。

李石清 哦，你也想过去偷？

黄省三 （惧怕地）可是，我怕，我怕，我下不了手。

李石清 （愤慨地）怎么你连偷的胆量都没有，那你叫我怎么办？你既没有好亲戚，又没有好朋友，又没有了不得的本领。好啦，叫你要饭，你要顾脸，你不肯做；叫你拉洋车，你没有力气，你不能做；叫你偷，你又胆小，你不敢做。你满肚子的天地良心，仁义道德，你只想凭着老实安分，养活你的妻儿老小，可是你连自己一个老婆都养不住，你简直就是个大废物，你还配养一大堆孩子！我告诉你，这个世界不是替你这样的人预备的。（指窗外）你看见窗户外面那所高楼么？那是新华百货公司十三层高楼，我看你走这一条路是最稳当的。

黄省三 （不明白）怎么走，李先生？

李石清 （走到黄面前）怎么走？（魔鬼般地狞笑着）我告诉你，你一层一层地爬上去。到了顶高的一层，你可以迈过栏杆，站在边上。你只再向空，向外多走一步，那时候你也许有点心跳，但是你只要过一秒钟，就一秒钟，你就再也不可怜了，你再也不愁吃，不愁穿了。——

黄省三 （呆若木鸡，低得几乎听不见的声音）李先生，您说顶好我"自——"（忽然爆发地悲声）不，不，我不能死，李先生，我要活着！我为着我的孩子们，为我那没了妈的孩子们我得活着！我的望望，我的小云，我的——哦，这些事，我想过。可是，李先生，您得叫我活着！（拉着李的手）您得帮帮我，帮我一下！我不能死，活着再苦我也死不得，拼命我也得活下去啊！（咳嗽）

左门大开。里面有顾八奶奶、胡四、张乔治等的笑声。潘月亭露出半身，面向里面，说："你们先打着。我就来。"

李石清 （甩开黄的手）你放开我。有人进来，不要这样没规矩。（黄只得立起，倚着墙，潘进）

潘月亭 啊？

黄省三 经理！

潘月亭 石清，这是谁？他是干什么的？

黄省三 经理，我姓黄，我是大丰的书记。

李石清 他是这次被裁的书记。

潘月亭 你怎么跑到这里来，（对李）谁叫他进来的？

李石清 不知道他怎么找进来的。

黄省三 （走到潘面前，哀痛地）经理，您行行好，您要裁人也不能裁我，我有三个小孩子，我不能没有事。经理，我给您跪下，您得叫我活下去。

潘月亭 岂有此理！这个家伙，怎么能跑到这儿来找我求事。（厉声）滚开！

黄省三 可是，经理，——

李石清 起来！起来！走！走！走！（把他推倒在地上）你要再这样麻烦，我就叫人把你打出去。（黄望望李，又望望潘）

潘月亭 滚，滚，快滚！真岂有此理！

黄省三 好，我起来，我起来，你们不用打我！（慢慢立起来）那么，你们不让我再活下去了！你！（指潘）你！（指李）你们两个说什么也不叫我再活下去了。（疯狂似地又哭又笑地抽咽起来）哦，我太冤了。你们好狠的心哪！你们给我一个月不过十三块来钱，可是你们左扣右扣的，一个月我实在领下的才十块二毛五。我为着这辛辛苦苦的十块二毛五，我整天地写，整天给你们伏在书桌上写；我抬不起头，喘不出一口气地写；我从早到晚地写；我背上出着冷汗，眼睛发着花，还在写；刮风下雨，我跑到银行也来写！（做势）五年哪！我的潘经理！五年的工夫，你看看，这是我！（两手捶着胸）几根骨头，一个快死的人！我告诉你们，我的左肺已经坏了，哦，医生说都烂了！（尖锐的声音，不顾一切地）我跟你说，我是快死的人，我为着我的可怜的孩子，跪着来求你们。叫我还能够给你们写，写，写，——再给我一碗饭吃。把我这个不值钱的命再换几个十块二毛五。可是你们不答应我！你们不答应我！你们自己要弄钱，你们要裁员，你们一定要裁我！（更沉痛地）可是你们要这十块二毛五干什么呀！我不是白拿你们的钱，我是拿命跟你们换哪！（苦笑）并且我也拿不了你们

《日出》引的老子那段话，只是借用来概括主题，但不是全部的概括，因为后边还引了一大堆《圣经》上的话，全部引语放到前面，是想起到代替序的作用。

——曹禺

从《雷雨》到《日出》，曹禺给予整个文坛的是希望与信心，《日出》让人们看到的是年轻剧作家方向性的巨大进步，看到他正在更加坚实而正确的创作道路上大踏步地前行。

——丁涛

几个十块二毛五，我就会死的。(愤恨地) 你们真是没有良心哪，你们这样对待我，——是贼，是强盗，是鬼呀！你们的心简直比禽兽还不如——

潘月亭 这个浑蛋，还不给我滚出去！

黄省三 (哭着) 我现在不怕你们啦！我不怕你们啦！(抓着潘的衣服) 我太冤了，我非要杀了——

潘月亭 (很敏捷地对着黄的胸口一拳) 什么！(黄立刻倒在地下) (半晌)

李石清 经理，他是说他要杀他自己——他这样的人是不会动手害人的。

潘月亭 (擦擦手) 没有关系，他这是晕过去了。福升！福升！(福升上)

迷津指路

曹禺（1910—1996），原名万家宝，中国现代杰出的戏剧家，被评为"文明戏的观众，爱美剧的业余演员，左翼运动影响下的剧作家"。1933年，其处女作四幕剧《雷雨》的问世轰动了戏剧界。《雷雨》以现实主义艺术力量和高超的艺术成就暴露了具有浓厚封建性的资产阶级家庭的腐朽和罪恶，揭示了旧制度必将灭亡的历史趋势。1935年，基于生活中许多"梦魇一般可怕的人事"，曹禺创作了《日出》，深刻解剖了20世纪30年代中国的都市生活，批判了那个"损不足以奉有余"的罪恶社会。

作者在《日出》里着力描绘了"有余者"的凶残腐朽、"不足者"的悲惨和不幸。不论是受五四新文化影响而走上不同道路的陈白露、方达生，还是腐朽淫奢、勾结钻营的潘月亭、李石清等人，抑或是苦苦挣扎于社会底层的翠喜、黄省三、小东西，都概括在其中。作品将"有余"与"不足"两个世界展现出来，暗示了两种冲突的力量一个必然灭亡、一个必然胜利的发展趋势，同时也深刻地揭露出金钱统治的社会的罪恶。

《日出》在相对集中的时空里，让人物错落登场，共同显示半封建半殖民地中国都市的社会关系，以及对这种社会关系的深入思考。这种结构方式通常被称为"人像展览式"或"群像式"。

思考练习

1. 概括"日出"的象征意义。
2. 分析黄省三的悲剧命运及其成因。
3. 解析剧作的艺术特色。
4. 如何理解《日出》的社会批判性主题？

旧瓶新酒

对比《雷雨》和《日出》，简析曹禺戏剧的台词艺术。可以在原剧排演后召开小型研讨会。

> **课前热身**
>
> 童话和传说中经常会出现这样的故事：王室之中，子女众多，国王却因误会而嫌恶善良的子女，反而把皇位传给恶子。善良孝顺者总是能历经磨难，以真诚和苦难换来皆大欢喜。正因为皆大欢喜，所以童话、喜剧故事总是让人恬适、轻松。对比而言，悲剧往往更能打动人心，如同鲁迅所说："悲剧是将人生有价值的东西毁灭给人看。"悲剧中主人公与现实之间的冲突或悲惨的结局，更能揭示生活中的问题，引人深思。
>
> 在文学作品中，不论是童话式的故事模型还是悲剧式的故事建构，都表达了人们对生活的思悟和对善良的追求。英国戏剧大师威廉·莎士比亚也很热衷这种思悟和追求。他的四大悲剧之一《李尔王》也有类似上述童话故事的情节。作品抛开了对苦情的描述、对家族仇恨的纠结，开始从人性的角度探讨善与恶。虽然最后仍然是悲剧，但是对善的向往是弥足珍贵的。让我们从莎翁的《李尔王》出发，感受悲剧的魅力和剧中的善与恶吧。

李尔王①（节选）

［英］威廉·莎士比亚

【（第一场）荒野】

暴风雨，雷电。肯特及一侍臣上，相遇。

肯特 除了恶劣的天气以外，还有谁在这儿？

侍臣 一个心绪像这天气一样不安静的人。

肯特 我认识你。王上呢？

侍臣 正在跟暴怒的大自然竞争；他叫狂风把大地吹下海里，叫泛滥的波涛吞没了陆地，使万物都变了样子或归于毁灭；拉下他的一根根的白发，让挟着盲目的愤怒的暴风把它们卷得不知去向；在他渺小的一身之内，正在进行着一场比暴风雨的冲突更剧烈的斗争。这样的晚上，被小熊吸干了乳汁的母熊，也躲着不敢出来，狮子和饿狼都不愿沾湿它们的毛皮。他却光秃着头在风雨中狂奔，把一切付托给不可知的力量。

肯特 可是谁和他在一起？

侍臣 只有那傻瓜一路跟着他，竭力用些笑话替他排解他心中的伤痛。

肯特 我知道你是什么人，我敢凭着我的观察所及，告诉你一件重要的消息。在奥本尼和康华尔两人之间，虽然表面上彼此掩饰得毫无痕迹，可是暗中却已经发生了冲突；正像一般身居高位的人一样，在他们手下都有一些名为仆人、实际上却是向法国密报我们国内情形的探子，凡是这两个公爵的明争暗斗，他们两人对于善良的老王的冷

---

① 节选自威廉·莎士比亚《李尔王》第三幕，中国人民大学出版社2008年版。主要情节：年事已高的李尔王欲把国土分给三个女儿。大女儿高纳里尔和二女儿里根想尽一切办法赢得李尔王的欢喜，二人成功瓜分国土。小女儿考狄利娅深爱父亲，绝不用谎言欺骗父亲，同时自尊自爱。她认为作为万物灵长的人，任何时候都要保持人的尊严，绝不能为了达到自私的目的而采取卑鄙无耻的手段。考狄利娅因不愿阿谀奉承而一无所得。法兰西国王前来求婚，娶考狄利娅为皇后。高纳里尔和里根在李尔王离位后，不给他栖身之地，李尔只好流落荒郊野外。考狄利娅率军攻城，父女团圆。但考狄利娅被杀死，李尔王守着心爱的小女儿的尸体悲痛地死去。剧中主要线索是不列颠王李尔和他三个女儿的

酷的待遇，以及在这种种表象底下，其他更秘密的一切动静，全都传到了法国的耳中；现在已经有一支军队从法国开到我们这一个分裂的国土上来，乘着我们疏忽无备，在我们几处最好的港口秘密登陆，不久就要揭开他们鲜明的旗帜了。现在，你要是能够信任我的话，请你赶快到多佛去一趟，那边你可以碰见有人在欢迎你，你可以把被逼疯了的王上所受的种种无理的屈辱向他做一个确实的报告，他一定会感激你的好意。我是一个有地位有身价的绅士，因为知道你的为人可靠，所以把这件差使交给你。

侍臣　我还要跟您谈谈。

肯特　不，不必。为了向你证明我并不是像我的外表那样的一个微贱之人，你可以打开这一个钱囊，把里面的东西拿去。你一到多佛，一定可以见到考狄利娅；只要把这戒指给她看了，她就可以告诉你，你现在所不认识的同伴是个什么人。好可恶的暴风雨！我要找王上去。

侍臣　把您的手给我。您没有别的话了吗？

肯特　还有一句话，可比什么都重要；就是：我们现在先去找王上；你往那边去，我往这边去，谁先找到他，就打一个招呼。

各下

暴风雨继续未止。李尔及弄人上。

李尔　吹吧，风啊！胀破了你的脸颊，猛烈地吹吧！你，瀑布一样的倾盆大雨，尽管倒泻下来，浸没了我们的尖塔，淹沉了屋顶上的风标吧！你，思想一样迅速的硫黄的电火，劈碎橡树的巨雷的先驱，烧焦了我的白发的头颅吧！你，震撼一切的霹雳啊，把这生殖繁密的、饱满的地球击平了吧！打碎造物的模型，不要让一颗忘恩负义的人类的种子遗留在世上！

弄人　啊，老伯伯，在一间干燥的屋子里说几句好话，不比在这没有遮蔽的旷野里淋雨好得多吗？老伯伯，回到那所房子里去，向你的女儿们请求祝福吧；这样的夜无论对于聪明人或是傻瓜，都是不发一点慈悲的。

李尔　尽管轰着吧！尽管吐你的火舌，尽管喷你的雨水吧！雨、风、雷、电，都不是我的女儿，我不责怪你们的无情；我不曾给你们国土，不曾称你们为我的孩子，你们没有顺从我的义务；所以，随你们的高兴，降下你们可怕的威力来吧，我站在这儿，只是你们的奴隶，一个可怜的、衰弱的、无力的、遭人贱视的老头子。可是我仍然要

故事，次要线索是大臣听信庶子谗言，放逐长子的情节。

骂你们是卑劣的帮凶,因为你们滥用上天的威力,帮同两个万恶的女儿来跟我这个白发的老翁作对。啊!啊!这太卑劣了!

弄人 谁头上顶着个好头脑,就不愁没有屋顶来遮他的头。脑袋还没找到屋子,话儿倒先有安乐窝;脑袋和他都生虱子,就这么叫化娶老婆。有人只爱他的脚尖,不把心儿放在心上;那鸡眼使他真可怜,在床上翻身又叫嚷。从来没有一个美女不是对着镜子做她的鬼脸。

肯特上

李尔 不,我要忍受众人所不能忍受的痛苦;我要闭口无言。

肯特 谁在那边?

弄人 一个是陛下,一个是弄人;这两人一个聪明一个傻。

肯特 唉!陛下,你在这儿吗?喜爱黑夜的东西,不会喜爱这样的黑夜;狂怒的天色吓怕了黑暗中的漫游者,使它们躲在洞里不敢出来。自从有生以来,我从没有看见过这样的闪电,听见过这样可怕的雷声,这样惊人的风雨的咆哮;人类的精神是禁受不起这样的磨折和恐怖的。

李尔 伟大的神灵在我们头顶掀起这场可怕的骚动。让他们现在找到他们的敌人吧。战栗吧,你尚未被人发觉、逍遥法外的罪人!躲起来吧,你杀人的凶手,你用伪誓欺人的骗子,你道貌岸然的逆伦禽兽!魂飞魄散吧,你用正直的外表遮掩杀人阴谋的大奸巨恶!撕下你们包藏祸心的伪装,显露你们罪恶的原形,向这些可怕的天吏哀号乞命吧!我是个并没有犯多大的罪却受了很大的冤屈的人。

肯特 唉!您头上没有一点遮盖的东西!陛下,这儿附近有一间茅屋,可以替您挡挡风雨。我刚才曾经到那所冷酷的屋子里——那比它墙上的石块更冷酷无情的屋子——探问您的行踪,可是他们关上了门不让我进去;现在您且暂时躲一躲雨,我还要回去,非要他们讲一点人情不可。

李尔 我的头脑开始昏乱起来了。来,我的孩子。你怎么啦,我的孩子?你冷吗?我自己也冷呢。我的朋友,这间茅屋在什么地方?一个人到了困穷无告的时候,微贱的东西竟也会变成无价之宝。来,带我到你那间茅屋里去。可怜的傻小子,我心里还留着一块地方为你悲伤哩。

弄人 只怪自己糊涂自己蠢,嗨呵,一阵风来一阵雨,

背时倒运莫把天公恨,管它朝朝雨雨又风风。

李尔 不错,我的好孩子。来,领我们到这茅屋里去。

李尔、肯特下

弄人 今天晚上可太凉快了,叫婊子都热不起劲儿来。待我在临走之前,讲几句预言吧:传道的嘴上一味说得好;酿酒的酒里掺水真不少;有钱的大爷教裁缝做活;不烧异教徒;嫖客害流火;若是件件官司都问得清;跟班不欠钱,骑士债还清;世上的是非不出自嘴里;扒儿手看见人堆就躲避;放债的肯让金银露了眼;老鸨和婊子把教堂修建;到那时候,英国这个国家,准会乱得无法收拾一下;那时活着的都可以看到:那走路的把脚步抬得高。其实这番预言该让梅林在将来说,因为我出生在他之前。

> 《李尔王》中的大量动物意象和有关动物的典故"共同一个主题:人的生命贱若野兽"。
> ——克尔牟德
>
> 《李尔王》"虽非莎士比亚的最佳剧作",却是"莎士比亚的最高成就"。
> ——布拉德雷

迷津指路

威廉·莎士比亚(1564—1616)是欧洲文艺复兴时期人文主义文学巨人。他的创作广泛地反映了当时英国的政治、经济、思想、文化和习惯。1590年,莎士比亚开始戏剧创作。1592年3月,其历史剧《亨利六世》上演,莎士比亚崭露头角。

莎士比亚的主要成就是戏剧。这些戏剧一般分为历史剧、喜剧、悲剧和传奇剧。他的创作大致可以分早、中、晚三个时期。早期为1590年至1600年,莎士比亚主要创作喜剧和历史剧,代表作品有《仲夏夜之梦》《威尼斯商人》《第十二夜》等十部喜剧,《亨利四世》《亨利五世》等九部历史剧以及《罗密欧与朱丽叶》等三部悲剧。其中,《威尼斯商人》《无事生非》《皆大欢喜》《第十二夜》被称为"四大喜剧"。中期为1601年至1607年,莎士比亚主要创作悲剧,代表作品有《哈姆雷特》《奥赛罗》《李尔王》《麦克白》《雅典的泰门》等七部悲剧,还有《一报还一报》等四部喜剧。这一阶段,莎士比亚的创作日臻成熟,对当时英国的社会生活和社会矛盾有了更深刻的认识和更广泛的反映。艺术上,情节设置和语言方面都达到了较高的水平。后期为1608年至1612年,莎士比亚主要创作传奇剧,代表作品有《暴风雨》等传奇剧目。

思考练习

1. 思考《李尔王》的戏剧冲突并尝试比较莎士比亚四大悲剧的艺术特色。
2. 弄人在全剧中的作用与意义是什么?
3. 《李尔王》反映了当时英国社会的什么问题?
4. 《李尔王》反映了哪些人性问题?

旧瓶新酒

尝试表演李尔王在旷野中独白的片段,与同学交流表演心得。

戏曲精粹

课前热身

　　2009年，与京剧《贵妃醉酒》相关的新闻有两条是值得重视的。其一，2009年11月17日晚，国家主席胡锦涛在人民大会堂为首次来华进行国事访问的美国总统奥巴马举行欢迎宴会，京剧经典《贵妃醉酒》华丽出场。优美细腻的表演将人物的复杂情感表现得淋漓尽致。唱腔上的字正腔圆、声情并茂，动作上的行云流水、舒展自然，甚至演员的服装头饰、脸谱、道具、布景，无一不是美的经典。其二，"男旦"演员李玉刚演唱了《新贵妃醉酒》，集京剧唱腔、民族唱法、流行韵味于一身，将古典醇厚与现代流行完美融合。

　　这两则新闻一定程度上为京剧走向世界、走入民众提供了很好的例证。作为"国粹"的京剧艺术正日益受到重视和关注，而它自身在传承、发展、创新和传播等方面也在做着不懈的努力。下面，我们一同走近京剧名段《贵妃醉酒》，感受京剧的无穷魅力。

【京剧】贵妃醉酒[①]（节选）

【第一场】

　　裴力士、高力士　（内）嗯哼。
　　（裴力士、高力士同上）
　　裴力士　（念）久居龙凤阙，
　　高力士　（念）庭前百样花。
　　裴力士　（念）穿宫当内监，
　　高力士　（念）终老帝王家。
　　裴力士　咱家裴力士。
　　高力士　咱家高力士。
　　裴力士　高公爷请啦。
　　高力士　裴公爷请啦。
　　裴力士　娘娘今日要在百花亭摆宴，你我小心伺候。
　　高力士　看香烟缭绕，娘娘凤驾来也。
　　裴力士　你我分班伺候。
　　【二黄小开门】牌子。六宫女持符节上。
　　杨玉环　（内）摆驾！
　　（杨玉环上，二宫女掌扇随上）
　　杨玉环　（唱【四平调】）海岛冰轮初转腾，见玉

表演，人类娱乐的舞台

[①] 节选自《贵妃醉酒》，上海文艺出版社1982年版。剧作内容：唐明皇宠妃杨玉环在百花亭设宴，欲与唐明皇同饮共乐，久候不至，又悉转驾西宫。杨贵妃闻讯，懊恼羞怒，乃命高力士、裴力士侍奉，自饮大醉之后，怅然返宫。本剧又名《百花亭》。

兔，见玉兔又早东升。那冰轮离海岛，乾坤分外明。皓月当空，恰便似嫦娥离月宫，奴似嫦娥离月宫。

（【万年欢】牌子）

裴力士、高力士　（同白）奴婢裴力士/高力士见驾，娘娘千岁！

杨玉环　（白）二卿平身。

裴力士、高力士　（同白）千千岁！

杨玉环　（念诗）丽质天生难自捐，承欢侍宴酒为年；六宫粉黛三千众，三千宠爱一身专。本宫杨玉环，蒙主宠爱封为贵妃。昨日圣上传旨，命我今日在百花亭摆宴。——高、裴二卿。

裴力士、高力士　（同白）在。

杨玉环　酒宴可曾齐备？

裴力士、高力士　（同白）俱已备齐。

杨玉环　（白）摆驾百花亭。

裴力士、高力士　（同白）是。——摆驾百花亭啊！

杨玉环　（唱【四平调】）好一似嫦娥下九重；清清冷落在广寒宫。啊，广寒宫。

（【哑笛】众圆场）

裴力士、高力士　娘娘，来此已是玉石桥。

杨玉环　引路。

裴力士、高力士　喳！——摆驾呀！

杨玉环　（接唱）玉石桥斜倚把栏杆靠。

裴力士　鸳鸯戏水。

杨玉环　（接唱）鸳鸯来戏水。

高力士　金色鲤鱼朝见娘娘。

杨玉环　（接唱）金色鲤鱼在水面朝。啊，水面朝。

（【哑笛】雁叫声）

裴力士　娘娘，雁来啦！

杨玉环　（接唱）长空雁，雁儿飞。哎呀，雁儿呀！雁儿并飞腾，闻奴的声音落花阴，这景色撩人欲醉。

裴力士、高力士　（同白）来到百花亭！

杨玉环　（接唱）不觉来到百花亭。

（【万年歌】牌子。众进亭）

杨玉环　高、裴二卿。

裴力士、高力士　（同白）在。

杨玉环　（白）少时圣驾到此，速报我知。

裴力士、高力士　喳！

裴力士　喂，高公爷。
高力士　裴公爷。
裴力士　万岁爷驾转西宫啦，咱们得回禀一声。
高力士　对，咱们得回禀一声。
高力士、裴力士　娘娘，万岁爷驾转西宫啦！
杨玉环　起过。
高力士、裴力士　是。
杨玉环　哎呀，且住！昨日圣上传旨，命我今日在百花亭摆宴。为何驾转西宫去了！且自由他。——高、裴二卿。
裴力士、高力士　在。
杨玉环　酒宴摆下。待娘娘自饮几杯。
裴力士、高力士　领旨！

（裴力士、高力士分下。【傍妆台】牌子。裴力士捧酒盘上）

裴力士　娘娘，奴婢裴力士进酒。
杨玉环　进的什么酒？
裴力士　太平酒。
杨玉环　何谓太平酒？
裴力士　满朝文武所造，名曰太平酒。
杨玉环　呈上来。

（【反小开门】牌子。裴力士向前进酒，杨玉环饮毕，裴力士下。二宫女捧酒盘向前）

二宫女　宫女们进酒。
杨玉环　进的什么酒？
二宫女　龙凤酒。
杨玉环　何谓龙凤酒？
二宫女　三宫六院所造，名曰龙凤酒。
杨玉环　呈上来。

（【小开门】牌子。二宫女进酒，杨玉环饮毕，二宫女退后。高力士捧酒盘上）

高力士　娘娘，奴婢高力士敬酒。
杨玉环　高力士。
高力士　有。
杨玉环　进的什么酒？
高力士　通宵酒。
杨玉环　呀呀啐！何人与你们通宵！

高力士　娘娘不要动怒，此酒乃是满朝文武不分昼夜所造，故名通宵酒。

杨玉环　好，如此呈上来。

（裴力士暗上）

杨玉环　（【四平调】）通宵酒，啊，捧金樽，高、裴二卿殷勤奉啊！

裴力士　娘娘，人生在世⋯⋯

杨玉环　（接唱）人生在世如春梦。

高力士　且自开怀⋯⋯

杨玉环　（接唱）且自开怀饮几盅。

（【万年欢】牌子。高力士向前进酒，杨玉环饮酒，微醉）

裴力士　高公爷，娘娘可有点儿醉啦，咱们留点儿神哪！

高力士　小心点儿。

杨玉环　高、裴二卿。

裴力士、高力士　在。

杨玉环　娘娘酒还不足，脱了凤衣，看大杯伺候。

裴力士、高力士　领旨。

（【柳摇金】牌子。杨玉环呕吐，扶桌立起，二宫女扶下。众宫女、裴力士、高力士随下）

迷津指路

京剧形成于1790年至1880年，融文学、音乐、美术、舞蹈等多种艺术因素于一体，通过唱、念、做、打、舞来展现故事情节和主题思想。京剧表演程式的审美特征为综合性、写意性、虚拟性、泛美性和技艺性。京剧角色称为行当，分为生、旦、净、丑四大行。生为男性角色，旦为女性角色，净又叫"花脸"，丑分"文丑"与"武丑"。京剧艺术表演追求"以形传神，形神兼备"的艺术境界，最大限度地超越了舞台空间和时间的限制。

梅兰芳（1894—1961），名澜，字畹华，"四大名旦"榜首。他对人物的化妆、头饰、服装进行了大胆革新，创造了绸舞、剑舞、袖舞、羽舞等全新舞蹈，在做工、表情等方面的创造为人称道。他的音色甜美，清醇嘹亮，刚柔兼济。梅兰芳主张辨别精、粗、美、恶，并且加工整理了大量剧目。

《贵妃醉酒》源自清代康熙、乾隆年间盛行的"弦索调"《醉杨妃》。梅兰芳扮演的杨贵妃仪态万方，华贵娇柔。在剧中，梅兰芳大胆创新，精心设计了下腰、卧鱼、醉步、扇舞等身段和步法。该剧为梅兰芳经典剧目之一，久演不衰。

思考练习

1. 分析《贵妃醉酒》中贵妃的形象。
2. 鉴赏梅派京剧唱腔的特点。
3. 为什么说梅兰芳是集表演艺术家、歌唱家和舞蹈家三位一体的京剧大师？

旧瓶新酒

梅兰芳曾说过："在舞台上，是处处要照顾到美的条件的。"他一直在扮相、行头、唱腔、动作等方面贯彻这个"美"的原则。请欣赏《贵妃醉酒》这出戏，讨论其程式化、虚拟化、舞蹈化等舞台表现的特点，同时可以学唱此段并进行交流。

课前热身

作为中国四大民间传说之一，梁山伯与祝英台的爱情故事流传久远，梁祝二人为爱而亡、化蝶蹁跹的传说感人至深。尽管有史料载祝英台是南北朝人，梁山伯为明代人，两人相隔千年之遥，但丝毫不影响梁祝故事的影响力和经典性。唐梁载言《十道四蕃志》中云："义妇祝英台与梁山伯同冢。"晚唐进士张读《宣室志》中描述如下："英台，上虞祝氏女，伪为男装游学，与会稽梁山伯者同肄业。山伯，字处仁。祝先归，二年，山伯访之，方知其为女子，怅然如有所失，告其父母求聘，而祝已字马氏子矣。山伯后为鄞令，病死，葬鄮城西。祝适马氏，舟过墓所，风涛不能进，问知有山伯墓，祝登号恸，地忽自裂陷，祝氏遂并埋焉。晋丞相谢安奏表其墓曰'义妇冢'。"

以梁祝故事为蓝本的鼓词、戏曲、电影、舞蹈、电视剧很多，而且影响广泛，尤其是根据越剧《梁山伯与祝英台》旋律创作的同名小提琴协奏曲可称经典。众多艺术形式中，又以戏曲的影响为巨。《中国大百科全书·戏曲曲艺》载："取材于梁祝故事的地方戏曲作品很多，其中以越剧《梁山伯与祝英台》和川剧《柳荫记》的影响较大，并表现为两种不同的演出风格。"

【越剧】梁山伯与祝英台[①]（节选）

[①] 节选自越剧剧本《梁山伯与祝英台》，《越剧丛刊》第1集，上海文艺出版社1962年版。本场为第四场《十八相送》。

（途次）

幕　后　（合唱）三载同窗情如海，山伯难舍祝英台。相依相伴送下山，又向钱塘道上来。

（梁山伯、祝英台、四九、银心上）

祝英台　（唱）书房门前一枝梅，树上百鸟对打对。喜鹊满树喳喳叫，向你梁兄报喜来。

梁山伯　（唱）弟兄两人下山来，门前喜鹊成双对。从来喜鹊报喜信，恭喜贤弟一路平安把家归。

祝英台　（白）梁兄请。

梁山伯　（白）贤弟请。

祝英台　（唱）出了城，过了关，但只见山上樵夫将柴砍。

梁山伯　（唱）起早落夜多辛苦，打柴度日也很难。

祝英台　（唱）他为何人把柴打？你为哪个送下山？

梁山伯　（唱）他为妻子把柴打，我为你贤弟送下山。

祝英台　（唱）过了一山又一山。

梁山伯　（唱）前面到了凤凰山。

祝英台　（唱）凤凰山上百花开。

梁山伯　（唱）缺少芍药共牡丹。

祝英台　（唱）梁兄若是爱牡丹，与我一同把家还。

我家有枝好牡丹,梁兄要摘也不难。

梁山伯 （唱）你家牡丹虽然好,可惜是路远迢迢怎来攀!

祝英台 （唱）青青荷叶清水塘,鸳鸯成对又成双。梁兄啊!英台若是女红妆,梁兄愿不愿配鸳鸯?

梁山伯 （唱）配鸳鸯,配鸳鸯,可惜你,英台不是女红妆!

银　心 （唱）前面到了一条河。

四　九 （唱）漂来一对大白鹅。

祝英台 （唱）雄的就在前面走,雌的后面叫哥哥。

梁山伯 （唱）未曾看见鹅开口,哪有雌鹅叫雄鹅!

祝英台 （唱）你不见雌鹅对你微微笑,她笑你梁兄真像呆头鹅!

梁山伯 （唱）既然我是呆头鹅,从此莫叫我梁哥。

（梁山伯生气,祝英台向之赔罪）

祝英台 （白）梁兄……

银　心 （唱）眼前一条独木桥。（梁山伯先上了桥）

梁山伯 （白）贤弟,你快过来啊!

祝英台 （唱）心又慌来胆又小。

梁山伯 （唱）愚兄扶你过桥去。（梁山伯扶祝英台过桥,至桥中心）

祝英台 （唱）你我好比牛郎织女渡鹊桥。

（梁山伯扶祝英台下桥,四九、银心随之过桥）

幕　后 （合唱）过了河滩又一庄,庄内黄狗叫汪汪。

祝英台 （唱）不咬前面男子汉,偏咬后面女红妆。

梁山伯 （唱）贤弟说话太荒唐,此地哪有女红妆?放大胆量莫惊慌,愚兄打犬你过庄。

祝英台 （唱）眼前还有一口井,不知井水多少深?（投石井中）

梁山伯 （唱）井水深浅不关情,还是赶路最要紧。

（祝英台要梁山伯照影,遂相扶至井前视）

祝英台 （唱）你看井底两个影,一男一女笑盈盈。

梁山伯 （唱）愚兄明明是男子汉,你不该将我比女人!

幕　后 （合唱）过一井来又一堂,前面到了观音堂。

梁山伯 （唱）观音堂,观音堂,送子观音坐上方。

祝英台 （唱）观音大士媒来做,来来来,我与你双双来拜堂。

《梁山伯与祝英台》不仅写了悲剧,而且写了理想,这就表示了中国人民是有理想的。这是一个鼓舞力量,它推动着中国这个民族生存下去,强大起来。
——周恩来

《梁祝》提供的是情景,也是情境,甚或意境。
——齐致翔

（拉梁山伯同跪）

梁山伯　（唱）贤弟越说越荒唐，两个男子怎拜堂？走吧！

幕　后　（合唱）离了古庙往前走。

银　心　（唱）但见过来一头牛。

四　九　（唱）牧童骑在牛背上。

银　心　（唱）唱起山歌解忧愁。

祝英台　（唱）只可惜对牛弹琴牛不懂，可叹梁兄笨如牛。

梁山伯　（唱）非是愚兄动了怒，谁教你比来比去比着我！

祝英台　（唱）请梁兄，莫动火，小弟赔罪来认错。

梁山伯　（白）好了，快走吧。

祝英台　（唱）多承梁兄情义深，登山涉水送我行。常言道送君千里终须别，请梁兄就此留步转回程。

梁山伯　（唱）与贤弟草桥结拜情义深，让愚兄送你到长亭。（双双又行）

幕　后　（合唱）十八里相送到长亭，十八里相送到长亭。

（梁山伯、祝英台入亭坐，四九、银心在亭下休息）

祝英台　（唱）你我鸿雁两分开。

梁山伯　（唱）问贤弟你还有何言来交代？

祝英台　（唱）我临别想问你一句话，问梁兄你家中可有妻房配？

梁山伯　（唱）你早知愚兄未婚配，今日相问又何来？

祝英台　（唱）若是你梁兄亲未定，小弟给你做大媒。

梁山伯　（唱）贤弟替我来做媒，未知千金哪一位？

祝英台　（唱）就是我家小九妹，不知梁兄可喜爱？

梁山伯　（唱）九妹今年有几岁？

祝英台　（唱）她与我同年——乃是双胞胎。

梁山伯　（唱）九妹与你可相像？

祝英台　（唱）她品貌就像我英台。

梁山伯　（唱）未知仁伯肯不肯？

祝英台　（唱）家父属我选英才。

梁山伯　（唱）如此多谢贤弟来玉成。

祝英台　（唱）梁兄你花轿早来抬。我约你，七巧之时……

梁山伯　（白）噢，七巧之时。

> 大戏的表演不同于折子戏，必须细化人物的情感，一个眼神、一个娇嗔，都得把在相送途中英台的那种既对梁兄难舍难分又担心家中父亲的病情，既怕对梁兄暗示得太直白又担心他完全不明白，既懊恼梁兄一点都不明白她的心意，又怕惹梁兄生气的复杂心情层次分明地表现出来。这样，人物形象才能鲜明起来，戏也才会好看。
> ——吴明娟

祝英台　（唱）……我家来。
幕后女声　（合唱）临别依依难分开，心中想说千句话，万望你梁兄早点来。
　　——幕落

迷津指路

越剧19世纪末诞生于浙江嵊州，角色行当分为小生、小旦、老生、老旦、小丑、大面六个。目前，越剧剧目多以小生、小旦为主。越剧流派唱腔由曲调和唱法两大部分组成，主要唱腔调有尺调、弦下调。尺调具有抒情细腻、柔婉等特点；弦下调则哀怨、伤感、悲愤，曲调柔美婉转。越剧的主奏乐器为鼓板、越胡；著名的曲目有《孔雀东南飞》《梁山伯与祝英台》《红楼梦》《祥林嫂》《五女拜寿》《大观园》《长乐宫》《鲁迅在广州》等；代表派别有毕派、范派、徐派、尹派、袁派等。

梁祝故事的发展分为三个阶段：一为东晋至唐，是形成阶段，主要表现为口头传说；二为宋至民国初年，是发展阶段，主要表现为文字记载和文学作品传播；三为民国晚期至今，是成熟阶段，内容上进一步强化爱情悲剧主题。越剧《梁山伯与祝英台》被"认为是一个可以代表国家的剧目，够得上国际水平"。早在落地唱书时期，就有根据传说改编的《十八相送》《楼台相会》等曲目。《十八相送》一段说的是书院一别，两人难舍难分，十八里路上祝英台以"十八个比喻"以身相托，又送到"十八里长亭"，故称"十八相送"。

思考练习

1. 分析梁山伯、祝英台唱腔的特点。
2. 鉴赏越剧唱段，欣赏其韵味。
3. 分析剧中梁山伯与祝英台爱情悲剧的主要原因。
4. 对比黄梅戏《梁山伯与祝英台》，分析其艺术上的异同。

旧瓶新酒

试以梁祝故事为蓝本，按照以上剧本风格重新编排剧情，并说明重新编排的理由。注意观照越剧的风格特点。

课前热身

我国自隋朝始开科举考试先河。数代科考推出了众多状元。纵观历史，和并不鲜见的女将军、女诗人相比，女状元可谓罕有。据史书载，历史上唯一的女状元是太平天国时期的金陵才女——傅善祥。据称，当时的科考试题是"唯女子与小人为难养也"，傅善祥旁征博引，谈古论今，以女政治家武则天、宋英宗高皇后、征战疆场的花木兰、杨门女将，才女班昭、李清照等人为例，极尽批驳"难养说"。《金陵纪事杂咏》中有诗云"棘闱先设女科场，女状元之称傅善祥"。

史实层面的女状元虽然仅此一人，但文艺作品里的女状元并不缺乏。明代徐渭《四声猿》之一《女状元》中的黄崇嘏，白日躬耕劳作，夜晚埋首苦读，终于考中头名状元。清代女作家陈端生笔下的孟丽君为救被陷害的未婚夫皇甫少华，女扮男装，得中状元，屡建奇勋，官居丞相。还有今天要学习的黄梅戏《女驸马》中的奇女子冯素珍可谓痴情刚烈、有勇有谋，最终成就了美满姻缘。

【黄梅戏】女驸马[①]（节选）

[①]节选自《女驸马》第三场，吉林民族音像出版社1997年版。该剧通过冯素珍女扮男装、冒名赶考、偶中状元、误招驸马、洞房献智、化险为夷等一系列传奇情节，塑造了善良、勇敢、聪慧的"女驸马"形象。主人公冯素珍冒死救夫，历经曲折和磨难，终于如愿以偿，成就了美满姻缘。

冯素珍上

冯素珍 （念）点状元，名扬天下；蒙圣恩（唱）帽插宫花。

（念）为救李郎离故乡，而今得中状元郎。金阶饮过琼林宴，谁人知我是红妆？（夹白）奴家冯素珍，是我顶替李郎姓名上京应试，不料得中头名状元，眼看李郎得救，叫人好喜哟！

（唱）为救李郎离家园，谁料皇榜中状元，中状元，着红袍，帽插宫花好新鲜哪！我也曾赴过琼林宴，我也曾打马御街前，人人夸我潘安貌，原来纱帽罩婵娟。（春红暗上）我考状元不为把名显，我考状元不为做高官。

春　红 （唱）为了救出李公子，夫妻恩爱花好月圆。

冯素珍 死丫头！

春　红 小姐。

冯素珍 嗯！

春　红 哦！状元公。

冯素珍 是呀！哦，春红。

春　红 咦！

冯素珍 哦！李龙。

春　红 在！

冯素珍 待我修本奏与圣上，回家祭祖。

春　红 对，赶快回家救李公子去！

冯素珍　休得胡言乱语，倘被外人识破，你我都有欺君之罪了。

春　红　哦！

冯素珍　李龙！

春　红　有。

冯素珍　研墨！

春　红　研墨。

冯素珍　（唱）手提羊毫喜洋洋，修本告假回故乡，监牢救出李公子，我还送他一个状元郎。

内　声　（白）刘大人到！

春　红　小姐，刘大人到！

冯素珍　怎么，刘大人到？

春　红　小姐，是不是刘大人叫你回去和他的五公子拜堂成亲？

冯素珍　休得胡言，倒要小心了。有请！

春　红　有请！

刘文举上。

刘文举　状元公！

冯素珍　不知恩师驾到，未曾远迎，还望恕罪。

刘文举　老夫冒昧来访，状元公莫怪！

冯素珍　岂敢。

春　红　（端茶上）刘大人用茶。

冯素珍　不知恩师驾到，有何教谕？

刘文举　在科场之中，初次见你，品貌不凡；今日仔细看来，果然是貌若红妆啊！

冯素珍　老大人休得取笑了。

刘大人　莫怪万岁喜爱。

冯素珍　老大人……

刘文举　状元公，你的大喜来了。

冯素珍　什么大喜？

刘文举　状元公呀！

（唱）恭喜你少年得志名扬天下，状元及第谁不夸？如今是美满姻缘天作伐，这真是锦上又添花。万岁传旨招驸马，看中你文才出众相貌不差。金枝玉叶许配你，从此你出入在帝王家。

冯素珍　（唱）学生出身本微下，怎堪匹配帝王家？望乞大人复圣命，另选高才招驸马。

刘文举　状元公，你就不要过谦了！

> 冯素珍女扮男装，进京城寻找兄弟冯益民，营救李兆廷。少女扮少男，这本身就带有喜剧的不和谐因素，而聪明、天真、单纯的性格更使得这种不和谐强烈地表现出来。于是，我们在第四场看到了冯素珍的那个社会所不允许的少女身份占了鳌头，"中状元名扬天下，蒙圣恩帽插宫花"。
>
> ——迪文

冯素珍　万岁恩赐，老大人栽培，学生实在感激不尽，只是这婚姻之事，学生就难从命了。

刘文举　却是何故？

春　红　我家状元公是个……

冯素珍　是个有妻子的人了。

刘文举　有了妻室了？这就不对！万岁在琼林宴上，问你可曾有了妻室，你说尚未娶妻；怎么如今你又有了妻室了？

冯素珍　（欲言又止）

刘文举　你认了这门亲事，老夫好讨杯喜酒喝喝。

冯素珍　老大人，此事是使不得的！

春　红　此事使不得的！

刘文举　唔，哪个要你多口！

冯素珍　老大人，你……

刘文举　状元公不念老夫作伐之情，你可知道这圣命难违哟！

冯素珍　哎呀！老大人，此事是万万使不得！

刘文举　李兆廷听旨！

冯素珍　万岁！

刘文举　万岁命你今晚进宫成亲，不得有误。状元公，你可知道这是圣命难违？我要告辞了。（下）

冯素珍　天哪！

（唱）只说回家救公子，谁知平地起波澜，红妆哪能做驸马？弄假成真进退难！

> 严凤英的表演和唱腔，贵在具有真实的感情，她的唱腔、眼神、身段、脸上的表情，举手抬步，一举一动，一声一腔，充满人物的真实感情。正是因为有情，才能感人，才能抓住观众。她表演悲痛时，自己流泪，观众也流泪；表演快乐时，自己喜气洋洋，观众也跟着快乐。
>
> ——梅兰芳

迷津指路

黄梅戏被誉为"中国的乡村音乐"，又有"江淮杜鹃"之称，和黄山并称为"安徽二黄"。黄梅戏旧称"黄梅调"或"采茶戏"，是18世纪后期在皖、鄂、赣三省毗邻地区形成的一种民间小戏，经历了独角戏、三小戏、三打七唱、管弦乐伴奏四个历史发展阶段。

黄梅戏唱腔清新自然、委婉悠扬，主要有花腔和平词两类。花腔多演富有浓厚生活气息和民歌风味的小戏，多用"呼舍""喂却"等衬词，如《夫妻观灯》《打猪草》等剧目。平词是正本戏中最主要的唱腔，叙述或抒情时最常见，如《梁山伯与祝英台》《天仙配》等剧目。黄梅戏以高胡为主要伴奏乐器，另有锣鼓和其他民族乐器配合。黄梅戏的语言具有"山歌"体的内在韵律美，语言明快淳朴，雅俗共赏，充满了对现实社会的哲理经验之谈。

《女驸马》由著名剧作家王兆乾根据传统剧《双救举》创作而成，是黄梅戏的传统剧目，于1958年首演，获得巨大成功。1959年，著名艺术家严凤英主演的彩色戏曲片《女驸马》再次引起轰动。

思考练习

1. 冯素珍的机智和胆略在剧中是如何体现的？
2. 体会黄梅戏的风格和特点。
3. 提炼故事模式，思考还有哪些文艺作品采用了此类故事情节。
4. 鉴赏《天仙配》《夫妻观灯》等其他黄梅戏选段，品味其韵味。

旧瓶新酒

师生互动表演《女驸马》选段《谁料皇榜中状元》。

课前热身

"负心婚变"是中国文学经常表现的一个主题，通常表现的都是男子对女子的负心。因为男子在中国古代社会婚姻关系中占有绝对主导地位，可凭"七出"（无子、淫逸、不事舅姑、多嘴多舌、盗窃、妒忌、恶恶疾）中的任意一项而休妻。而在民间道德体系里，如果男子为攀龙附凤、贪图富贵而抛弃贤惠温良、恪守妇道的糟糠之妻，或始乱终弃、违背情爱誓言，则被视为大不道，会遭人唾弃。文艺作品中此类题材众多，早在《诗经》中《氓》《谷风》等篇目中就有女子对负心男子怨尤慨叹的描述，汉代班婕妤的《怨歌行》、唐代杜甫的《佳人》等均描述了此类主题。自宋代出现的《王魁负桂英》《赵贞女蔡二郎》等戏曲作品开始，弃妇故事逐渐演变为正统的悲剧，"负心汉"形象越发为人唾弃，诸如《秦香莲》中的陈世美、《泪洒相思地》中的张青云、《杜十娘》中的李甲、《金玉奴》里的莫稽等。今天我们要学习的川剧《情探》同样表现了男主人公王魁的负心忘情，焦桂英一再以"情"来"探"，而王魁负心决绝。《情探》已成川剧剧作中的经典代表。

【川剧】情探①（节选）

王　魁　（背立洒泪）（白）呵，往事如尘，说得我柔肠寸断！

王　魁　（唱）不该不该大不该，王魁做事不成材。感得她千山万水一人来，况且她花容玉貌依然在！（徘徊）那韩丞相知道多妨碍。皇天鉴我怀，昧良心我出于无奈，（回首对焦）药方儿于我何有哉？

王　魁　（掷药方于地）（白）我不病了，纵病也有人伺候。

焦桂英　（白）伺候有人，更是奴家万幸了。敢问状元公，伺候又是何人？

王　魁　（白）你听！本官蒙当今天子，钦点一十七省头名状元，恩上加恩，宠上加宠，钦命入赘韩相府第，你要问伺候我这人，就是当今一品当朝韩宰相的堂堂小姐。

焦桂英　（焦讽刺地笑介）（白）贺喜了，敢问状元公，万岁爷是管众人的婚姻，还是专管状元、宰相两家的婚姻？

王　魁　（背立）（白）好厉害！听她这话，是要告我停妻娶妻。我且戳她一戳。（向焦）专管状元、宰相两家的婚姻。

焦桂英　（白）更可喜了。既是如此，奴就要请见有福有命的状元夫人，听听遵旨成婚后的教训。

王　魁　（白）那不必了。雪花纹银二百两，书信一

---

① 节选自《情探》（周慕莲演出本），上海文化出版社 1956 年版。川剧《情探》是赵熙（1867—1948）根据明代传奇《红鸾配》中的《活捉王魁》改编的，也是《焚香记》中的一折。该剧剧情：名妓焦桂英曾多方帮助落难的秀才王魁并以身相许，两人恩爱有加，于海神庙盟誓，永不变心。后王魁入京科考，受名利诱惑另娶他人，一封休书抛弃桂英。桂英悲愤异常，诉于海神庙后自杀身亡。海神爷听其诉状，命鬼卒引桂英鬼魂进京与王魁对证。桂英以"情"试探王魁，王魁果然负心，于是鬼卒活捉王魁。

封，早送到济宁焦家庄，那就是成婚后的教训。

焦桂英 （白）状元公费心了。但不知这个教训从何说起？

王　魁 （惭愧）（白）你回去自然明白。

焦桂英 （白）呀！我回去则甚？

王　魁 （白）你不回去又则甚？

焦桂英 （泣）（白）自从别后！

（唱）梨花落，杏花开，梦绕长安十二街。夜间和露立窗台，到晓来辗转书斋外。纸儿，笔儿，墨儿，砚儿呵，件件般般都似郎君在，泪洒空斋，泪洒空斋，只落得望穿秋水不见一书来。

王　魁 （长叹）（白）事如春梦了无痕，忍俊不禁了！

焦桂英 （拭泪）（白）四月初旬，算来是京城放榜之期，奴家又到海神庙祷告。奴说海神呵，（唱）你生时忠义死时哀，到而今香烟万代。我郎君落拓青衫一秀才，要保他文章合派，莫使他春愁如海。神灵儿鉴怜奴四礼八拜，果然是马前呼道状元来。

王　魁 （白）我那文章，也是得意的，不尽关笔有神助。

焦桂英 （白）状元公，也难得菩萨知己呀！

（王惭愧不语）

焦桂英 （白）那夜晚海神就来示梦，说郎君不但功名显赫，并且你呀！

（唱）红鸾星，照玉台，连理枝头花正开，怕只怕绿珠红粉沉光彩。

（王魁惊）

焦桂英 （唱）醒时倚枕费疑猜。莫不是噩梦生灾怪，岂有风涛神，管我风流债！

王　魁 （点头）（唱）一霎时碧纱窗外，芦花风起夜潮来！（大惊，背立白）真有神呵，可怕人也！

焦桂英 （白）前事不说，到而今呵！

（唱）我迢迢千里犯尘埃，会向瑶台，总算是明月入君怀。纵不能双凤齐飞，也愿化为红绶带，又何忍抛下名花不肯栽。

王　魁 （惆怅长叹）（接唱）但听她呖呖莺声实可哀，婉转悲怀！婉转悲怀！（转念）但恐怕事情有碍，日久生灾，反被同僚笑我呆。（忿气作势）你回去的好！

剧作者赵尧生（赵熙，字尧生），真可以说是一个能够发掘灵魂秘密的艺术家，也就是深知观众和信任观众能和他一起发掘灵魂秘密的艺术家。
——王朝闻

从美丑关系看，全剧中贯穿着一条由焦桂英对美的追求和王魁向丑堕落的过程构成的美丑对立运动线。从戏剧矛盾结构看，这条线就是焦桂英的贯穿动作和王魁的反动作，可称为"情探行动"。
——方吟

焦桂英　（白）状元公三思！当日困卧街心，彼此相逢，是何光景？继后南坡送别，海誓山盟，又是何光景？

王　魁　（羞）（白）哦，你要奚落下官。你本烟花弱质，我不念当初薄薄恩情，今晚冒闯相府，早送你到枉死城中去了！

焦桂英　（忍气介）（白）状元公也知道当初恩情，我正舍不得当初恩情，故而婉转求你呵！

（唱）黄金屋，不须开，可容奴偏房自在？

王　魁　（悲）（唱）悲哀，到死春蚕缚不开。不管她是祸是灾，且容她偏房自在？（转念）哎呀，不好，不好，不好……这压妻为妾的风声，如何出去得？有道是："宁可我负人，不可人负我。"（接唱）一任你千言万语巧乖乖，我横了心肠断了胎，谁见得人间天网尽恢恢，凡百事莫贻后悔。（毅然对焦呵斥）你去吧！

焦桂英　（白）事到如今，情知做妾也是无命，总望状元公开一线之恩，格外修好，容我为奴做婢，得免饥寒！

（唱）可怜我娘儿母子谁依赖，况且奴千山万水一人来，同行婢媪知何在！

王　魁　（作势介）（白）不能！不能！到如今，我不清你的来路，只要你的去路，速速去！

焦桂英　（唱）再思裁，处处风声是祸胎，凡百事莫贻后悔。

（鬼卒在外愤吼）

王　魁　（唱）莫不是相府有人来！

（鬼卒上）

王　魁　（唱）勘破机关怎下台？（指焦）你安心闹我！再不走，我要你的命。

焦桂英　（厉色）（白）我有几条命你要哟！

王　魁　（白）死不要脸！（以手打焦）

焦桂英　（厉声）负义王魁，请来看脸！（趁势将王捉住）

（鬼卒迎上，套住王魁颈项，揪下）

（焦桂英出门，急步下）

死，在旧社会里不一定是怯弱的表现。焦桂英的死是一种反抗，捉也是一种反抗。因而，勇敢乃是焦桂英性格中的主要因素。我演的焦桂英，就是按照这个主要因素去塑造角色的。

——周慕莲

迷津指路

　　川剧流行于四川全省及云南、贵州部分地区，戏曲声腔由高腔、昆腔、胡琴腔、弱腔四大声腔加上民间灯戏组成。川剧分小生、旦角、生角、花脸、丑角五个行当。按流行地区，川剧可以分为川西派、资阳河派、川北派、川东派四个派别。

　　"唐三千，宋八百，数不完的三列国"说的是川剧剧目繁多，其中以高腔部分的作品最有代表性。川剧语言幽默风趣，地方色彩鲜明，唱、念、做、打齐全，脸谱以颜色表现人物的基本特征，图案具有象征寓意，设计上常使用动物、文字图案。值得一提的是，变脸是川剧表演的特技之一，用可见可感的脸谱变化揭示剧中人物的思想及感情变化，其手法有抹脸、吹脸、扯脸、运气变脸等。2006年5月20日，国务院批准川剧列入第一批国家级非物质文化遗产名录。

　　《情探》具有悲剧性结构特征，全剧共有唱词238句。剧作将大量的音乐放到剧情发展关键处来增强戏剧的感染力。剧中唱词准确地描述了人物的性格，充分揭示出矛盾冲突，深化了故事的主题。

思考练习

1. 思考本剧的悲剧美是如何体现的。
2. 分析焦桂英的人物形象。
3. 欣赏川剧唱腔和音乐的特点。
4. 分析在"负心婚变"这一故事模式中，王魁与陈世美、李甲的异同。

旧瓶新酒

　　观看川剧变脸的视频，收集变脸的相关资料，就"变脸绝活是否应该保密"这一话题撰写论文，谈谈你对川剧传承问题的看法。

文化，多元文明的奇葩

文化是人类社会生活中影响最为广泛、最为深刻的一种社会现象，是一个动态的、渐进的、不间断的发展创造的过程。从横向看，文化弥散于社会生活的每一个角落；从纵向看，文化又延续在整个历史的长河中。有史以来，人类文化创造出的引以为傲的文明成果推动了社会的进程。属于不同民族的中西文化虽然存在一定的共性，但在人与自然、人与社会、人与人的关系上存在明显的差异。不同的生活环境、不同的经济结构、不同的生活和生产方式形成了不同的中西文化风格与传统。

文化是在冲突与碰撞的相互交融中不断发展的。东西文化的融合是一种趋势，对世界的稳定和发展能起到重要的作用。"吾道不行，乘桴浮于海"，两千多年前的孔子在周游列国时处处碰壁。然而时光飞逝，随着中国的开放和崛起，孔子"和为贵"的思想伴随着中国的影响力漂洋过海，备受推崇。2004年11月21日，首家孔子学院落户韩国首尔。截至2015年12月6日，中国已在134个国家和地区建立了500所孔子学院和1000个孔子课堂。在德国柏林的一座公园里，中德学者为孔子树立了一座雕像，雕像的底座上用德文写着孔子的名言"己所不欲，勿施于人"。以孔子为代表的儒家安身立命之道与伦理理念跨越了千山万水，打破了几千年的时间阻隔，再次征服了今天的人们。孔子"和为贵""和而不同"的理念推动了中国文化与世界各国文化的交流与融合，为共同建设一个持久和平、共同繁荣的和谐世界搭建了平台。

当今社会，越来越频繁的交流使中西文化进入一个全新的时代。中西文化逐渐被对方所认识、所借鉴、所吸收，相互碰撞、相互影响、相互交融。中西文化在人类文化发展进程中已经处于一种互补的状态。当前，世界文化的发展既需要纵向的积累和创新，又需要横向的沟通与借鉴。中国人完全能够从文化传统中获得一种有机的发展，并能结出一种西方文明和中国文明珠联璧合的灿烂成果。

本篇以文化为专题，从文化传播、文化比较、文化共融三个层面展开。各章节设置和选文立足传统，并积极发展创新，选取的都是古今中外名家的作品，内容广泛，体裁多样，有论文、随笔、小说、诗歌、戏剧、书信等。

文化传播部分选录了两篇选文，即萧乾的《茶在英国》和艾兰的《西方人为什么要学古代中国》。

《茶在英国》是萧乾老先生为1989年在北京召开的以"倡导国饮，弘扬民族优秀文化"为宗旨的现代茶文化活动而作的。他以在英国学习、工作多年的亲身经历写下本文，为中国人民打开了一扇"了解英国茶饮史、茶习俗、茶精神"的窗口。

西方汉学家艾兰博士在《西方人为什么要学古代中国》中提出，中华传统文化不能从"全盘西化"的哲学角度来认识和研究。东西方古代文明在文化背景上是有差异的，就着这一差异，艾兰博士研究出华夏文明思想起源的新意，打

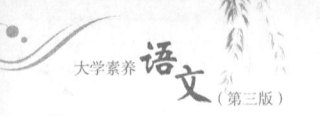

破了很多所谓正统的解释。文章指出中西文明具有对等性及独特的可比性。

文化比较部分收录了两篇选文,即李行道的《灰阑记》、布莱希特的《高加索灰阑记》。

李行道的《灰阑记》(《包待制智勘灰阑记》)所讲述的是两母争夺一子的公案故事。德国戏剧家布莱希特的《高加索灰阑记》根据元杂剧《灰阑记》的故事改写而成。灰阑题材的故事在我国以及西方都流传甚广,这些不同区域传播的灰阑题材的故事之间有着共同的渊源。该剧在形成过程中,一方面继承和革新了欧洲及德国的现实主义传统,另一方面借鉴了东方文化,尤其是借鉴了中国戏曲艺术的理论。

布莱希特的《高加索灰阑记》与李行道的《灰阑记》的文化差异:一个依据血缘关系判案,一个依据社会中相互依存的关系判案。中国伦理重情,西方伦理重理,恰恰是这样不同的伦理观,使中西文化在交流与碰撞中呈现出差异。

文化共融部分收录了两篇选文,即庞德的《地铁车站》、罗伯特·路威的《欧洲人的一张菜单》。

中国在庞德的心目中是一个具有灿烂文明的古国。他锲而不舍地努力理解并全力推介中国文化和中国诗学,使美国很多作家了解了中国的文化和文学(特别是古典诗歌)。庞德的中国情结凝聚着浓郁的中国儒家文化的神韵。他重塑了美国作家的中国形象。他在英美发动意象派诗歌运动,意在借用中国古典诗歌美学支持他的意象派诗歌理论,如《地铁车站》一诗。

在现代社会里,科学是无处不在的。在欧美文化传统中,人们善于发现身边的科学并积极思考。《欧洲人的一张菜单》从一张菜单,从欧洲古老建筑中餐桌上的食品说起。如此丰富的菜单背后一定包含着各种食物不同的来历。作为消闲,作者便把这份菜单上不同食物的来历随手写了下来。文章的写法十分从容优雅,像闲聊一样亲切可人,增强了文章的阅读趣味。

本篇所有的选文都体现了这样一个原则:充分考虑了国粹性和世界性的融合、文学性和思想性的融合、经典性和现代性的融合。这些文章既不是那种饾饤琐屑、束缚心灵的教条,也不是宽泛无边、大而化之的说道。

元气淋漓、浑然天成的文章就是一个个活生生的有机生命体,让我们在一片弥散文化气息的审美想象空间去悉心体会,感悟宇宙、人生、历史与世界。希望这些经典之作能打开一扇窗,指明一条路,引领大学生走进浩瀚无比的人类精神宝库,寻找心灵的栖息之地。

文化传播

课前热身

茶，是中华民族的举国之饮，发于神农，闻于周公，兴于唐朝，盛于宋代。中国的茶文化糅合了中国儒、道、佛诸派思想，独成一体，是中国文化中的一朵奇葩，芬芳而甘醇。有着几千年历史的中国茶业最初兴于巴蜀，其后遍及全国。中国的饮茶风俗及制茶技术在唐代时随着中外文化交流和商业贸易的开展，由亚洲传向世界。如今，世界各国茶名读音的两大体系，即普通话语音（茶——"CHA"）和方言语音（退音——"TEY"），都是从中国直接或间接传去的。中国给了世界茶的名字、茶的知识及茶的栽培加工技术。世界各国的茶业直接或间接地都与中国茶有着千丝万缕的联系。中国茶业与世界的联系通过萧乾的《茶在英国》一文又可见一斑。

茶在英国[①] 萧乾

中国人常说，好吃不如饺子，舒服不如倒着。英国人在生活上最大的享受，莫如在起床前倚枕喝上一杯热茶。40年代在英国去朋友家度周末，入寝前，主人有时会问一声：早晨要不要给你送杯茶去？

那时，我有位澳大利亚朋友——著名男高音纳尔逊·伊灵沃茨。退休后，他在斯坦因斯镇买了一幢临泰晤士河的别墅。他平生有两大嗜好：一是游泳，二是饮茶。游泳，河就在他窗下。为了清早一睁眼就喝上热茶，他在床头设有一套茶具，墙上安装了插销。每晚睡前他总在小茶壶里放好适量的茶叶，小电锅里放上水。一睁眼，只消插上电，顷刻间就沏上茶了。他非常得意这套设备。他总一边啜着，一边哼起什么咏叹调。

从二次大战的配给，最能看出茶在英国人生活中的重要性。英国一向倚仗有庞大帝国，生活物资大都靠船队运进。1939年9月宣战后，纳粹潜艇猖獗，英国商船在海上要冒很大风险，时常被鱼雷击沉。因此，只有绝对必需品才准运输（头六年，我就没见过一只香蕉）。然而在如此艰难的情况下，居民每月的配给还包括茶叶一包。在法国，咖啡的位置相当于英国的茶。那里的战时配给品中，短不了咖啡。1944年巴黎解放后，我在钱能欣兄家中喝过那种"战时咖啡"，实在难以下咽，据说是用炒橡皮树籽磨成的！

[①] 本文写于1989年9月，原载于香港《大公报》，是萧乾为首届"中国茶文化展示周"活动而作。

然而那时英国政府发给市民的并不是榆树叶，而是真正在锡兰（今斯里兰卡）生产的红茶。只是数量少得可怜，每个月每人只有二两。

我虽是蒙古族人，一辈子过的却是汉人生活。初抵英伦，我对于茶里放牛奶和糖，很不习惯。茶会上，女主人倒茶时，总要问一声："几块方糖？"开头，我总说："不要，谢谢。"但是很快我就发现，喝锡兰红茶，非加点糖奶不可。不然的话端起来，那茶是绛紫色的，仿佛是鸡血。喝到嘴里则苦涩得像是吃未熟的柿子。所以锡兰茶亦有"黑茶"之称。

那些年想喝杯地道的红茶（大多是"大红袍"），就只有去广东人开的中国餐馆。至于龙井、香片，那就仅仅在梦境中或到哪位汉学家府上去串门，偶尔可以品尝到。那绿茶平时他们舍不得喝。待来了东方客人，才从橱柜的什么角落里掏出。边呷着茶边谈论李白和白居易。刹那间，那清香的茶水不知不觉把人带回到唐代的中国。

作为一种社交方式，我觉得茶会不但比宴会节约，也实惠并且文雅多了。首先是那气氛。友朋相聚，主要还是为叙叙旧，谈谈心，交换一下意见。宴会坐下来，满满一桌子名酒佳馔往往压倒一切。尤其吃鱼：为了怕小刺扎入喉间，只能埋头细嚼慢咽。这时，如果太讲礼节，只顾了同主人应对，一不当心，后果真非同小可！我曾多次在宴会上遇到很想与之深谈的人，而且彼此也大有可聊的。怎奈桌上杯盘交错，热气腾腾，即便是邻座，也不大谈得起来。倘若中间再隔了数人，就除了频频相互举杯，遥遥表示友好之情外，实在谈不上几句话。我尤其怕赴闹酒的宴会：出来一位打通关的勇将，摆起擂台，那就把宴请变成了灌醉。

茶会则不然。赴茶会的没有埋头大吃点心或捧杯牛饮的。谈话成为活动的中心。主持茶会真可说是一种灵巧的艺术。要既能引出大家共同关心的题目，又不让桌面胶着在一个话题上。待一个问题谈得差不多时，主人会很巧妙地转换到另一个似是相关而又别一天地的话料儿上，自始至终能让场上保持着热烈融洽的气氛。茶会结束后，人人仿佛都更聪明了些，相互间似乎也变得更为透明。在茶会上，既要能表现机智风趣，又忌讳说教卖弄。茶会最能使人学得风流倜傥，也是训练外交官的极好场地。

英国人请人赴茶会时发的帖子最为别致含蓄。通常只写：
　　某某先生暨夫人
　　将于某年某月某日下午某时
　　在家
既不注明"恭候"，更不提茶会。萧伯纳曾开过一次玩笑。当他收到这样一张请帖时，他回了个明信片，上书：
　　萧伯纳暨夫人
　　将于某年某月某日下午某时
　　也在家
英国茶会上有个规定：面包点心可以自取，但茶壶却始终由女主人掌握（正如男主人对壁炉的火具有专用权）。讲究的，除了茶壶之外，还备有一罐开水。女主人给每位客人倒茶时，都先问一下"浓还是淡"。如答以后者，她就在倒茶时，兑上点开水。放糖之前，也先问一声："您要几块？"初时，我感到太啰唆。殊不知这里包含着对客人的尊重之意。

我在英国还常赴一种很实惠的茶会，叫作"高茶"，实际上是把茶会同晚餐连在一起。茶会一般在四点至四点半之间开始，高茶则多在五点开始。最初，桌上摆的和茶会一样，到六点以后，就陆续端上一些冷肉或炸食。客人原座不动，谈话也不间断。我说高茶"很实惠"，不但指吃的样多量大，更是指这样连续四五个小时的相聚，大可以海阔天空地足聊一通。

茶会也是剑桥大学师生及同学之间交往的主要场合，甚至还可以说它是一种教学方式。每个学生都各有自己的导师。当年我那位导师是戴迪·瑞兰兹，他就经常约我去他寓所用茶。我们一边饮茶，一边就讨论起维吉尼亚·吴尔芙或戴维·赫·劳伦斯了。那些年，除了同学互请茶会外，我还不时地赴一些教授的茶会。其中有经济学大师凯因斯的高足罗宾逊夫人和当时正在研究中国科学史的李约瑟，以及20年代到中国讲过学的罗素。在这样的茶会，还常常遇到其他教授。他们记下我所在的学院后，也会来约请。人际关系就这么打开了。然而当时糖和茶的配给，每人每月就那么一丁点儿，还能举行茶会吗？

…………

关于中国对世界的贡献，经常被列举的是火药和造纸。然而在中西交通史上，茶叶理应占有它的位置。

茶叶似乎是17世纪初由葡萄牙人最早引到欧洲的。

1600年，英国茶商托马斯·加尔威写过《茶叶和种植、质量与品德》一书。英国的茶叶起初是东印度公司从厦门引进的。1677年，共进口了五千磅。17世纪40年代，英人在印度殖民地开始试种茶叶。那时可能就养成了在茶中加糖的习惯。1767年，一个叫作阿瑟·扬的人，在《农夫书简》中抱怨说，英国花在茶与糖上的钱太多了，"足够为四百万人提供面包"。当时茶与酒的消耗量已并驾齐驱。1800年，英国人消耗了15万吨糖，其中很大一部分是用在饮茶上的。

17世纪中叶，英国上流社会已有了饮茶的习惯。以日记写作载入英国文学史的撒姆尔·佩皮斯1660年9月25日的日记中做了饮茶的描述。当时上等茶叶每磅可售到十英镑——合成现在的英镑，不知要乘上几十几百倍了。所以只有王公贵族才喝得起。随着进口量的增加，茶变得普及了。1799年，一位伊顿爵士写道："任何人只消走进米德尔塞克斯或萨里郡（按：均在伦敦西南）随便哪家贫民住的茅舍，都会发现他们不但从早到晚喝茶，而且晚餐桌上也大量豪饮。"（见特里维林：《英国社会史》）

茶叶还成了美国人抗英的独立战争的导火线。这就是历史上有名的"波士顿事件"。1773年12月16日，美国市民愤于英国殖民当局的苛捐杂税，就装扮成印第安人，登上开进波士顿港的英轮，将船上一箱箱的茶叶投入海中，从而点燃起独立运动的火炬。咱们中国人大概很在乎口福，所以说起合不合自己的兴趣时，就用"口味"来形容。英国人更习惯于用茶来表示。当一个英国人不喜欢什么的时候，他就说："这不是我那杯茶。"

18世纪以《训子家书》闻名的柴斯特顿勋爵（1694—1773）曾写道："尽管茶来自东方，它毕竟是绅士气味的。而可可则是个痞子，懦夫，一头粗野的猛兽。"这里，自然表现出他对非洲的轻蔑，但也看得出茶在那时是代表中国文明的。以英国为精神故乡的美国小说家亨利·杰姆士（1843—1916）在名著《仕女画像》一书中写道："人生最舒畅莫如饮下午茶的时刻。"

湖畔诗人柯勒律治（1772—1834）则慨叹道："为了喝到茶而感谢上帝，没有茶的世界真难以想象——那可怎么活呀！我幸而生在有了茶之后的世界。"

1989年9月12日

> 茶壶送进书房来时，房间里立即弥漫着沁人心脾的芳香。一杯茶落肚后，整个身心得到了极好的慰藉。绵绵细雨中散步归来，一杯热茶所提供的温馨，美妙得难以形容。
>
> ——简·奥斯汀

迷津指路

萧乾（1910—1999），原名萧秉乾，蒙古族，北京人，著名记者、作家、文学翻译家。其主要著作有《篱下集》《梦之谷》《人生百味》《一本褪色的相册》《莎士比亚喜剧故事集》等。1990年，萧乾和夫人文洁若着手翻译了英国著名意识流小说家詹姆斯·乔伊斯的《尤利西斯》。

以"倡导国饮，弘扬民族优秀文化"为宗旨的首届"中国茶文化展示周"活动，经过一大批业界老茶人的酝酿筹备以及一大批专家学者的文化研讨，选址在杭州的"中国茶叶博物馆"举办。

有着浓郁爱国情怀并在英国学习、工作多年的萧乾老先生于1989年9月写下《茶在英国》一文，既为中国"茶文化"的再度兴起"摇旗呐喊"，又为中国人民打开了一扇"了解英国茶饮史、茶习俗、茶精神"的窗口。

思考练习

1. 英国的国民性格与饮茶文化的发展有着怎样的关系？
2. 深入人心的饮茶习俗以及颇具特色的茶文化给英国人的生活节奏和饮食结构带来了哪些影响？

旧瓶新酒

用"墙内开花墙外香"这句人所皆知的诗句来形容茶在历史上的影响再恰当不过了。

茶文化如同中国发明的火药、指南针一样，真正发现其价值、使之发挥巨大作用的是西方国家。请以"发明与发现"为题，谈谈为何会出现"于己无用，于人有大用"这样奇特的历史现象。

> **课前热身**
>
> 20世纪的中国文学已经不可避免地与世界学术相融合。这是现代中国文学发展的必然趋势，也是中国文学走向世界的重要标志。在中西双方学者的共同努力下，中国文学（汉学）已经发展成为一门国际性学问，取得了突出的成绩。截至2015年12月6日，中国已在134个国家和地区建立了500所孔子学院和1000个孔子课堂。英国《经济学家》杂志评论指出："孔子学院的意义犹如法语联盟、德国的歌德学院和英国文化协会。孔子学院发展迅猛，其他任何一个国际机构都不曾取得如此辉煌的成绩。"孔子学院在世界各地的蓬勃发展带动了世界汉学研究的中兴。为什么西方国家要学习汉学、要研究中国古代呢？

西方人为什么要学古代中国[①]

[美] 艾兰

[①]选自《中华读书报》，1998年5月20日。

西方人学习古代中国的最好理由也许最简单，因为中国不是欧洲，中华文明和欧洲文明之间没有传承关系，然而它们完全对等。时代较晚的欧洲文明产生于近东文明。近东文明的时代或许比中国文明稍早，可中华文明的连续性要超过近东文明。不仅如此，两个文明还都有历史悠久、体系复杂而又成熟的文字和审美传统。因此，它们具有独特的可比性。学习我们自己的文化，我们能够理解我们怎样发展到今天的境界；学习与我们文化有所不同的其他文化，我们不仅能够了解它们如何发展到今天这个阶段，而且可以知道人类的发展进程。古代中国和现代欧美相比，其时代、地理空间和文化起源极不相同。可是，当我（一位现代的西方人）凝视一块古代中国的玉器或青铜器的时候，或者当我吟诵《诗经》中的一首诗歌、《庄子》中的一篇散文的时候，我会为它们的美所感动。我意识到，无论时间、空间和文化氛围相距多么遥远，我们享有共同的人性。

我们都会爱，都怀抱希望，遭遇失望，对死恐惧，对美欣赏。我们不仅感情相近，而且思想进程相似。下面的事实证明了这一点。我能阅读理解二三千年前写的中文文献。我甚至能把它译成英语，讲英语的人也能理解。自然，译文不会完美地表达原文，然而，文献的总意思表达了出来。人类拥有共通的智力。然而，有谁曾尝试把现代汉语译做英语，或者把英语译为现代汉语，不要说译成文言文，他会体会到原文和译文中间总是有很大距离。

翻译之所以引出问题的原因是个重大问题，它既是语言的问题，也是文化的问题。固然，不同语言的字词代表不同的物质存在，这是个重要事实，但原因不如此简单。

语言还决定我们的思维结构。某些观念也有深远的文化影响。例如，人死后是什么情形的观念就是具有十分重要意义的例证。在中国，至少从商代开始，也可能是从新石器时代或更早开始，人们相信人死后还有吃饭的需求；子孙如果不供奉先祖食物，他们会给子孙带来坏运气。这个观念与中国人"孝"和"礼"等伦理概念的发展有密切关系。

另一方面，基督教传统假定，和个人的世俗生活相对，世上有一个永存的终极实体。它还设想，上帝也存在，他不仅创造了人，而且在人将死时，他将根据神圣经典（《圣经》）所记的道德标准来审判每个人。这一宗教背景对西方的个人责任观念极为重要。时至今日，中国学者几乎不相信祖先还要供奉食物的祭祀，西方学者也不相信死后在天堂或地狱会有永久生活。但是，这些观念在我们的文化价值和理解的成形过程中如此强大，我们难以摆脱它们。

对于西方人来说，古代中国的研究提供了欧洲地中海发展的早期文明之外另一可供选择的例子。研究古代中国可以使我们一睹另一种不同的思维和组织生活方式。我们进而也意识到自己历史和思维方式的独特性，这不是一个无关紧要的小问题。例如，研究中国哲学已经帮助西方学者醒悟到，自己的哲学体系立足于关于终极实体的超越性前提，其基础在于他们的宗教传统。这个前提在逻辑的发展方面特别有用。可是，它最终并不比中国人的"感应"宇宙观正确多少。

我们都倾向于认为自己的文明是正常的，任何别的文明都是奇特的。所谓的"后学"的价值之一是使我们更能意识到自己的优越观。现代西方学术是高度理论性的，其理论又常常倾向于要普遍应用。这也许是那个假定有终极实体传统的遗物。可是，如果在西方环境中发展的总理论有效可行，那么，它们就应该同样适用于中国和欧洲。但实际上，我们尝试应用它们时会遇上许多问题。

问题之一是，如此多的西方理论都宣称是放之四海而皆准，可一旦我们试着去运用于中国，它们简直毫不相干。在比较研究中，理论术语是在欧洲文化环境下形成的，所以中国人的文化现象必然显得相当软弱。这是因为，形成理论所用的语言不具有普遍性，它们必然和某一具体历史——通常可追溯到希腊和罗马——相联系。因此，那些结论也不具有普遍性。在西方文化中，这不是一个明显易

察的现象，同样，中国文化的前提（常上溯至商周）对讲汉语的人来说，也不是显而易见的现象。即使学者意识到这个问题也各有自己的特征。如果没有其他参照，我们也看不清楚自身。对欧洲人（我用的这个术语也包括美洲人）而言，中国可能（但不必然）是一个打破我们的先入之见的契机。因为，即便西方学者也还像欧洲人一样思维。但这个尝试是值得的，它会扩展我们考虑问题时会想到的可能性。

在此，我举我的研究中心之一——神话研究——为例。神话是古典希腊和罗马传统的中心。它们是关于超自然而生活在自己的世界中的神的故事。此类神话被假定是早期人类的普遍现象。然而，当西方学者（中国学者也一样）审视汉朝之前文献中的"神话"的时候，他们发现几乎没有符合他们定义的神话。由此产生了"古代中国为什么如此罕见神话"的问题。但是，一旦我们认识到中国早期宗教和古典希腊宗教分别建筑在不同前提之上，中国人的祖先起着和希腊神灵对等作用，我们就会明白，不该期盼古代中国有希腊意义的神话。

另一个问题是，许多学者（中国学者和西方学者都一样）采纳以欧洲为对象发展出的理论，用它们来解释中国文化。未经修改的西方理论一旦用来阐释中国的材料，结果就常常使中国证据扭曲。恰当的方法应该是，用中国作为验证一个理论是否合乎实际的工具。根据中国的证据来决定该理论是否需要修订或放弃。让我们以石器时代、铜器时代和铁器时代三段进化论作为例子，它出现于19世纪，其起源则可追溯至罗马卢克修斯。如本世纪30年代柴尔德表述的那样，这个理论认为，社会变化的动力是生产力中的技术进步。较晚的柯林·伦福儒强调，冶金技术对于通过战争取得权力有重要意义。在中国，青铜用于农业工具制造极为稀少，它不会引起生产力的革命。再者，尽管出土了许多青铜兵器，但除铜箭头外，多数是礼器或祭器，而不是商王赖以取得军事优势的作战工具。因此，虽然在中国也呈现由石器到铜器，再至铁器的进程，但严格地讲，这些理论都不适用于中国。

我无意在此提出一个有关科学技术在古代文化中发展的新理论。我甚至不确定这是否可能。我的观点只是，所有的理论都应视作随着知识的发展而加以修改的假设。对于喜爱理论的欧洲人来讲，中国可能提供一个不同的前景。

> 学问是异常珍贵的东西，从任何源泉吸收都不可耻。
> ——阿卜·日·法拉兹

迷津指路

艾兰，著名汉学家，1945年出生于美国，先后在加利福尼亚大学洛杉矶分校和伯克利分校学习中文，1974年取得博士学位，1995年夏始任美国达特茅斯学院"中国研究"讲座教授。她著有《世袭与禅让》、《龟之谜——商代神话、祭祀、艺术和宇宙观研究》（中译本）、《思想与文化——早期中国历史》（中译本）、《英国所藏甲骨集》和《欧洲所藏中国青铜器遗珠》（这是与中国社会科学院历史研究所专家李学勤合著的两部作品）等。除此之外，她在《水之道与德之端——中国早期哲学思想的本喻》一书中探讨了中国早期哲学思想的本喻，解读了中国早期的哲学观念，考察了语言与思想之间的关系。她的著作在海内外汉学界有着广泛的影响。她研究中国的甲骨文、青铜器、竹简，对先秦的文献、考古、思想和文化涉猎颇多。艾兰曾多次来华参加文史、考古以及古文字学的会议，提出有创见的论文或进行演讲。

思考练习

1. 本文体现了西方汉学研究的哪些特点？
2. 西方人学习古代中国的根本目的是什么？
3. 列表对比本文所列举的中西方文化研究中的差异，并思考它们是否具有统一性。
4. 你对"中国学者几乎不相信祖先还要供奉食物的祭祀，西方学者也不相信死后在天堂或地狱会有永久生活"这句话怎么理解？

旧瓶新酒

关于中国文化，罗素有言"在受教育的阶层中，孔子的伦理学说取代了宗教"。你怎么看待孔孟在当今时代的价值？

试论孔孟思想的当代价值。自拟题目，写一篇议论文，1500字以上。

文化比较

课前热身

柬埔寨有两个女人为争夺一个孩子告到法官菩提萨瓦那里。菩提萨瓦听完双方的申诉后说:"你们两个在我面前抢夺这个孩子,谁力气大,就把孩子给谁。"于是,两个女人,一个拽着孩子的左臂,另一个抓住孩子的右手,各自向自己这边拼命拉。孩子被她们拽得哭喊起来,疼得受不了了。那位真正的母亲听见孩子的哭声心疼极了,不忍心再使劲拽下去,不得不松了手。可那个不是真母亲的女人听见哭声毫不动心,依旧使劲地拉,终于把孩子拉过去了。她满以为自己赢了,笑得十分得意,也不管孩子哭不哭。这时,菩提萨瓦判决说:"没抢到孩子的女人赢了,这孩子应该归她。"他的断案根据是:"我断定她是真正的母亲,因为她心疼自己的孩子,不愿孩子继续受苦,所以她才先松了手。"那个骗子女人自觉无理,只好乖乖地把孩子交还给孩子的母亲。这里节选的《灰阑记》亦为两母争夺一子的公案故事。情节类似的灰阑题材的故事由此拉开序幕。

灰阑记[①](节选)   李行道

【第四折】

(冲末扮包待制引丑张千祗候上)(张千喝云)喏!在衙人马平安,抬书案。(包待制诗云)当年亲奉帝王差,手揽金牌势剑来;尽道南衙追命府,不须东岳吓魂台。老夫姓包名拯,字希文,乃庐州金斗郡四望乡老儿村人氏。为老夫立心清正,持操坚刚;每皇皇于国家,耻营营于财利,唯与忠孝之人交接,不共谗佞之士往还。谢圣恩可怜,官拜龙图待制天章阁学士,正授南衙开封府尹之职。敕赐势剑金牌,体察滥官污吏,与百姓申冤理枉,容老夫先斩后奏。以此权豪势要之家,闻老夫之名,尽皆敛手;凶暴奸邪之辈,见老夫之影,无不寒心。界牌外结绳为栏,屏墙边画地成狱。官僚整肃,戒石上镌御制一通;人从森严,厅阶下书"低声"二字。绿槐荫里,列二十四面鹊尾长枷;慈政堂前,摆数百余根狼牙大棍。(诗云)黄堂尽日无尘到,唯有槐荫侵甬道。外人谁敢擅喧哗,便是乌鹊过时不噪。老夫昨日见郑州申文,说一妇人唤作张海棠,因奸药死丈夫,强夺正妻所生之子,混赖家私。此系十恶大罪,决不待时的。我老夫想来,药死丈夫,恶妇人也,常有这

[①] 节选自李行道《灰阑记》第四折。《灰阑记》原名《包待制智勘灰阑记》,又名《张海棠屈下开封府》。全剧由楔子及四折组成,写的是青楼女子张海棠做了马均卿的妾,马妻伙同奸夫赵令史谋杀了马,嫁祸于海棠,并欲夺走海棠之子寿郎。受贿的县官屈打海棠成招,押解海棠至开封府问斩。府尹包拯看出破绽,以智斗恶,终为海棠平反,惩办了诸凶。作品突出了包拯明断是非的智慧,也暴露了官府的昏庸、残忍,恶势力的猖獗、凶恶,对善良无辜的下层女子寄予了深切的同情。

事。只是强夺正妻所生之子，是儿子怎么好强夺的。况奸夫又无指实，恐其中或有冤枉。老夫已暗地着人吊取原告，并干证人等到来，以凭复勘。这也是老夫公平的去处。张千，抬听审牌出去，各州县解到人犯，着他以次过来，待老夫定罪咱。（正旦同解子、张林上）（张林云）妹子，你到官中，少不得问你，只要说的冤枉，这包待制就将前案与你翻了。若说不过时，你可努嘴儿，我帮你说。（正旦云）我这冤枉，今日不诉，更等待何日也！（董净云）待制爷爷升厅久了，须要赶牌解到，快进去。（正旦唱）

【双调　新水令】则我这腹中冤枉有谁知？刚余的哭啼啼两行情泪。恨当初见不早，到今日悔何迟。他将我后拥前推，何曾道暂歇气。（张林云）妹子，这是开封府前了。待我先进，你随解子入来。这包待制是一轮明镜，悬在上面，问的事就如亲见一般，你只大着胆自辩去。（正旦云）哥哥，（唱）

【步步娇】你道他是高悬明镜南衙内，拼的个诉根由直把冤情洗。我可也怕甚的，则为带锁披枷有话难支对，万一个达不着大人机，哥哥也，你须是搭救你亲生妹。（张林做先进科）（正旦同二净跪见科）（董净云）郑州起解女囚一名张海棠解到。（张千云）刑案司吏，与解子批文，打发回去。（包待制云）留下在这里，待审过了，发批回去。（张千云）理会的。（包待制云）张海棠，你怎么因奸药杀丈夫，强夺正妻所生之子，混赖他家私？你逐一从头诉与老夫听咱。（正旦做努嘴看张林科）（张林云）妹子，你说么。嗨！他出胞胎可曾看见这等官府来，我替你说罢。（跪云）禀爷，这张海棠是个软弱妇人，并不敢药杀丈夫，做这般歹勾当哩。（包待制云）你是我衙门里祗候人，怎么替犯人禀事。好打！（张林起科）（包待制云）兀那妇人，你说那词因来。（正旦再努嘴科）（张林跪云）禀爷，这张海棠并无奸夫，他不曾药杀丈夫，也不曾强夺孩儿，也不曾混赖家私。都是他大浑家养下奸夫赵令史，告官时又是赵令史掌案，委实是屈打成招的。（包待制云）兀那厮，谁问你来。张千，拿下去，与我打三十者。（张千拿张林打科）（张林叩头云）这张海棠是小的亲妹子，他从来不曾见大官府，恐怕他惧怯，说不出真情来，小的替他代诉。（包待制云）可知道为兄妹之情，两次三番，在公厅上胡言乱语的，若不是呵，就把铜铡来切了这个驴头。兀那妇人，你只备细的说那实话，老夫与你做主。（正旦云）爷爷呵！（唱）

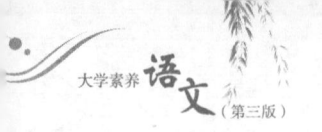

【乔牌儿】妾身在厅阶下忙跪膝,传台旨问详细。怎当这虎狼般恶狠狠排公吏,爷爷也,你听我一星星说就里。(包待制云)兀那张海棠,你原是甚么人家的女子,嫁与马均卿为妾来。(正旦唱)

【甜水令】妾身是柳陌花街,送旧迎新,舞姬歌妓。(包待制云)哦,你是个妓女。那马均卿也待的你好么。(正旦唱)与马均卿心厮爱,做夫妻。(包待制云)这张林说是你的哥哥,是么?(张林云)张海棠是小的妹子。(正旦唱)俺哥哥只为一载之前,少吃无穿,向我求觅。(包待制云)这等你可与他些甚的盘缠么?(正旦唱)是、是、是,他将去了我这头面衣袂。(张林叩头云)小的买窝银子,就是这头面衣服倒换的。(包待制云)难道你丈夫不问你这头面衣服,到那里去了?(正旦云)爷爷,俺员外曾问来。就是这大浑家搊掇我与了哥哥将的去,却又对员外说我背地送了奸夫,教员外怎的不气死也!(唱)

【折桂令】气的个亲男儿唱叫扬疾。(包待制云)既是他气杀丈夫,怎生又告官来。(正旦唱)没揣的告府经官,吃了些六问三推。(包待制云)你夫主死了,那强夺孩儿,又怎么说。(正旦唱)一壁厢夫主身亡,更待教生各扎子母分离。(包待制云)这孩儿说是那妇人养的哩。(正旦唱)信着他歹心肠千般妒忌。(包待制云)那街坊、老娘,都说是他的。(正旦唱)他买下了众街坊,所事儿依随。(包待制云)难道官吏们再不问个虚实?(正旦唱)官吏们不问个谁是谁非,谁信谁欺。(包待制云)你既是这等,也不该便招认了。(正旦唱)妾身本不待点纸招承,也则是吃不过这棍棒临逼。(包待制云)那郑州官吏,可怎生监逼你来?(正旦唱)

【雁儿落】怎当他官不威牙爪威,也不问谁有罪谁无罪。早则是公堂上有对头,更夹着这祇候人无巴壁。

【得胜令】呀!厅阶下一声叫似一声雷,我脊梁上一杖子起一层皮。这壁厢吃打的难捱痛,那壁厢使钱的可也不受亏。打的我昏迷,一下下骨节都敲碎。行杖的心齐,一个个腕头有气力。(张千禀云)郑州续解听审人犯,一起解到。(包待制云)着他过来!(搽旦、俫儿,并街坊、老娘入跪科)(张千云)当面!(包待制云)兀那妇人,这孩儿是谁养的?(搽旦云)是小妇人养的。(包待制云)兀那街坊老娘。这孩儿是谁养的?(众云)委实大娘子养的。(包待制云)此一桩则除是恁般。唤张林上来。(做票臂、张林做出科，下）（包待制云）张千，取石灰来，在阶下画个阑儿。着这孩儿在阑内，着他两个女人，拽这孩儿出灰阑外来。若是他亲养的孩儿，便拽得出来；不是他亲养的孩儿，便拽不出来。（张千云）理会的。（做画灰阑着俫儿站科）（搽旦做拽俫儿出阑科）（正旦拽不出科）（包待制云）可知道不是他所生的孩儿，就拽不出灰阑外来。张千，与我采那张海棠下去，打着者。（张千做打正旦科）（包待制云）着两个妇人，再拽那孩儿者。（搽旦做拽出俫儿出科）（正旦拽不出科）（包待制云）兀那妇人，我看你两次三番，不用一些气力拽那孩儿。张千，选大棒子与我打着。（正旦云）望爷爷息雷霆之怒，罢狼虎之威。妾身自嫁马员外，生下这孩儿，十月怀胎，三年乳哺，咽苦吐甜，煨干避湿，不知受了多少辛苦，方才抬举的他五岁。不争这孩儿，两家硬夺，中间必有损伤。孩儿幼小，倘或扭折他胳膊。爷爷就打死妇人，也不敢用力拽他出这灰阑外来。只望爷爷可怜见咱。（唱）

【挂玉钩】则这个有疼热亲娘怎下得！（带云）爷爷，你试觑波。（唱）孩儿也这臂膊似麻秸细，他是个无情分尧婆管甚的，你可怎生来参不透其中意？他使着侥幸心，咱受着腌臜气。不争俺俩硬相夺，使孩儿损骨伤肌。（包待制云）律意虽远，人情可推。古人有言："视其所以，观其所由，察其所安，人焉瘦哉！人焉瘦哉！"你看这一个灰阑，倒也包藏着十分利害。那妇人本意要图占马均卿的家私，所以要强夺这孩儿。岂知其中真假，早已不辩自明了也。（诗云）本为家私赖子孙，灰阑辨出假和真。外相温柔心毒狠，亲者原来则是亲。我已着张林拘那奸夫去了，怎生这早晚还不到来？（张林拿赵令史上，跪科，云）喏，禀爷，赵令史拿到了也。（包待制云）兀那赵令史，取得这等好公案。你把这因奸药杀马均卿，强夺孩儿，混赖家私，并买嘱街坊老娘，扶同硬证，一桩桩与我从实招来！（赵令史云）哎哟，小的做个吏典，是衙门里人，岂不知法度。都是州官，原叫作苏模棱，他手里问成的，小的无过是大拇指头挠痒，随上随下，取的一纸供状。便有些甚么违错，也不干吏典之事。（包待制云）我不问你供状违错，只要问你那因奸药杀马均卿，可是你来？（赵令史云）难道老爷不看见的，那个妇人满面都是抹粉的，若洗下了这粉，成了甚么嘴脸。丢在路上，也没人要。小的怎肯去与他通奸，做这等勾当。（搽旦云）你背后常说我似观音一般，今日却

打落的我成不得个人，这样欺心的。（张林云）昨日大雪里，赵令史和大浑家，赶到路上来，与两个解子打话，岂不是奸夫。只审这两个解子，便见分晓。（董净云）早连我两个都攀下来了也。（包待制云）张千，采赵令史下去，选大棒子打着者。（张千云）理会的。（做打赵令史科）（正旦唱）

【庆宣和】你只想马大浑家做永远妻，送的我有去无归。既不沙你两个赶到中途有何意，咱与你对嘴，对嘴。（赵令史做死科）（包待制云）他敢诈死。张千，采起来，喷些水者。（张千喷水，醒科）（包待制云）快招上来。（赵令史云）小的与那妇人往来，已非一日，依条例也只问的个和奸，不至死罪。这毒药的事，虽是小的去买的药，实不出小的本意。都是那妇人自把毒药放在汤里，药死了丈夫。这强夺孩儿的事，当初小的就道，别人养的不要他罢。也是那妇人说：夺过孩儿来，好图他家缘家计。小的是个穷吏，没银子使的。买转街坊老娘，也是那妇人来，买嘱解子要路上谋死海棠，也是那妇人来。（搽旦云）呸！你这活教化头，早招了也。教我说个甚的，都是我来，都是我来，除死无大灾，拼的杀了我两个，在黄泉下做永远夫妻，可不好哪。（包待制云）一行人听我下断。郑州太守苏顺，刑名违错，革去冠带为民，永不叙用。街坊老娘人等，不合接受买告财物，当厅硬证。各杖八十，流三百里。董超、薛霸，依在官人役，不合有事受财，比常人加一等，杖一百，发远恶地面充军。奸夫奸妇，不合用毒药谋死马均卿，强夺孩儿，混赖家计，拟凌迟。押赴市曹，各剐一百二十刀处死。所有家财，都付张海棠执业，孩儿寿郎，携归抚养，张林着与妹同居，免其差役。（词云）只为赵令史卖俏行奸，张海棠负屈含冤。是老夫灰阑为记，判断出情理昭然。受财人各加流窜，其首恶斩首阶前。赖张林拔刀相助，才得他子母团圆。（正旦同张林叩头科，唱）

【水仙子】街坊也却不道您吐胆，倾心说真实。老娘也，却不道您岁久年深记不得。孔目也，却不道您官清法正依条例。姐姐也，却不道您是第一个贤惠的。今日就开封府审问出因依，这几个流窜在边荒地，这两个受刑在闹市里，爷爷也，这灰阑记传扬得四海皆知。

> 律意虽远，人情可推。古人有言：视其所以，观其所由，察其所安，人焉瘦哉！
> ——李潜夫

迷津指路

　　李行道，一作行甫，生卒年不详，名潜夫，绛州（今山西侯马）人。李行道是元曲平阳七大家之一。他一生未入仕途，终日闭门读书写作，隐居乡野，寄情于青山绿水之间，安于恬淡清苦的生活。元末明初杂剧作家贾仲明在《录鬼簿》中为82位戏曲作家补作的《凌波仙》悼词中，对这些戏曲作家及其创作予以梳理、评论，称李行道为"绛州高隐"。李行道精心编写的《灰阑记》被选入《世界戏剧》一书，由英国伦敦阿普尔顿出版公司出版。1948年在美国上演的《高加索灰阑记》就是根据李行道的《灰阑记》改编而成的。

思考练习

1. 《灰阑记》在元杂剧中以戏剧性见长，试分析其戏剧情节和语言特色。
2. 你同意元杂剧《灰阑记》流传至世界各国这一观点吗？说说你的根据。
3. 如何认识"灰阑拽子"这一案件产生的社会根源？

旧瓶新酒

　　包公戏在中国古代戏剧中被统称为"清官戏"。清官戏的盛行既是出于对正直官吏的赞扬，也是强化社会安定的需要，表达了百姓对公正、民主的追求。请以"社会呼唤法治"为话题，阐述当今社会法治的价值和公平性；与封建社会人治进行对比，体会社会文明进步的历程和给百姓带来的意义。

课前热身

灰阑即法官判案时用石灰所画的圆圈,是法官在判案时采用的一种方法。"灰阑"中的"阑"通"栏"。灰阑题材的故事在我国以及西方都流传甚广,这些不同区域传播的灰阑题材的故事之间有其渊源。20世纪世界剧坛大师、德国的布莱希特在晚年采用了李行道元杂剧《灰阑记》的故事,改编为《高加索灰阑记》,1948年在美国用英语首次上演,成为世界名剧。

著名汉学家艾兰曾经说过,中国和西方相比,其时代、地理空间和文化起源极不相同,但无论时间、空间和文化氛围相距多么遥远,我们享有共同的人性。《高加索灰阑记》在李行道《灰阑记》故事的基础上深化了亲情至爱可以为他人牺牲一切这个主题,同时也描绘出特定社会环境下的人情冷暖。灰阑题材故事意义的深化可以说是中西方文化交流与碰撞的结果。

高加索灰阑记[①](节选)

[德] 贝托尔特·布莱希特

剧中人物:
　　说书人
　　艾兹达克(村里录事)
　　邵瓦(警察)
　　乔奇·阿拔西威利(省长)
　　娜泰拉(省长夫人)
　　米迦勒(省长夫妇之子,曾被遗弃)
　　古如莎(省长家厨房婢女)
　　厨娘(省长家仆)
　　西蒙(兵士,古如莎前未婚夫)
　　伊罗与桑德洛(两律师)
　　铁甲武士二(一为班长)
　　老夫妻、富农

【第二出】

灰阑记

说书人　现在且听关于省长阿拔西威利之子的审判故事以及千古闻名的利用灰阑断定真正母亲。

(奴卡的法庭。铁甲武士带引米迦勒穿过舞台,又从后面退下。铁甲武士以矛把古如莎挡在门口,直到小孩已经被带过去。然后才准她进门。她由已故省长的厨娘陪着。远处有喧嚣声,天空一片火红)

古如莎　(企图躲藏)他真勇敢,他已经能自己洗脸了。

[①] 节选自贝托尔特·布莱希特的《高加索灰阑记》。全剧由三个部分构成:序幕、第一出(贵族之子,逃往北山,隐于北山)和第二出(法官的故事、灰阑记)。这里节选的是第二出。中世纪的格鲁吉亚发生内乱,贵族推翻大公、杀死总督。总督夫人弃子外逃。女仆古如莎历经磨难,养育着被遗弃的贵子。内乱结束,总督夫人为了继承财产,派人强索孩子。古如莎被告至法院。法官艾兹达克原是乡村文书,在内乱中误放走伪装成乞丐的大公时,嘲弄了胖侯爵和他想当新法官的侄儿,被士兵们推选为法官,专为穷人伸张正义。内乱平息后,他险被富农打死。大公为报救命之恩,任命他为法官。他以灰阑断案,将孩子判给了古如莎,促成古如莎与西蒙的姻缘后挂冠而去。

厨娘　算你运气好。这不是真正的法官。这是艾兹达克。只是个一窍不通的酒鬼。江洋大盗也被他放过，因为他糊里糊涂，而有钱人的红包总是送得不够多，所以像我们这班人有时反而占了便宜。

古如莎　今天我需要运气。

厨娘　求老天保佑吧。（她画十字）我最好再祈祷法官喝得烂醉。（她双唇不动地祈祷，古如莎则徒然四下张望，寻找孩子）

厨娘　我真不懂，既然孩子不是你的，你干吗不顾一切代价坚持说是你的。在这种年头。

古如莎　他是我的。我把他养大。

厨娘　可是你就从来没有想到，她回来的时候会怎么样？

古如莎　起初我以为我会把他还给她。后来我想她不会回来了。

厨娘　而且即使借来的大衣也一样暖和，是不是？（古如莎点点头）我说什么也要替你做证。你是个好女孩。（她看见阿兵哥西蒙走近）你太对不起西蒙了。我跟他谈过。他不能谅解。

古如莎　（不知道西蒙在场）目前我才不管他能不能谅解这件事。

厨娘　他已经明白孩子不是你的，但是你已经嫁人，没有自由，直到白头偕老，这才是他不能谅解的。

（古如莎看见西蒙，于是向他打招呼）

西蒙　（忧郁）奉告小姐，我愿意发誓说我是孩子的父亲。

古如莎　（低声）谢谢你，西蒙。

厨娘　这是画蛇添足。她已经嫁人了。你是知道的。

铁甲武士　法官在哪里？有谁看见法官了？

另一铁甲武士　（上前）法官不在这里。整栋屋子里只有一张床和一个酒壶。（铁甲武士下）

厨娘　我希望他没有出事。换上其他任何一个法官，你的机会就好像小鸡长牙齿的机会一样。

古如莎　（她已经转过身子掩面）站到我的前面。我不该到奴卡来的。要是我碰见那个铁甲武士（一铁甲武士上），那被我当头一棒的……

（她尖叫。原来有一铁甲武士驻足，转过身子，一直在细听她讲的话。他现在霍然转身，竟是班长！有一道大疤

横过他的脸庞)

铁甲武士 （在门口）怎么啦,邵塔?你认识她吗?

班长 （凝视良久）不认识。

铁甲武士 她就是涉嫌偷走阿拔西威利之子的那个人。邵塔,你要是对这件事略知一二,可以发一大笔财。（班长下,一面诅咒着）

厨娘 就是他吗?（古如莎点头）我想他会闭嘴的,不然他等于承认他在追捕小孩。

古如莎 我差一点忘了我救了孩子,免遭他们的毒手。

（省长夫人上,副官和二律师随后）

省长夫人 至少这里没有老百姓,谢天谢地。我无法忍受他们的气味。我一闻到就会偏头痛。

律师甲 夫人,我必须告诉你,说话得当心。直到我们换了另外一个法官。

省长夫人 但是我什么也没有说啊,伊罗。我喜欢人们坦白率直的心地!只是他们的味道使我偏头痛。

律师乙 不会有很多旁观的人。由于郊外的暴动,大家都坐在家里,门户深锁。

省长夫人 （注视古如莎）就是那个贱人吗?

律师甲 求求你,最仁慈的娜泰拉·阿拔西威利,我必须请你一个谩骂的字眼也别说,直到确定大公已经任命一位新法官,并且把现在这个赶走——他大概是穿着法官袍子当中最卑贱的一个吧。似乎一切都要有转机,你瞧。

（铁甲武士自庭院上）

厨娘 夫人如果不知道艾兹达克是帮穷人的,她不当场把你的头发扯下来才怪呢。他以貌取人。（铁甲武士开始把一根绳索系在梁木上。艾兹达克手镣脚铐,被带进来。邵瓦随后,也是镣铐着。三富农殿后）

一铁甲武士 你似乎想要逃走。（他打艾兹达克）

一农夫 我们把他吊起来以前,先脱掉法官的袍子。

（铁甲武士和富农他们扯下艾兹达克的袍子。看得见他的破烂内衣。然后有人踢他）

一铁甲武士 （把他推向别人）如果你要争取公道,这就是了!

（他们一面叫"送给你"和"老兄,让我来",一面把艾兹达克扔来扔去,直到他不支倒地。然后他被扶起来,拖到绳结下）

省长夫人 （在这场"球戏"过程中,发狂地鼓掌）

我从第一眼看见那个人，就讨厌他。

艾兹达克　（浑身是血，气喘吁吁）我看不见。给我一块破布。

一铁甲武士　你想看什么？

艾兹达克　看你们，你们这群狗东西！（他用他的衬衫把眼上的血拭掉）早安，狗东西！事情怎么样了，狗东西！狗的世界如何？味道好不好？还有没有皮靴给我舔？你们是不是自相残杀，狗东西！

（由班长陪着，一风尘仆仆的骑士上。他从皮箱里取出几张文件，看看他们，然后插嘴）

骑士　住口！我送来大公的火急公文，包括最新的任命。

班长　（大叫）立正！

骑士　关于新任法官，公文上说：兹任命一位曾经拯救与吾国福祉息息相关者性命之人——奴卡的一位名艾兹达克者。他是哪一位？

邵瓦　（指着）就是他，大人。

班长　（怒吼）这是怎么回事？

一铁甲武士　容我禀告。艾兹达克法官本来就是艾兹达克法官，但是由于这些农人的控告，反被宣称为大公的敌人。

班长　（指着三富农）把他们带走！（他们被带走。他们一直垂着头）你们负责不得再让艾兹达克大人受到暴力。（骑士与班长下）

厨娘　（向邵瓦）她刚刚拍手！我希望他看见了。

律师甲　太糟糕了。

（艾兹达克已经昏厥。醒过来之后，他再度着法官袍。他摇摇摆摆走向铁甲武士）

一铁甲武士　大人有什么吩咐？

艾兹达克　没事，狗兄狗弟。偶然一双皮靴可以舔。（向邵瓦）本人赦免你。（他被解除镣铐）给我弄点红酒，甜的那种。（邵瓦蹒跚而出）滚开，我得审理一件案子。（铁甲武士下。邵瓦携一壶酒上。艾兹达克一口喝光）给我什么靠背的！（邵瓦拿来法典，把它摆在法官交椅上。艾兹达克坐于其上）本人接受……

（原告方曾经举行过一次忧心忡忡的会议，现在笑着松了一口气。他们交头接耳）

厨娘　哎哟天哪！

西蒙 有道是：海水不可斗量！

两律师 （走近艾兹达克，他满怀希望地站起来）这是一件荒唐的案子，大人。被告诱拐了一个小孩，并且拒绝把他交出来。

艾兹达克 （伸出他的手，向古如莎一瞥）真是可人儿。（他摸摸钱，然后满意地坐下）本人宣布开庭，并且要求绝对的真话。（向古如莎）尤其是你。

律师甲 庭上，俗话说得好，血浓于水。这句古老的谚语……

艾兹达克 （打岔）本庭想要知道律师的费用。

律师甲 （诧异）对不起？（艾兹达克笑着搓搓拇指和食指）噢，我明白了。敬答庭上颇不寻常的问题：是五百块钱，大人。

艾兹达克 你们听到没有，这个问题不寻常。我所以要问，是因为如果你是个好律师，我会以截然不同的态度来采信你的话。

律师甲 谢谢大人。庭上，在一切关系之中，血缘乃是最强者。母与子，难道还有比这更亲密的关系？我们可不可以把孩子从他母亲的怀里夺走？庭上，她受孕于爱情的圣洁高潮之际。她为他怀胎十月。她用自己的血液滋养他。她痛苦地分娩。庭上，根据观察，即使凶野如母老虎，如果夺走了她的幼虎，她会徘徊山林，不眠不休，瘦饿而死。大自然本身……

艾兹达克 （打岔，向古如莎）你对这番话，以及律师可能会说的话，做何答复？

古如莎 孩子是我的。

艾兹达克 只有这句话？我希望你能够加以证实。无论如何，我不懂你为什么认定我必须把孩子交给你。

古如莎 我根据神父所谓本着我的良知把他养大。我总是替他找到吃的东西。多半他也有个栖身之处。我为他不辞艰辛。我也破费不少钱。我没有图自己的舒服。我教导这孩子和人人和睦相处，而且从头就教他尽力工作。他还是个小娃娃。

律师甲 大人，值得注意的是，这个女子本人没有断言她和孩子的血亲关系。

艾兹达克 本庭已有笔录。

律师甲 谢谢大人。请看一位忧心忡忡的妇人：她已经失去了丈夫，而今又唯恐失去她的孩子，向大人说几句话。娜泰拉·阿拔西威利夫人是……

省长夫人 （镇静）大人，最残酷的命运，迫使我向您请求归还我亲爱的孩子。我不愿向您描绘一个失去儿子的母亲灵魂上的创伤，以及焦虑，以及难以成眠的夜晚，以及……

律师乙 （冲口而出）这个女人现在受到的待遇实在荒谬绝伦。她丈夫的宫廷不准她进入。她的地产收入被冻结。人家冷酷地告诉她，财产归嗣子所有。若是没有孩子，她什么也做不成。她甚至付不起律师的费用！（律师乙被这场突然的爆发弄得不知所措，疯狂地做手势叫他不要说话。向律师甲）亲爱的伊罗，既然岌岌可危的是阿拔西威利的地产，为什么不打开天窗说亮话？

律师甲 求求你，桑德洛大人！我们有言在先（向艾兹达克）当然，判决同时也会决定，我们高贵的客户是否能够获得阿拔西威利广大地产的处置权，这话一点也不错。我特意说"同时也会"，因为眼前最重要的是一个母亲的人性悲剧，诚如娜泰拉·阿拔西威利在她的动人说辞中的前几句话所言。即使米迦勒·阿拔西威利不是地产的继承人，他仍旧是我这位客户的心肝宝贝。

艾兹达克 住口！本庭因为提到地产，颇为感动。这是人类感情的一项证明。

律师乙 谢谢大人。亲爱的伊罗，我们无论如何都能证明带走孩子的那个女人不是孩子的母亲。容我把事实的真相向庭上禀告。庭上，由于一连串不幸的事件，米迦勒·阿拔西威利这个孩子，当他的母亲逃亡的时候，被落在后面。古如莎是厨房的女婢，那个复活节她也在场，有人看见她忙着招呼这孩子……

厨娘 她的女主人只想到应该带什么样的衣服！

律师乙 （不为所动）大约过了一年，古如莎带着一个孩子出现在一个山村里，并且在那里嫁了……

艾兹达克 你是怎样到那个山村的？

古如莎 走去的，大人。孩子是我的。

西蒙 我是父亲，大人。

厨娘 孩子由我照顾，大人，代价是五块钱。

律师乙 庭上，这个人和古如莎订有婚约，因此他的证词不足采信。

艾兹达克 你是不是她在山村嫁的那个人？

西蒙 不是，大人，她嫁给一个农夫。

艾兹达克 （向古如莎）为什么？（指着西蒙）难道他床上功夫不行？从实招来。

古如莎 我们还没有到那个地步。我是为了孩子而结婚的。好让他有个栖身之处。（指着西蒙）他去打仗，大人。

艾兹达克 而现在他又要你了，是不是？

西蒙 我愿做证。

古如莎 （生气）我已经身不由己了，大人。

艾兹达克 那么这个小孩，你说，是私生的啰？（古如莎没有回答）我要问你一个问题：他是怎样的孩子？是个破破烂烂的小杂种，还是个有钱人家的小孩？

古如莎 （生气）他只是个普普通通的孩子。

艾兹达克 我是说，他起初有没有高贵的特征？

古如莎 他脸上有个鼻子。

艾兹达克 我认为你这个答复很重要。人家说我有一次，在宣判之前，跑出去嗅一丛玫瑰——这年头就用得着那种诡计。好了，我要快刀斩乱麻，不再听任何鬼话。（向古如莎）尤其是你的。（向一干被告）我可以想象得出，你们串通好了来欺骗我！我晓得你们！你们是骗子。

古如莎 （突然）我很了解你为什么要草草结束，因为我看见你收下了什么东西！

艾兹达克 闭嘴！我可会收下你什么东西？

古如莎 （这时厨娘设法制止她）我什么也没有。

艾兹达克 说的是。说的是。我从来没有得过挨饿的人一样东西。我干脆自己挨饿算了。你想要公平，但是你想不想付出代价呢？你去肉店的时候，知道必须付钱，但是你到法官这里来，好像白吃丧酒似的。

西蒙 （大声）常言说得好：马儿钉蹄，马蝇伸腿。

艾兹达克 （毅然接受挑战）宁要粪池珠宝，不要清溪粗石。

西蒙 钓鱼的对蚯蚓说：天气真好，咱们钓鱼去。

艾兹达克 仆人说，我是自己的主人，于是砍断他的腿。

西蒙 沙皇对农民说，我爱你们如己出，然后他把皇太子的头砍下。

艾兹达克 傻瓜最可怕的敌人就是他自己。

西蒙 然而，屁是不长鼻子的。

艾兹达克 法庭里面说脏话，罚十块钱！这样你才懂什么叫公理。

古如莎 （愤怒）这算哪门子公理！你把我们随意摆布，因为我们说话没有他们那群请了律师的文雅！

艾兹达克 正是。你们这些人太会装聋作哑。难怪你们活该倒霉。

古如莎 你想把孩子交给她，可是她连哄孩子都不会，因为她太——文雅了！你对公理正义的了解，和我半斤八两！

艾兹达克 这话有点道理。我是个不学无术的人。我的袍子底下，连一条像样的裤子都没有。我只知道大吃大喝，我是在修道院受的教育。对了，我要罚你十块钱，因为藐视本庭。尤有甚者，你是个傻丫头，竟使我和你做对，而不肯对我抛抛媚眼，扭扭屁股，好讨我欢喜。二十块钱！

古如莎 就算罚三十块钱，我也要把我对你这种公理的看法说出来，你这个醉洋葱！（没有条理）你竟敢像教堂窗口破裂的以赛亚一样，同我说道，好像你真的是什么大人物，你没有这个命。就算你亲娘洒了盐，你也不配教训她。你看到我在你面前打哆嗦，难道不觉得自己可耻？你甘心做他们的走狗，好叫别人不能抢走他们的房屋，而他们的房屋是偷来的！从什么时候开始，房子是属于吸血虫的？然而你在看守，不然他们不会把我们的男人拖去替他们打仗！你这个贪官污吏！（艾兹达克半起身，笑起来。他用他的小木槌漫不经心地敲打桌面，似乎是要求肃静。古如莎继续骂下去，他只是用槌子敲出节拍）我看不起你。还不如小偷或拿刀的强盗！随你爱怎么样。你可以把我的孩子带走，你们人多，但是我告诉你一件事情：只有恐吓勒索的家伙才配干你这一行，还有强暴小孩的人！这是报应！他们应该大模大样坐下来审判他们的同胞。这比吊死断头台还要糟糕。

艾兹达克 （坐下）现在要罚三十块！而且我不要再和你吵下去，像是在酒馆里似的。我还有法官的尊严吗？无论如何，我已经对你的案子不感兴趣了。那一对要离婚的人呢？（向邵瓦）把你们带进来。本案休庭十五分钟。

律师甲 （向省长夫人）不必用到其他的证据，夫人，胜诉已经是十拿九稳了。

厨娘 （向古如莎）你已经糟蹋掉你的机会了。现在你得不到孩子了。

省长夫人 哦，我的嗅盐！

（一对老夫妻上）

艾兹达克 本人接受……（老夫妇不解）我听说你们想要离婚。你们住在一起多久了？

老妻 四十年了，大人。

艾兹达克 那你们干吗要离婚？

老夫 我们不喜欢对方，大人。

艾兹达克 什么时候开始的？

老妻 啊，从一结婚开始的，大人。

艾兹达克 我会考虑你们的要求，等我把另外一个案子了结，再做宣判。（邵瓦带他们回去）把孩子带来。（他招呼古如莎过来，和颜悦色地向她鞠躬）我注意到，你有追求公理正义的弱点。我不相信他是你的孩子，但如果他是你的，女人，你难道不想要他富有吗？你只要说他不是你的，他就会有一座宫廷，许多骏马在他的厩里，许多乞丐在他的门前，许多士兵供他驱策，许多请愿人在他的庭院，对不对？你觉得怎样？你难道不想要他富有？

（古如莎默然）

说书人 且听这个愤怒女子心中所想，但是没有说出口的话：

要是给他金银鞋袜，
他会残暴胜似虎狼。
终其一生邪恶玷辱，
目无兄长鄙视爹娘。
冷酷贪鄙心硬器小，
这种人品不敢恭维；
有权有势作歹为非，
孩子如何能受得了？
且让饥饿与他为敌，
饥民饿妇都是友朋；
平日不把亏心事做，
夜半敲门何必心惊。

艾兹达克 我想我懂你的意思，女人。

古如莎 （突然大声）我不愿意放弃他。我已经扶养了他，而他也认得我。（邵瓦偕小孩上）

省长夫人 他穿着破烂衣服！

古如莎 胡说。我来不及给他穿上好衬衫！

省长夫人 一定是住在猪圈里。

古如莎 （愤怒）我不是猪，却有人是！你把你的孩子丢在哪里？

省长夫人　我让你瞧瞧，你这个贱胚（她正要冲向古如莎，可是被她的两个律师制止）她是犯人，她必须挨鞭子。现在就打！

律师乙　娜泰拉·阿拔西威利夫人，你答应过……大人，原告的神经……

艾兹达克　原告与被告！本庭已经听过你们的案子，可是无法决定谁是真的母亲。我身为法官，必须为这个孩子选择一个母亲。我要来一次测验。邵瓦，拿一支粉笔来，在地上画个圈圈。（邵瓦照做）现在把孩子放在中央。（邵瓦把米迦勒放在圈圈中央，米迦勒对着古如莎微笑）你们两个都站在圈圈旁边。（省长夫人和古如莎上前走向圈圈）现在你们各握住小孩的一双手。（他们照做）谁要是能把小孩拉出圈圈到她身边，就是真正的母亲。

律师乙　（迅速）庭上，我反对！阿拔西威利的庞大地产必属于做继承人的这个孩子，其命运不应取决于如此暧昧的竞争。何况，我的委托人的气力不如这个人，因为这个人习于劳力的工作。

艾兹达克　我看她营养蛮不错的嘛。拉！（省长夫人把孩子拉出圈子，到她身旁。古如莎放开手，站着发愣）你怎么了，你没有拉？

古如莎　我没有把他抓紧。

律师甲　（向省长夫人道贺）我不是说了吗？母子亲情！

古如莎　（奔向艾兹达克）大人，我把骂您的话全都收回。我求您宽恕。只要让我把他带到能流利说话就行了。他已经会一点。

艾兹达克　不要影响本庭。我敢打赌你自己只认得二十个字。好吧，我再进行一次测验，以使确定。（两个女人再度就位）拉！（古如莎再度放开孩子）

古如莎　（绝望）我把他带大的！难道要我把他撕成粉碎？我做不到！

艾兹达克　（起身）如此这般本庭已经确定了真正的母亲。（向古如莎）带了你的孩子走开。我奉劝你不要带着他留在城里。（向省长夫人）你趁我还没有以诈欺之名，问你罚款之前，快离开吧。你的地产归本城所有。它们将改建为儿童游乐场所。孩子们有此需要，我已经决定依我的名字命名——艾兹达克乐园。（省长夫人昏倒，由律师和副官抬出去。古如莎木然而立。邵瓦把孩子带到她面前）现

273

在我要脱下这件法官袍子……它越来越热，我受不了。我天生不是个英雄人物。我邀请大家到外面草地上参加一次小小舞会，作为临别纪念。啊，我兴奋过度，差一点忘了一件事——签署离婚证书。

邵瓦 （看过纸上写的）可这不对。你没有准老夫妻离婚，你准了古如莎离婚！

艾兹达克 我竟判错人啦？真不幸！而我是从来不收回成命的！要是我那样做，怎么能维持我们国家的秩序？（向老夫妻）我改请你们参加我的舞会好了。你们两个共舞，不会介意吧？（向古如莎和西蒙）你们欠我四十块钱。

西蒙 （取出他的钱包）价钱很便宜，大人。多谢了！

艾兹达克 （把钱放进袋里）我用得着这些钱。

古如莎 （向米迦勒）这么说来，我们最好今晚就离开本城，米迦勒？（向西蒙）你喜欢他吗？

西蒙 敬禀者，我喜欢他。

古如莎 现在我来告诉你：我带他走，是因为在那个复活节日，我和你订了婚。因此他是爱情之子。米迦勒，咱们来跳舞。（她和米迦勒共舞，西蒙和厨娘共舞，老夫妇俩共舞。艾兹达克站着出了神。跳舞的他利用法官交椅做桌子，在一张纸上写几个字，然后预备离开。舞曲已经开始。随即把他遮蔽。偶然看得见他，但是因为参加跳舞的男女渐多，他也就渐渐不见了）

说书人 而自从那天晚上以后，艾兹达克便失踪不再出现。格鲁西尼亚的人民并没有把他淡忘，而且铭记着他担任法官的那段日子是一个短暂的黄金时代，几乎是个公理正义的时代。

（所有伴侣都已走。艾兹达克已经消失）
可是你们，你们这些听了灰阑记这本戏的人，
要记取前人的教训
所有一切都该归于能够有利于它的人。
因此，孩子归于慈母，以期儿孙发达；
马车归于善驾者，以保驾驶平安；
而河谷则归于灌溉者，以便开花结果。

> 无私是稀有的道德，因为从它身上是无利可图的。
> ——布莱希特

迷津指路

贝托尔特·布莱希特，德国剧作家、戏剧理论家、导演、诗人。其主要剧作有《三分钱歌剧》《圆头党和尖头党》《第三帝国的恐怖与灾难》《卡拉尔大娘的枪》《伽利略传》《巴黎公社的日子》《大胆妈妈和他的孩子们》《四川好人》《潘蒂拉老爷和他的男仆马狄》以及改编的舞台剧《在第二次世界大战中的帅克》《高加索灰阑记》等。

布莱希特是20世纪最富独创性的戏剧理论家和剧作家之一，是反传统的"非亚里士多德式"戏剧体系——叙述体戏剧体系的创始人。布莱希特戏剧是20世纪德国戏剧的一个重要学派，既继承和革新了欧洲及德国的现实主义传统，又借鉴了东方文化，尤其是中国戏曲。布莱希特体系和斯坦尼斯拉夫斯基体系、梅兰芳体系，合称"世界三大演剧体系"。

思考练习

1. 本剧虽是套用故事，但寓意与原故事迥然不同。你怎样理解本文的主题？
2. 比较本文与李行道《灰阑记》中人物塑造和语言表现上的差异，体会布莱希特戏剧的娱乐功能。

旧瓶新酒

排演节选部分，在班上举办戏剧表演活动，体会中外"灰阑拽子"语言风格上的差异，体会外国剧作在轻松愉悦的气氛中褒贬人性美丑善恶的特点。

文化共融

课前热身

一部数千行的长诗可能淹没于历史的尘埃，一首几行的小诗却可以绽放出永恒的艺术光彩，文学史的发展不乏这样的事实。美国"非正式桂冠诗人"弗罗斯特说："诗乃翻译中失去的东西。"虽然如此，历来仍有很多诗歌的译文佳作。

著名的美国诗人庞德曾回忆：三年前在巴黎地铁车站，突然间，我看到了一个美丽的面孔，然后又看到一个，然后是一个美丽的儿童面孔，然后又是一个美丽的女人。那一天，我整天努力寻找能表达我感受的文字。……我写了一首三十行的诗，然后销毁了。6个月后，我写了一首十五行的诗，又销毁了。一年后，我写了两行诗。

庞德根据在巴黎协和广场地铁站的印象写成的这首两行的《地铁车站》小诗，让翻译家们各显神通，由此衍生出译不尽的庞德的地铁车站。

地铁车站[①]   ［美］埃兹拉·庞德

【地铁车站】

人群中张张面孔隐隐现现；
湿漉漉、黑黝黝枝杈上的片片花瓣。
（人群中这些面孔幽灵般显现；
湿漉漉的黑枝条上朵朵花瓣。）

[①]《地铁车站》这首仅两行的小诗作于20世纪初，是公认的意象派诗歌的压卷之作，是里程碑式的作品。

> 读中国诗歌即可明白什么是意象派。
> ——埃兹拉·庞德

迷津指路

埃兹拉·庞德（1885—1972），美国诗人、评论家，1885年10月30日出生于美国爱达荷州的海利。他曾在宾夕法尼亚大学、汉密尔顿大学学习，之后任教于印第安纳州的华巴施大学。1908年，他离美赴欧，在伦敦结识了以诗人叶芝为中心的一批作家和诗人。他把自己和这些友人称为"意象派诗人"。1914年，他编成《意象派诗选》第一辑。其主要诗作还有《圣诞季节》《自选集》《诗章》《庞德自选集》等。

庞德是意象派运动的主要发起人。美国现代诗歌的历史始自庞德，而且一直与庞德联系在一起。短仅两行的小诗《地铁车站》作于庞德18岁那年，是最早的意象派诗歌之一。

中国在庞德心目中是一个具有灿烂文明的古国。他翻译了工程浩大的《大学》《中庸》《论语》和《诗经》,创造性地翻译了闻名遐迩的中国古典歌集《华夏集》(《神州集》)。庞德锲而不舍地努力理解并全力推介中国文化和中国诗学。庞德的中国情结凝聚着浓郁的中国儒家文化的神韵,在古老的东方文化中重塑了美国作家的中国形象。

思考练习

1. 意象叠加指的是什么?《地铁车站》一诗中是如何运用意象叠加手法的?
2. 怎样理解《地铁车站》中的"面孔"与"花瓣"?这两个意象之间有怎样的关系?
3. 在中国古典诗歌中找出意象叠加的诗句。

旧瓶新酒

《地铁车站》有多种译本,其原文如下:

In a station of the metro
The apparition of these faces in the crowd;
Petals on a wet, black bough.

查找相关的译本,你认为哪一个译本最好?你也可以自己译一译,并试着写一段赏析文字。

课前热身

茶、咖啡、可可是全世界人们生活中必不可少的饮品。关于茶、咖啡、可可的故事数不胜数。不同文化背景的国家在饮品选择方面有着各自的偏好。自然清新的香茶、浪漫浓郁的咖啡、刺激爽口的可乐,在欧洲人的餐桌上究竟谁更受青睐?

欧洲人的一张菜单[①](节选)　　[美]罗伯特·路威

番茄汤

炸牛仔带煎洋芋

四季豆

什锦面包(小麦、玉米、裸麦)

凉拌波罗蜜

白米布丁

咖啡、茶、可可、牛奶

这是随手捞来的一张菜单。无疑,全世界任何初民社会里面找不到这样的盛馔。那么,我们怎样才能配出这样的一张菜单来呢?不是因为我们在地理上或人种上占什么便宜,却是因为我们左右逢其源地从四面八方取来了各种食品。四百年以前,我们的环境和遗传跟现在毫无两样,可是我们现在办得到的形形色色的菜里面有四分之三是我们的老祖宗没听见过的,运输方法一改良,花样儿便翻了新。凭他们那种可怜的芦筏,塔斯曼尼亚人能到得了美洲或中国吗?西班牙人、荷兰人、英国人,他们有进步的帆船,坐上这些船只没有个到不了的,于是他们便到了美洲和中国。可是,在航路大扩展和地理大发现之时代以前,欧洲人的一餐和初民的一餐相去还不如此之甚。在哥伦布出世以前,马德里或巴黎的大厨子也没有番茄、四季豆、土豆(洋芋)、玉米、波罗蜜可用,因为这些全是打新大陆来的。请读者合上眼想一想,爱尔兰没有了土豆,匈牙利没有了玉米!

让我们把这张菜单更细密地分析一下。先拿几种饮料来说。1500年时,欧洲没有一个人知道什么叫作可可,什么叫作茶,什么叫作咖啡。过后传进来了,那价钱可贵得可怕,因此没有能一下子就成了一般人的爱物。不但没有能给一般民众享受,千奇百怪的观念都聚拢在那些东西上

① 节选自《科幻世界》,2000年第10期。(有改动)

面；它们混进我们的日常生活是近而又近的事情。

　　西班牙人打墨西哥把可可带到欧洲。墨西哥的土人把炒过的可可子、玉米粉、智利胡椒和一些别的材料混合起来煎汤喝。土人又拿可可荚当钱使，西班牙人当然不去学他，就是煎汤的方法也改得简便些。从西班牙传到法兰德斯和意大利，1606年左右到了佛罗伦萨。在法国，红衣主教立殊理的兄弟是第一个尝味的人——是当作治脾脏病的药喝的。不管是医生不是医生，大家异口同声地说这味新药有些什么好处或有些什么坏处。1671年，塞维涅耶夫人的信里头说，有一位贵夫人身怀六甲，喝可可喝得太多了，后来养了个黑炭似的孩子。有些医生痛骂可可，说是危险得很的泻药，只有印第安人的肠胃才受得住，可是大多数医生不这么深恶痛绝。……

　　约在第6世纪中，中国已经种茶树，可是欧洲人却到了1560年左右才听到茶的名字，再过50年荷兰人才把茶叶传进欧洲。在1650年左右，英国人开始喝茶，再过10年培匹斯便在他的有名的日记上记下他的新经验。可是好久好久，只有上等社会才喝得起茶。从15先令到50先令一磅的茶叶，有多少人买得起？到了1712年，顶好的茶叶还要卖18先令一磅，次货也要卖14先令到10先令。这价钱到了1760年才大大跌落。跟可可一样，茶的作用也给人说得神乎其神。法国的医界说它是治痛风的妙药，有一位大夫还说它是万应灵丹，担保它能治风湿、疝气、羊痫风、膀胱结石、黏膜炎、痢疾和其他病痛。亚佛兰彻主教但尼尔·羽厄害了多年的烂眼和不消化症，过后喝上了茶，你看，眼睛也清爽了，胃口也恢复了，无怪乎他要写上58行的拉丁诗来赞扬了。

　　咖啡的故事也一样有趣。咖啡树原来只长在非洲的阿比西尼亚，阿拉伯人在15世纪中用它当饮料，就此传播出去。可是，甚至近在咫尺的君士坦丁堡，不到16世纪也没听见喝咖啡的话。1644年传到马赛，可是除几个大城市以外，法国有好几十年不受咖啡的诱惑。拿世界繁华中心的巴黎城来说，虽然有东地中海人和亚美尼亚人开的供熟客抽烟打牌的小店里出卖咖啡，巴黎人也没有爱上它。直到1669年来了那一位土耳其大使，才大吹大擂让它在宴席上时髦起来。近代式的咖啡馆要到17世纪的末年才出现，可是不多时便成了上流社会常到的地方——军官、文人、贵妇人和绅士，打听消息的人，寻求机遇的人，有事没事全

上咖啡馆来。不相上下的时候,咖啡馆也成了伦敦的固定机关——新闻和政见的交易所。

到了 18 世纪,咖啡在德国也站稳了,可是激烈的抗议也时有所闻。许多丈夫诉说他们的太太喝咖啡喝得倾家荡产,又说许多女人,倘若净罪所里有咖啡喝,宁可不进天堂。希尔得斯亥谟地方政府在 1780 年发布的一道训谕,劝诫人民摒除新来恶物,仍旧恢复古老相传的旧俗:"德国人啊,你们的祖父父亲喝的是白兰地;像腓特烈大王一样,他们是啤酒养大的;他们多么欢乐,多么神气!所以要劝大家把所有咖啡瓶、咖啡罐、咖啡杯、咖啡碗,全拿来打碎,庶几德国境内不复知有咖啡一物。倘有胆敢私卖咖啡者,定即没收无赦……"

可见禁令不是 20 世纪的发明,它的对象也可以不限于酒精饮料。

可是让我们记住,咖啡最初也是当药使的。据说它能叫瘦子长肉胖子瘦,对治瘰疬、牙痛和歇斯底里还有奇效。奶酪兑咖啡,原先本是当一味药喝的,有名的医生说这味药是治伤风咳嗽的神品。洛桑地方的医生认定它治痛风。当然,也有怀疑的人,不但有怀疑的,还有说损话的人。哈瑙公主是个爱咖啡成癖的人,终究中了咖啡的毒,浑身溃疡而死。1715 年有一位医生的论文证明咖啡促人的寿命;……

照此看来,可可、茶、咖啡,都是西方文明里头很新近的分子。拿来调和这些饮料的糖亦复如是。印度的祭司和医生诚然用糖用了几千年。可是要到亚历山大东征到印度(公元前 327 年)以后,欧洲人才第一回听说那个地方长一种甘蔗,"不用蜜蜂出力便能造出一种蜜糖"。又过上近一千年,欧洲人还是闻名没见面。到公元 627 年,君士坦丁堡的皇帝希拉克略打破了波斯国王的避暑行宫,抢了不少宝贝,这里面就有一箱子糖。原来早一百年的光景波斯人已经从印度得了种蔗之术。到公元 640 年左右,阿拉伯人灭了波斯,也就学会了种甘蔗,把它到处种起来——埃及、摩洛哥、西西里、西班牙,全有了。蔗糖这才大批往基督教国土里输入,新大陆发现以后不久就又成了产蔗的大中心。可是,好久好久糖只是宴席上的珍品和润肺止咳的妙药。在法国,药业杂货业的联合公司拥有发售蔗糖的专利权,"没糖的药房"成了"不识字的教书先生"似的妙喻。直到 1630 年,糖仍旧是个珍品。巴黎一家顶大的医院里，按月发一回糖给那管药的女子：她得对天起誓，她只用来按方配药，绝不营私走漏。可是一到17世纪，茶啦，咖啡啦，可可啦，全都盛行起来了，糖也就走上红运了，拿1730年跟1800年比较，糖的消费量足足地多三倍。

再回到我们那张菜单子去，白米的老家也该在印度，带进欧洲是阿拉伯人的功劳。它也一向没受人抬举，直到中世纪末年才上了一般人的餐桌。

除掉了美洲来的番茄、土豆、豆子、玉米、面包、波罗蜜、可可，非洲来的咖啡，中国来的茶叶，印度来的白米和蔗糖——我们那一餐还剩些什么？牛肉、小麦、裸麦、牛奶。这里面，裸麦在基督出世的时候才传进欧洲。其余的要算是很早就有了的，可也不是欧洲的土产。全都得上近东一带去找老家：五谷是那儿第一回种的，牛是那儿第一回养的，牛奶是那儿第一回取的，讲到起源，西部欧洲是一样也说不上。

这样分析的结果很不给欧洲人面子，可并非因为我那张菜单是随手一捞，捞得不巧。倘若我们不要牛肉片要鸡或火鸡，黄种人的贡献显得更大。原来家鸡最初是在缅甸驯养下来的，火鸡在哥伦布远航以前也只有美洲才有。

> 中国茶的形象宁静淡泊，称之为品；美国可乐的形象热烈奔放，称之为饮；而咖啡则品与饮兼而有之。
> ——俗语

迷津指路

罗伯特·路威（1883—1957），美国著名人类学家。他曾对北美平原印第安人做过广泛的调查研究，其中对克劳族印第安人的研究堪称典范，并著有《克劳族印第安人》一书，还汇编了三册克劳语的教科书。罗伯特的其他重要著作有《文化与民族学》《初民社会》《初民宗教》《国家之起源》《文明与野蛮》《社会组织》等。

在现代社会里，科学是无处不在的。在欧美文化传统中，人们善于发现身边的科学并积极思考。本文从一张菜单，从欧洲古老建筑中餐桌上的食品说起。如此丰富的菜单背后一定包含着各种食物不同的来历。作为消闲，作者便把这份菜单上不同食物的来历随手写了下来。文章的写法十分从容优雅，像闲聊一样亲切可人，增强了文章的阅读趣味。

思考练习

1. 从世界上三种主要饮料（茶、咖啡、可可）着手，说说各国、各民族之间文化交流的意义和作用。
2. 从文化角度举例分析从外民族传入的文化现象的文化内涵以及中国人接受的理由。

旧瓶新酒

借鉴本文形象、生动、融道理观点于事例分析之中的手法,写一篇践行低碳生活的科普短文,呼吁大家从衣食住行的各个细节出发,节水、节电、节油,珍惜地球资源。要求1500字以上。